教育部人文社会科学规划基金项目(项目编号:18YJA710014)
中国地质大学研究生精品教材建设项目(项目编号:YJC2019308) 资助

新时代高校教育管理实务

XINSHIDAI GAOXIAO JIAOYU GUANLI SHIWU

《新时代高校教育管理实务》编委会 编著

中国地质大学出版社
ZHONGGUO DIZHI DAXUE CHUBANSHE

图书在版编目(CIP)数据

新时代高校教育管理实务/《新时代高校教育管理实务》编委会编著. —武汉:中国地质大学出版社,2022.9
ISBN 978-7-5625-5223-9

Ⅰ.①新… Ⅱ.①新… Ⅲ.①高等教育-教育管理-研究 Ⅳ.①G640

中国版本图书馆 CIP 数据核字(2022)第 120826 号

新时代高校教育管理实务 《新时代高校教育管理实务》编委会 **编著**

责任编辑:李焕杰 王凤林 选题策划:李国昌 责任校对:张咏梅

出版发行:中国地质大学出版社(武汉市洪山区鲁磨路 388 号) 邮编:430074
电 话:(027)67883511 传 真:(027)67883580 E-mail:cbb@cug.edu.cn
经 销:全国新华书店 http://cugp.cug.edu.cn

开本:787 毫米×1092 毫米 1/16 字数:334 千字 印张:12.75
版次:2022 年 9 月第 1 版 印次:2022 年 9 月第 1 次印刷
印刷:武汉市籍缘印刷厂

ISBN 978-7-5625-5223-9 定价:32.00 元

《新时代高校教育管理实务》
编委会

主　编：侯志军

副主编：（按姓氏笔画排列）

甘义群　龙　涛　吕国斌　邬海峰　刘彦博　张宏飞

罗林波　庞　岚　侯志军　徐四平　储祖旺

前言

一代人有一代人的使命，一个时代有一个时代的主题。中国特色社会主义已经步入新时代，中国高等教育的使命更加神圣、任务更加艰巨、责任更加重大。习近平总书记指出："我们对高等教育的需要比以往任何时候都更加迫切，对科学知识和卓越人才的渴求比以往任何时候都更加强烈。"这一重要论述，深刻阐释了新时代高等教育的重要战略地位和作用。新时代的高校教育管理必须立足于内涵式发展的新要求，着眼于人民群众对高等教育的新期待，把握高等教育的发展规律，落实立德树人的根本任务，加快推进高等教育的高质量发展，为建设高等教育强国贡献力量。

坚定社会主义办学方向，推进治理体系和治理能力现代化，实现高校内涵式发展，是建设中国特色、世界一流大学的根本要求。新时代中国高等教育的坐标格局、地位作用、类型结构、治理机制发生了深刻变化，然而，在高等教育管理领域存在的突出问题是，知识基础的建设滞后于制度基础的建设。如何讲清楚、说明白、指导好新时代高校教育管理实践，系统梳理高校面临的外部环境和需求的动态变化，深入分析高校深化改革的内在要求，积极探索扎根中国大地、面向未来的新时代教育管理的知识体系，显得尤为重要。

为此，本书聚焦当前高校教育管理实务，在对高校日常教育管理进行经验总结的基础上，结合新时代新要求新变化，对高校教育管理实践进行规律总结和知识建构，旨在为高校管理人员、高等教育学相关研究生和有志于从事高校教育管理工作的人员提供必要的高校教育管理理论准备和实践知识。在全书编制过程中，特别注重把握了以下原则：

一是突出新时代高校教育管理的理论与实践。本书始终将习近平总书记关于教育的重要论述贯穿编写始终，立足新时代、反映新形势、体现新发展。以理论为基础，以实践为导向，以问题为中心，注重体现理论对实践的指导性，注重反映高校教育管理的实际情况和现实针对性。

二是贯穿"课程思政"与"教材思政"理念。课程思政是落实立德树人根本任务的关键环节，课程教材是课程思政的重要载体。本书在编写过程中统筹考量“课程思政”与“教材思政”理念，围绕立德树人根本任务和学校人才培养目标，将“价值引领”功能的增强和发挥作为核心目标，凝练遴选合适的思政元素和实践要素，整体推进内容编写。

三是强化案例充分性、操作性和内容可读性。遵从教育规律和教材编写规律，在每章内容前后分别设置了学习目标、课后习题和延伸阅读，在每章内容中选取设置了 2～3 个有代表性和参考价值的新时代教育管理案例专栏，尽可能地展示当前新时代高校教育管理的具体情况。

本书内容涵盖新时代高校教育管理的主要方面，包括高校党建思政专题、依法治校专题、战略管理专题、本科教学改革及教学管理专题、研究生教育管理专题、学生事务管理专题、科技创新管理专题、人才队伍建设专题、实验室与设备管理专题、信息化建设专题、国际化建设专题等内容。编写过程中，力求反映当前高校教育管理实际，总结新时代高校教育管理经验，努力梳理典型案例，尝试探索实践规律，希望既方便教育者和研究者讲授钻研，也便于学习者和实践者自学体悟。由衷希望本书能够对高校教育管理的教学和实践有所贡献，也希望此书能引起更多学者对新时代高校教育管理实践问题的思考和关注。

当然，面对新时代高校教育管理改革和发展的创新实践，编写组经验较为有限，成书时间也较为仓促，难免挂一漏万，诸多不足之处还恳请专家和读者予以批评指正。

编著者

2022 年 6 月

目录

第一章　高校党建思政专题

学习目标

1. 理解中国特色社会主义大学的本质特征。
2. 掌握党对高校全面领导的内涵要义和体制机制。
3. 理解思政工作是高校各项工作的生命线。
4. 掌握高校思政工作体系的核心内容和运行机制。
5. 掌握高校党的建设的主要内容。

坚持党对高校的全面领导是办好中国特色社会主义大学的根本保证。党对高校全面领导的首要问题是举旗定向，核心内容是管党治党、办学治校，根本任务是立德树人。高校要深入学习贯彻习近平新时代中国特色社会主义思想，全面贯彻党的教育方针，坚持和完善党委领导下的校长负责制，以党的全面领导统领中国特色现代大学治理体系的建设。

思政工作是高校各项工作的生命线。高校思政工作体系化建设，既是积极回应现实问题、提升思政工作实效的必然要求，又是长期实践探索的经验总结。新时代高校思政工作体系包括理论武装、学科教学、日常教育、管理服务、安全稳定、队伍建设和评估督导等内容。提升新时代高校思政工作体系质量，必须要注重主体广泛激活、力量有效联结、对象全面覆盖、工作全程贯穿、要素深度融入，健全统一领导、规范有序、协同配合、持续发力的运行机制。

坚持和完善高校党的全面领导，必须毫不动摇地把党建设得更加坚强有力。新时代高校党的建设要以党的政治建设为统领，全面推进党的政治建设、思想建设、组织建设、作风建设、纪律建设，把制度建设贯穿始终，深入推进反腐败斗争，把全面从严治党责任扛稳、抓牢、做实，不断提升高校党的建设质量，推动高校党的建设与事业发展深度融合。

第一节　坚持党对高校的全面领导

中国共产党领导是中国特色社会主义最本质的特征，是中国特色社会主义制度的最大优势。习近平总书记反复强调，做好教育工作，加强党的领导是根本保证。只有坚持党对教育事业的全面领导，才能在更高水平上实现教育战线思想上的统一、政治上的团结、行动上的一致，才能确保教育事业发展的正确方向，才能坚定走好中国特色社会主义教育发展道路。

一、办好中国特色社会主义大学的根本保证

2018 年 9 月，习近平总书记在全国教育大会上强调，要坚持党对教育事业的全面领导。我国独特的历史、独特的文化、独特的国情决定了我国必须走自己的高等教育发展道路，扎实办好中国特色社会主义高校。我国高等教育发展方向要同我国发展的现实目标和未来方向紧密联系在一起，为人民服务，为中国共产党治国理政服务，为巩固和发展中国特色社会主义制度服务，为改革开放和社会主义现代化建设服务。习近平总书记强调，我国高等教育肩负着培养德智体美劳全面发展的社会主义事业建设者和接班人的重大任务，必须坚持正确政治方向。高校立身之本在于立德树人，只有培养出一流人才的高校，才能够成为世界一流大学[1]。我们的高校是党领导下的高校，是中国特色社会主义高校。办好我们的高校，必须坚持以马克思主义为指导，全面贯彻党的教育方针。

党对高校的全面领导是中国特色社会主义大学的最本质特征。一方面，党的坚强领导是教育事业发展的"定盘星"和"指南针"。大学是培养人的地方，培养什么人是教育的首要问题。古今中外，每个国家都是按照自己的政治要求来培养人的[2]。作为社会主义大学，中国高校办学必须体现国家意志，体现执政党和领导阶级的意志，必须贯彻党的教育方针，才能确保大学始终坚持社会主义办学方向，确保源源不断地培养出一代又一代拥护中国共产党领导和我国社会主义制度、立志为中国特色社会主义奋斗终身的有用人才。另一方面，领导过程作为一种政治活动，关键在于构建科学的领导制度体系实现党的领导效能。加强党对高校的全面领导是长期探索实践中形成的重要历史经验。中华人民共和国成立以来，我国高校领导体制几经探索和变迁。新中国成立初期（1949—1956 年）曾实行过校务委员会制、校长负责制，1956 年党的八大后先后实行党委领导下的校务委员会负责制、党委领导下的以校长为首的校务委员会负责制，党的十一届三中全会后实行党委领导下的校长分工负责制，这些体制都始终把加强党的领导放在突出位置。1985 年后高校开始逐步探索校长负责制。1989 年党的十三届四中全会后，中共中央正式明确高校实行党委领导下的校长负责制，进一步强化党对高校的领导。在这一领导体制的保证下，高校进入了健康发展的快车道。由此可见，党委领导下的校长负责制是我国高校领导体制长期探索的历史选择。一部新中国高校的发展史，就是一部坚持党的领导、加强高校党的建设的历史。70 多年特别是改革开放 40 多年来，我国的大学经历了跨越式发展，党的领导已经融入大学治理的各个环节，党的组织已经内嵌于大学治理结构的各个层级[3]。

党对高校的全面领导是中国特色社会主义大学治理的最大优势。坚持党的全面领导，既是党的领导能力和制度效能的实践必然，又是由党的本质特征决定的。《共产党宣言》指出，共产党人"没有任何同整个无产阶级的利益不同的利益"，具体表现在共产党在整个无产阶级运动中代表整个无产阶级的利益。只有共产党代表最广大人民利益，利益代表的唯一性决定了领导者的权威性，而人民利益的多样性决定了领导的全面性[2]。党的领导制度是我国的根本领导制度，《中华人民共和国宪法》（以下简称《宪法》）以国家根本大法的形式明确了中国共产党的领导地位。大学治理体系与国家治理体系是相适应的，我国高校是党领导下的中国特色社会主义大学，加强党对一切工作的领导就包含了加强党对高校工作的领导。加强党的全面领导、推进全面从严治党，就能通过党的组织体系推动党的教育方针全面落实，在服务国家

目标和重大战略中提升高校办学水平；就能通过党管干部、党管人才来建设坚强有力的领导班子和干部队伍，建设一流的师资和人才队伍；就能通过发挥基层党组织战斗堡垒作用和党员先锋模范作用，团结凝聚师生员工争创一流、加快发展的磅礴力量；就能通过贯彻民主集中制，提高科学决策水平，避免决策失误；就能通过以党风带校风、教风、学风，营造积极向上的校园文化氛围[3]。高校党委要自觉贯彻党总揽全局、协调各方的根本要求，牢牢掌握党对高校工作的领导权，使高校成为坚持党的全面领导的坚强阵地。

二、党对高校的全面领导的内涵要义

党对高校全面领导的首要问题是举旗定向。坚持党的领导，首要的是做到“两个维护”。这是党的领导的最集中体现，也是坚持党的领导的最重要要求。党和国家大政方针的决定权在党中央，党的领导必须通过党中央集中统一领导来实现。要坚决维护习近平总书记党中央的核心、全党的核心地位，坚决维护党中央权威和集中统一领导，将其作为最高政治原则和根本政治规矩，始终在思想上、政治上、行动上与以习近平同志为核心的党中央保持高度一致，确保党的领导的实现。教育是国之大计、党之大计，要以习近平新时代中国特色社会主义思想为指导，全面贯彻党的教育方针，全面坚持社会主义办学方向，做到“两个维护”，增强“四个意识”，坚定“四个自信”，自觉在政治立场、政治方向、政治原则、政治道路上与党中央保持高度一致；立足于中国特色社会主义教育发展道路，扎根中国大地办教育，发展具有中国特色、世界水平的现代教育，加快推进教育现代化，建设教育强国，为社会主义现代化强国夯基固本。

党对高校全面领导的核心内容是管党治党、办学治校。高校党委对学校工作实行全面领导，承担管党治党、办学治校的主体责任，把方向、管大局、做决策、抓班子、带队伍、保落实，保证高校始终成为培养社会主义事业建设者和接班人的坚固阵地。坚持党对高校的全面领导，核心是“全面”，关键在“坚持”。“全面”，指的是在横向上落实到高校人才培养、学科建设、科学研究、社会服务、文化传承与创新、国际化等各个方面，在纵向上贯穿到党中央集中统一领导、地方党委领导和基层党组织领导，在内部体现在高校党委、学院党委和基层党支部建设。必须充分发挥党总揽全局、协调各方的领导核心作用，把党的领导落实到高校事业发展的各个方面，体现在高校立德树人的全过程。“坚持”，指的是坚定不移、毫不动摇，在坚持中完善，在完善中坚持。坚持党的领导，必须不断加强和改进党的领导，使党的领导更好适应新时代办人民满意的大学和高校改革发展的要求，在开启全面建设社会主义现代化国家新征程、培养担当民族复兴大任的时代新人的历史任务中坚持和加强党的领导，健全和完善高校党的领导制度体系，不断提高领导能力和水平，确保高校党的领导更加坚强有力。

党对高校全面领导的根本任务是立德树人。立德树人是教育的根本任务，培养什么样的人、如何培养人、为谁培养人是高校要回答的方向性和根本性问题。党的十九大提出“培养担当民族复兴大任的时代新人”的战略任务。在全国教育大会上，习近平总书记明确提出“培养德智体美劳全面发展的社会主义建设者和接班人”的重要任务。党对高校的全面领导，就是要以培养担当民族复兴大任的时代新人为着眼点，坚持用社会主义核心价值观凝心聚力，把社会主义核心价值观融入教育教学、校风学风，引领师德建设，落细落小落实；履行好立德树人的职责，完善全员育人、全过程育人、全方位育人的体制机制，全力培养德智体美劳全面发展的社会主义建设者和接班人，这是教育工作的根本任务，也是教育现代化的方向目标[4]。办好中国特色社会主义大学，就要坚持以习近平新时代中国特色社会主义思想为指导，全面贯彻落实党的教育方针，坚定不移地坚持社会主义办学方向，擦亮马克思主义的鲜亮底色，始终把立德树人作为根本任务，坚持把思想政治工作贯穿于学校教育管理服务全过程，着力培养德智体美劳全面发展的社会主义建设者和接班人。

三、党对高校的全面领导的体制机制

全面贯彻党的教育方针。党的教育方针是党和国家有关教育事业发展的总体性指导方针和纲领性政策的表述，规定了一定时期党和国家教育事业发展的根本任务、价值取向与教育目的，具有很强的方向性、针对性和强制性，是各项教育决策、各级各类教育管理及学校具体教育活动的政策依据。新时代贯彻党的教育方针，要坚持马克思主义指导地位，贯彻习近平新时代中国特色社会主义思想，坚持社会主义办学方向，落实立德树人的根本任务，坚持教育为人民服务、为中国共产党治国理政服务、为巩固和发展中国特色社会主义制度服务、为改革开放和社会主义现代化建设服务，扎根中国大地办教育，同生产劳动和社会实践相结合，加快推进教育现代化、建设教育强国、办好人民满意的教育，努力培养担当民族复兴大任的时代新人，培养德智体美劳全面发展的社会主义建设者和接班人。

坚持和完善党委领导下的校长负责制。党委领导下的校长负责制是中国特色现代大学制度的核心内容，是党对高校领导的根本制度，必须毫不动摇、长期坚持并不断完善。这一制度为高校“为党育人、为国育才”提供了坚强的组织保证，明确了党委在高校中的领导核心地位，强调发挥校长在学校行政等各项工作中的关键作用。一方面，要坚持党委对高校的全面领导，发挥好高校党委总揽学校改革发展稳定大局的重要作用：抓好党建，把好方向，把握思想政治工作和文化的领导权；抓好决策，管好大事，把握重大问题和重大事项的决策权；抓好制度，用好干部，把握制度建设和干部选用的决定权。另一方面，要充分调动校长和其他行政领导的积极性、主动性、创造性，全力支持校长依法独立负责地行使职权，保证以人才培养为中心的各项任务高质量完成。高校党委承担管党治党、办学治校主体责任，履行把方向、管大局、作决策、抓班子、带队伍、保落实的领导职责，要执行民主集中制，完善议事决策制度，健全党委统一领导、党政分工合作、协调运行的工作机制。要按照社会主义政治家、教育家标准，选优配强高校党委书记、校长，把政治过硬、品行优良、业务精通、锐意进取、敢于担当的优秀干部选配到学校领导岗位。

坚持以党的全面领导统领中国特色现代大学治理体系建设[3]。建立和完善中国特色现代大学治理体系，必须始终坚持以党的全面领导为统领，用好党的独特优势，把加强党的全面领导作为完善大学治理的内在需求，坚持扎根中国大地办大学，坚定走中国特色高等教育发展道路，加强和改善党对各类治理主体的领导，把党的领导落实在高校治理的各层级各方面。健全高校党的组织领导体系，贯彻落实《中国共产党普通高等学校基层组织工作条例》，加强高校领导班子、干部人才队伍和基层党组织建设，健全完善体制机制，提高党建工作水平，发挥学校党委的领导核心作用、学院党委的政治核心作用、基层党支部的战斗堡垒作用。健全和完善党对高校学术治理体系的领导，提升敢于领导学术、善于领导学术的能力和水平，正确区分学术问题和政治问题，加强对涉及学术活动相关事务、相关人员的政治把关，将学术组织建设中的重大事项纳入党委议事日程，领导和支持学术组织依据章程开展活动，积极创造条件充分发挥各学术组织的作用，确保学术领域坚守政治立场和政治纪律、坚守社会主义办学方向、坚守师德师风教风学风底线，维护主流价值导向。健全高校民主管理的各项机制，加强党对群团组织的领导，增强群团组织的政治性、先进性、群众性，加强师生代表大会建设，发挥群团组织在联系群众、民主管理中的桥梁纽带作用。完善重大问题决策的前置机制和决策评估机制，完善调查研究机制、校情民意反映机制、重大事项听取意见机制，巩固和创新党员领导干部联系群众机制，切实保障师生对高校重大政策举措的知情权、参与权、表述权和监督权，从制度上保证科学决策、民主决策的落实。健全党的全面领导的治理制度体系，善于运用制度武器，发挥党的制度优势，推动把党管办学方向、党管改革发展、党管干部、党管人才等重要原则纳入高校治理的制度体系，完善大学章程建设，旗帜鲜明地体现党的全面领导和社会主义办学方向，结合高校实际构建全面从严治党的制度体系，强化党组织规范运行，促进党的建设全面从严、全面过硬，将党组织发挥作用的内容、途径、机制、程序内嵌到教学、科研和行政管理等各领域各环节各层级的制度设计中，切实体现党的全面领导、保障党的教育方针贯彻落实，推进依规治党和依法治校有机结合，逐步构建以大学章程为核心、体现党的全面领导的中国特色现代大学治理制度体系，努力把党的领导的政治优势转化为我国大学的制度优势，将中国特色社会主义大学的治理优势转化为高校事业发展的最大效能。

第二节　思想政治工作是高校各项工作的生命线

2018 年 9 月，习近平总书记在全国教育大会上强调，思想政治工作是学校各项工作的生命线，各级党委、各级教育主管部门、学校党组织都必须紧紧抓在手上。思想政治工作是党的优良传统和政治优势，是坚持党对教育事业全面领导的具体体现，是高校党委管党治党、办学治校的重要抓手。实践证明，高校抓住了、抓好了思想政治工作，就能沿着正确方向前进；放松了、丢弃了思想政治工作，就会迷失方向。面对新形势、新任务，思想政治工作只能加强不能削弱，只能前进不能停滞，只能积极作为不能被动应付。要从进行伟大斗争、建设伟大工程、推进伟大事业、实现伟大梦想的高度，腰杆硬、底气足地加强思想政治工作。

一、高校思政工作体系化建设的必要性

2018 年 5 月，习近平总书记在北京大学考察时指出，人才培养体系涉及学科体系、教学体系、教材体系、管理体系等，而贯通其中的是思想政治工作体系。加强党的领导和党的建设，加强思想政治工作体系建设，是形成高水平人才培养体系的重要内容。从“贯通其中”到“重要内容”，构建新时代高校思想政治工作体系，已经成为建设高水平人才培养体系、培养德智体美劳全面发展的社会主义建设者和接班人十分紧要的任务。高校思政工作体系化建设，既是积极回应高校思政工作现实问题、提升思政工作实效的必然要求，又是高校思政工作长期实践探索的经验总结。

新中国成立以来，党始终坚持将高校思政工作作为系统工程来抓，加强宏观思考和顶层设计，不断推动构建中国特色高校思政工作体系。如在思政课课程体系建设方面，由新中国成立之初开设的“社会发展史”“新民主主义论”“政治经济学”三门课程发展为如今覆盖从专

科到博士的八门课程，内容体系建设逐渐完善，明确哲学社会科学课程负有思想政治教育的重要职责，深入发掘各类课程的思想政治教育资源，积极推进课程育人。在日常思政工作体系建设方面，坚持因时而进、因势而新，工作方式方法、途径载体不断推陈出新，从最初的社会实践、校园文化逐渐扩展到心理、资助、网络、科研、组织、管理、服务等各个方面，形成线上与线下、显性与隐性、教育与自我教育相结合的丰富的育人平台。在推进各项具体思政工作深化建设的同时，不断完善整体协同的高校思政工作体系建设[5]。1995 年 11 月，国家教育委员会颁布试行《中国普通高等学校德育大纲》，明确提出“建立和完善有中国特色的社会主义高等学校德育体系”。2004 年和 2016 年中共中央国务院又相继印发了《关于进一步加强和改进大学生思想政治教育的意见》《关于加强和改进新形势下高校思想政治工作的意见》两个重要文件，制定了系列配套制度，对高校思想政治工作作出战略性、全局性部署。2020 年 4 月，教育部等八部门联合印发了《关于加快构建高校思想政治工作体系的意见》，全面规划了理论武装、学科教学、日常教育、管理服务、安全稳定、队伍建设、评估督导七个体系。这一文件是对以往政策设计的进一步凝练和深化，是对中华人民共和国成立 70 多年来高校思想政治工作系统化设计的总结和完善。

近年来，高校思政工作分层分类、细分深化，工作队伍不断壮大，工作阵地不断拓展，工作内容、载体、形式、方法等不断创新，各方面工作逐渐朝着专业化、精细化发展。与此同时，思政工作整体效能发挥所需要的协同运行、育人合力尚未体现，出现了“协同育人”观念更新的需要与“各司其职”思维惯性之间的矛盾冲突，“德才并育”双线能力的需要与“育德能力”提升缓慢之间的矛盾冲突，“绩效评价”革新动力的需要与“育人效能”难以划分之间的矛盾冲突[6]。在思政工作体系化建设方面仍然存在许多制约因素[7]。一是“孤岛”现象。在不少人的固有思维中，思政工作还仅是党务干部、思政课教师、辅导员等专职思政队伍或者部门的事，专业课教师、管理服务人员等与人才培养同样密切相关的群体往往把自己的工作仅仅定位在知识传授、能力培养、事务处理或者生活保障层面，价值塑造的意识、动力和本领还不够强。二是“条块”现象。现有高校组织管理体系之下，不同职能部门有着不同的业务职能，不同的人事岗位有着不同的业务职责，在一定程度上造成了思政工作存在的各自为战、协同不足、本位主义等问题，各方面力量围绕立德树人根本任务联结汇聚起来还不够充分，形成以学生为中心的交流、联动、协作的育人合力还有许多需要努力的空间。三是“片面”现象。在工作中容易将教职工的思政工作片面地简化为人事管理，对教职工思想政治状况的示范性、教育性等重视不够，教职工党支部建设存在虚化、弱化、边缘化的倾向，师德师风建设机制还需要不断细化完善，全面、系统地对教职工思想政治工作与学生思政工作进行整体谋划、协同推进十分迫切。四是“脱节”现象。一些思政工作的呈现内容和方式与师生不同阶段的思想状况、发展需要衔接得还不够紧密，师生关注、关心的热点、焦点、难点往往得不到及时、准确、透彻的回应和解答。把准时代脉搏、时间节点进而有效对接需求、吸引师生、回应期待还要下更大的力气。五是“隔膜”现象。主要反映为思政工作与学科建设、课程教学、管理服务等具体工作的融合度和协调度不够，或对思政工作在不同教学内容、业务环节中的不同体现还缺乏系统深入的把握，生搬硬套的现象还时有存在，导致思政工作与师生工作学习实际联系不够紧密，形同“两张皮”。

体系化是高校思政工作价值实现的本质要求和现实需要，也是新时代高校思政工作稳步加强、持续改进和创新发展的着力点。以体系化的眼光观察、思考、推动高校思政工作，是党关于高校思政工作的重要传统，也是高校思政工作的历史经验。新时代对高校思政工作体系建设提出了更高要求，迫切地要求高校思政工作以体系化为切入点和着力点，推动新时代高校思政工作不断在加强中改进、在创新中发展。

二、完善高校思政工作体系

《关于加快构建高校思想政治工作体系的意见》要求加快构建理论武装、学科教学、日常教育、管理服务、安全稳定、队伍建设和评估督导等七个体系。高校思政工作七个体系之间相互联系、相互影响、相互作用，共同构成了一个闭合的循环系统。每个体系有各自的功能作用和实现路径：理论武装体系是灵魂和核心；学科教学体系是抓手和保证；日常教育体系是基石和根基；管理服务体系是关键和枢纽；安全稳定体系是前提和基础；队伍建设体系是主体和主导；评估督导体系是结果导向与反馈环节[8]。

立德树人是高校的根本任务，铸魂育人是新时代高校思政工作的根本要求。理论武装体系和评估督导体系贯穿在高校思政工作体系的各个方面、各个领域和各个环节。理论武装体系居于思政工作体系的灵魂和核心地位。高校要用习近平新时代中国特色社会主义思想铸魂育人，加强政治引领，厚植爱国情怀，强化价值引导，引导师生把爱国情、强国志、报国行自觉融入坚持和发展中国特色社会主义事业、建设社会主义现代化强国、实现中华民族伟大复兴的奋斗之中。高校思政工作体系的针对性和实效性如何，要通过科学的测评体系来评估评价。评估督导体系要评估和督导高校思政工作体系的各个领域、各个方面和各个环节。要深化教育体制改革，健全立德树人落实机制，扭转不科学的教育评价导向，坚决克服“唯分数、唯升学、唯文凭、唯论文、唯帽子”的“五唯”顽瘴痼疾，从根本上解决教育评价指挥棒问题。要建立多元多层、科学有效的高校思政工作测评指标体系，完善过程评价和结果评价相结合的实施机制，把高校党建和思政工作、育人职责履行情况作为“双一流”建设、学科专业评价、教学科研成果评比、人才评审，以及巡视考核、述职评议的重要内容，纳入高校发展规划和年度工作计划，明确路线图、时间表、责任人，完善推进落实机制，健全督导问责机制，强化高校思政工作督导考核。

要办好思想政治理论课，高校思政工作必须有抓手和依托，必须借助学科教学体系来实现。2019 年 3 月，习近平总书记在学校思想政治理论课教师座谈会上强调，思政课是落实立德树人的关键课程，思政课作用不可替代，思政课教师队伍责任重大，思政课要在改进中加强、在创新中提高。要用好课堂教学这个主渠道，提升思想政治教育亲和力和针对性，满足学生成长发展需求和期待，其他各门课都要“守好一段渠，种好责任田”，使各类课程与思想政治理论课同向同行，形成协同效应。高校要按照“八个相统一”要求，扎实推进思政课建设思路创优、师资创优、教材创优、教法创优、机制创优、环境创优，推动思政课改革创新，不断增强思政课的思想性、理论性、亲和力和针对性。要加强马克思主义学院和马克思主义理论学科建设，加大马克思主义学者和青年马克思主义者培养力度，加快培养一大批立场坚定、功底扎实、经验丰富的青年马克思主义者。要积极构筑以思政课程为核心，以中国系列课程、综合素养课程、哲学社会科学课程为主干，以专业课程为支撑的课程思政育人体系，统筹课程思政与思政课程建设，构建全面覆盖、类型丰富、层次递进、相互支撑的课程体系，努力使各类课程与思政课同向同行，让专业课程都上出“思政味道”，形成从思政课程到课程思政的“圈层效应”。要强化哲学社会科学育人作用，加快构建中国特色哲学社会科学学科体系和教材体系，推出更多高水平教材，创新学术话语体系，建立科学权威、公开透明的哲学社会科学成果评价体系，努力构建全方位、全领域、全要素的哲学社会科学体系。

【专栏 1-1】 上海交通大学积极推进课程思政建设

上海交通大学深入贯彻落实习近平总书记在全国高校思想政治工作会议、学校思想政治理论课教师座谈会上的重要讲话精神，聚焦立德树人，围绕学生、关照学生、服务学生，着力提升课程思政工作的精准性、融合性、有效性，充分调动院系与基层教师的积极性、主动性、创造性，积极构建全员、全过程、全方位育人的“大思政”格局。

统筹规划、制度先行，绘制课程思政建设“设计图”。成立由校党政主要负责人为组长、分管校领导为副组长、相关部处负责人为成员的课程思政教学改革建设领导小组，构建“党委领导、党政共管、教务牵头、院系落实”的工作机制，加强组织领导，统筹推进课程思政建设工作。加强规划设计，形成以思想政治理论课为核心、专业教育课程为主体、通识核心课程为支撑、第二课堂为补充的全覆盖、全类型、层次递进、相互支撑的课程思政体系。强化制度建设，制定《深入推进课程思政建设的实施方案》《专业课程思政教学元素规范指南》等规范文件，指导教师根据学科特点找准切入点，将价值引领转化为课程大纲，将思政元素融入教育教学，将思政育人贯穿人才培养全过程。

提高认识、科学部署，规划课程思政发展“路线图”。坚持以大讨论凝聚大共识，开展为期 4 个月的教育思想大讨论，围绕“立德、好学、乐教”3 个方面进行深入研讨，形成广泛的共识和扎实的举措，确立“价值引领、知识探究、能力建设、人格养成”四位一体的人才培养理念。注重发挥课程对于培养目标的支撑作用，将思想政治工作贯穿教育教学的全过程，强化对教师教书育人职责的要求，为教师安心乐教提供有力保障。坚持分类指导规划，优势工科专业以国家重大战略为导向，培养学生精益求精的大国工匠精神，激发学生科技报国的家国情怀和使命担当；优质理科专业对接学科发展前沿和行业需求，培养学生探索未知、追求真理、勇攀科学高峰的责任感和使命感；特色文科专业以保存、传承、传播和创造先进文化为使命，引导学生进行文化寻根，了解中华民族的文化命脉，提升学生文化自觉与文化自信。

深化理念、注重融入，细化课程思政教育“施工图”。建设校内示范课程，推进课程思政建设立项，选取 8 个学院作为试点，将“课程思政重点改革领航学院”与“课程思政建设试点学院”相结合，在专业培养理念、培养目标、课程体系和课程设计中层层贯彻和落实课程思政理念。组织相关专家和一线教师，编写 13 个专业大类的课程思政教学指南，为课程思政改革与建设树立范式。加强课程思政建设工作指导，定期开展院系一对一课程思政专题辅导会，先后培训骨干教师近 300 名，引导教师深挖育人元素，重构教学设计，做到不离专业讲思政，渗透思政讲专业，有效提升教师课程思政建设的意识与能力。

示范带动、典型引路，擘画课程思政影响“效果图”。强化典型树立，设立“教书育人”奖，并向一线教师倾斜，强化广大教师教书育人、立德树人的荣誉感和责任感。将课程思政内容纳入在岗培训及师德师风、教学能力等专项培训中，努力做到因事而化、因时而进、因势而新，不断提高教师工作能力和水平。发挥校史校友资源，深挖航空救国、海洋强国、实业报国等办学历史和校友故事，着力构建以“家国情怀”为引领的课程体系，加强“两弹一星”元勋和国家最高科学技术奖获得者等杰出校友精神的宣传，深化专业教育和行业情怀培养，让大学生在收获专业自豪感的同时，找到人生奋斗的方向[9]。

要牢牢掌握党对意识形态工作的领导权。意识形态工作是党的一项极端重要的工作。

教育领域的意识形态工作，事关党对教育事业的全面领导，事关全面贯彻党的教育方针，事关中国特色社会主义事业后继有人，对巩固马克思主义在意识形态领域的指导地位、巩固全党全国人民团结奋斗的共同思想基础，具有十分重要而深远的意义。高校要旗帜鲜明坚持党管意识形态、党管办学方向，牢牢掌握高校意识形态工作领导权，始终用马克思主义占领高校意识形态阵地，不断增强社会主义意识形态的凝聚力和引领力，切实认真落实意识形态工作责任制，做到守土有责、守土负责、守土尽责。加强组织领导、协调联动、督导检查，牢牢把握正确舆论导向，唱响主旋律，壮大正能量，加强对课程教学和讲座论坛等意识形态和思想文化阵地的管理，坚持教育与宗教相分离，用好校园阵地，加强传播手段和话语方式创新，不断提高高校意识形态及校园安保工作能力和水平。完善高校及周边治安综合治理机制，形成多方协同合作机制，建立安全风险预警、事故研判分析机制和定期检查、定期梳理、定期研究、定期总结的常态工作机制，推动安全监管常态化、长效化。要坚持不懈促进高校和谐稳定，培育理性平和的健康心态，加强人文关怀和心理疏导，坚持不懈培育优良校风和学风，使高校发展做到治理有方、管理到位、风清气正。

要不断改革创新思想政治工作方式方法，提升思政工作日常教育体系和管理服务体系的质量和水平。高校思政工作贵在日常教育，重在平时并养成高度自觉，工作成效取决于日常教育的“润物细无声”，取决于日常教育的潜移默化[8]。日常教育体系与高校师生日常生活息息相关，包括实践教育、校园文化、网络空间、心理健康教育等，是课堂专业教育的拓展和延伸，是高校教育教学的重要组成部分，是高校思政工作的主要载体。高校要充分利用各种时机和场合，强化教育引导、舆论宣传、文化熏陶、实践养成、制度保障等，在落细、落小、落实上下功夫，形成有利于高校思政工作的生活情景和社会氛围，把思政工作融入高校师生的日常学习生活中，让师生在实践中感知它、领悟它、践行它，达到“师生日用而不知”的程度，使高校思政工作的影响像空气一样无所不在、无时不有。高校管理服务中蕴含着大量思政元素，要大力挖掘、有效激活管理服务中的育人功能和作用，构建管理服务育人的制度体系，深入梳理高校各管理服务部门、环节、岗位的育人职责，细化管理服务育人的具体内容、实践路径，强化管理服务育人导向，提升管理服务育人效能。

加强党对高校的全面领导，做好高校思政工作，根本靠人才、靠队伍。习近平总书记指出，高明的高校领导，首先应该是高超的思想政治工作者，要善于运用一切场合、一切载体、一切方式来做思想政治工作，并能带动所有教职员工和学生共同来做思想政治工作。建设一支专兼结合的高素质党务工作和思政工作队伍，是全面加强高校党建和思政工作的必然要求，要配齐建强思政工作队伍，整体推进党政干部队伍、思政课教师队伍、心理咨询队伍和哲学社会科学课教师队伍建设，全力提升思政工作队伍的能力和水平。高校要按照“四有”好老师的要求加强队伍建设，把师德师风作为评价教师队伍素质的第一标准。要按政治要强、情怀要深、思维要新、视野要广、自律要严、人格要正的要求，发挥思政课教师的积极性、主动性和创造性，给学生心灵埋下真善美的种子，引导学生扣好人生第一粒扣子。“传道者”自己首先要明“道”、信“道”，教师承载着传播知识、传播思想、传播真理和塑造灵魂、塑造生命、塑造新人的时代重任，高校教师要坚持教育者先受教育，努力成为先进思想文化的传播者、党执政的坚定支持者，更好担起学生健康成长指导者和引路人的责任。

三、提升高校思政工作体系质量

构建新时代高校思政工作体系要遵循学生成长成才规律、教育活动规律、管理活动规律、党建思政工作规律,坚持科学性与政治性相统一、系统性与实践性相统一、文化性与时空性相统一的原则,以追求健全立德树人体制机制为核心任务,以追求贯通“教”“学”“管”人才培养体系为抓手,以追求创新思政工作为突破为目标[10]。高校思政工作体系是由主体、内容、教学、管理、组织、环境等要素构成的有机整体,必须系统谋划和实践推进,不断激发各类群体的主观能动性,全面覆盖对象、协同各方力量、贯通工作全程,实现全员育人、全程育人、全方位育人,有效整合人才培养体系中的学科体系、教学体系、教材体系、管理体系,让思政工作体系贯通其中。

构建主体广泛激活、力量有效联结、对象全面覆盖、工作全程贯穿、要素深度融入的新时代高校思政工作体系[7]。主体广泛激活,就是要广泛地激活思政育人主体,特别是专任教师和管理人员群体,让高校全员都能够立足本职岗位,掌握和理解育人目标,明确育人职责,增强育人动力,提升育人本领,优化育人行为,展现育人价值。力量有效联结,就是要加强顶层设计,强化统一领导,统筹谋划推动,突破条块分割,强化协同联动,汇聚育人资源,聚焦育人价值,形成育人合力。对象全面覆盖,就是要把思政工作覆盖每名师生,尤其是要坚持教育者先受教育,加强思想引领,把师德师风作为评价教师队伍素质的第一标准,加强高知群体思政工作,增强群团组织政治功能,发挥基层党组织的政治核心和战斗堡垒作用。工作全程贯穿,就是要科学把握师生特点,遵循师生成长规律、身心发展规律,因时而进、深耕细作,围绕教职员工职业生涯开展思政工作,引导其明大德、守公德、严私德、厚师德,积极践行“四个相统一”,围绕学生的学习生活特点和关键时机开展思政工作,点面结合、突出重点地全程贯穿,形成螺旋式上升、层次性递进的思政工作体系。要素深度融入,就是要坚持思政工作因事而化,结合学科建设、课程教学、社会实践、管理服务、环境营造等教育管理各个方面的实际,把思政工作深层次、全方位地与业务工作融为一体。

健全统一领导、规范有序、协同配合、持续发力的运行机制,推动高校思想政治工作体系一体贯通、发挥作用[5]。强化党的统一领导,切实把党对高校思政工作的领导落实到办学治校各领域、各方面、各环节,压实各级党组织的主体责任,形成纵向一体贯通的领导体系,实现党对思政工作的领导向纵深发展、向基层延伸、向一线落实。用制度筑牢体系根基、推动体系规范运行,完善科研育人、文化育人、实践育人、组织育人等重点领域育人制度,挖掘其中蕴含的育人要素、构建育人机制、优化育人激励、强化实施保障;梳理党政干部、专任教师、后勤人员等工作职责,进一步明确思政育人职责要求,把思政工作纳入各种考核评估、晋升评优的重要内容;完善思政工作质量评价制度,深化新时代教育评价改革,合理设计评价指标体系、优化评价内容、创新评价方式、完善评价反馈、监督、奖惩、问责,形成思政工作评价体系闭环,健全思政评价的长效运行机制。注重协同联动效应,统筹党建和思政工作,推进全面从严治党,提高基层党组织思政工作能力;加强校内外、部门之间、队伍之间、育人载体之间的协同互动,推动思政工作体系与人才培养体系的融合贯通,推动思政课程与课程思政同向同行、思政课程与日常思政协同配合、网络思政与网下思政有效联动,充分发挥课程、科研、实践、文化、网络、心理、管理、服务、资助、组织等方面工作的育人功能、育人特色和育人优势。构筑发展动力系统，加强动力机制建设，有效释放、激发师生主体意识和内生动力，释放高校思政工作改革创新的深层力量。

第三节　不断提升高校党的建设质量

坚持和完善党的领导，必须毫不动摇把党建设得更加坚强有力。党的十九大明确了新时代党的建设总要求，并提出“要不断提高党的建设质量”命题。党的建设质量要求既是对党的建设历史经验的深刻总结，也是对马克思主义党建理论的创新发展，深化了对中国特色社会主义进入新时代背景下“建设什么样的党、怎样建设党”这一重大问题的认识，为高校加强党的领导、加强党的建设提供了根本遵循。加强高校党的建设，必须按照党的建设总要求，以加强党的长期执政能力建设、先进性和纯洁性建设为主线，以党的政治建设为统领，以坚定理想信念宗旨为根基，全面推进党的政治建设、思想建设、组织建设、作风建设、纪律建设，把制度建设贯穿其中，深入推进反腐败斗争，全面提高高校党建质量，让党的先进性基因和时代性特征在高校得到充分体现，始终确保高校坚持社会主义办学方向，体现中国特色社会主义高校的鲜亮底色。

一、以政治建设为统领，全面加强高校党的建设

中国特色社会主义大学的根本方向是社会主义办学方向，核心是坚持党对高校的全面领导。提高高校党建质量必须把加强党的领导作为根本目标。2021 年修订的《中国共产党普通高等学校基层组织工作条例》以习近平新时代中国特色社会主义思想为指导，坚持以党章为根本依据，贯彻落实新时代党的建设总要求和新时代党的组织路线，对高校基层党组织工作作出全面规范，为全面加强新时代高校党的建设提供了基本遵循。推动高校党建高质量发展，要以政治建设为根本，以思想建设为基础，坚持以立德树人为出发点和落脚点，必须坚持为党育人、为国育才，必须始终围绕立德树人根本任务来谋划和推进，以人才培养质量和办学治校成效来检验与考评，把贯彻落实党的教育方针体现到办学治校和教书育人的方方面面，坚持以高质量党建推动高质量发展，以高质量党建保证人才培养质量，着力培养德智体美劳全面发展的社会主义建设者和接班人。

必须坚持以政治建设为统领，把政治建设摆在高校党的建设首位。党的政治建设是党的根本性建设，决定党的政治方向和效果。加强党的政治建设，目的是坚定政治信仰，强化政治领导，提高政治能力，净化政治生态，实现全党团结统一、行动一致。坚定政治信仰，就是要提高政治站位，树牢“四个意识”，坚定“四个自信”，坚持用党的科学理论武装头脑，坚定执行党的政治路线，坚决站稳政治立场，在政治立场、政治方向、政治原则、政治道路上同党中央保持高度一致。强化党的政治领导，就是要强化高校党委管党治党主体责任，坚决做到“两个维护”，完善党的领导体制，改进党的领导方式，把正确的政治方向、价值导向贯穿于办学治校、教书育人全过程，坚定走中国特色社会主义教育发展道路，坚持社会主义的办学方向。提高政治能力，就是要增强党组织政治功能，彰显中国特色社会主义大学的政治属性，发挥群团组织政治作用，提高党员干部政治本领，不断增强高校党组织的政治领导力、思想引领力、群众组织力、社会号召力，增强领导干部把握方向、把握大势、把握大局的能力，做到政治过硬与本

领高强相结合。

必须坚持把思想建设作为高校党的基础性建设。习近平总书记在庆祝中国共产党成立100周年大会上的讲话中深刻指出，中国共产党为什么能，中国特色社会主义为什么好，归根到底是因为马克思主义行！党在百年奋斗中，之所以能够历经磨难不断创造辉煌，根本的一条，就是坚持马克思主义基本原理，坚持实事求是，从中国实际出发，不断推进马克思主义中国化时代化，指导中国人民不断推进伟大社会革命。思想就是力量，加强党的建设，既要"造形"，更要"铸魂"，要更加坚定自觉地用党的创新理论武装全党、凝心铸魂。高校要坚持把理论武装摆在首要位置，坚持马克思主义指导地位，认真学习马克思主义基本理论，特别是习近平新时代中国特色社会主义思想，学会运用马克思主义立场、观点、方法观察和解决问题，把理想信念建立在对科学理论的理性认同上，建立在对历史规律的正确认识上。牢牢掌握教育领域意识形态工作领导权、话语权，旗帜鲜明地批判"普世价值""历史虚无主义"等思想流毒，守好意识形态斗争的前沿阵地，引导师生员工增强道路自信、理论自信、制度自信、文化自信，教育引导广大党员师生自觉用党的创新理论成果武装头脑，不断增强政治认同、思想认同、理论认同、情感认同。扎实推进习近平新时代中国特色社会主义思想和社会主义核心价值观进教材、进课堂、进头脑，把思想政治工作贯穿教育教学全过程，构建全员、全过程、全方位育人体系。加强阵地建设，建好管好学校课堂教学主阵地，各门课程教师要"守好一段渠，种好责任田"，加强对学校各类宣传载体和学术交流平台管理，使之成为传播正能量的重要渠道，有效阻断错误思想的传播途径。要教育引导党员师生解决好世界观、人生观、价值观这个总开关问题，自觉做共产主义远大理想和中国特色社会主义共同理想的坚定信仰者和忠实实践者，立志肩负起中华民族伟大复兴的时代重任。不断提高做思政工作的能力，用事业凝聚人心，以发展鼓舞士气，加强人文关怀和心理疏导，有效理顺情绪、化解矛盾，巩固师生员工团结奋斗的思想基础，提振攻坚克难、开拓进取的精神状态，为高校事业科学发展提供强大的精神动力。

统筹抓好高校党的组织建设、作风建设、纪律建设，把制度建设贯穿始终，深入推进反腐败斗争。党的力量来自组织，党的全面领导、党的全部工作，要靠党的坚强组织体系去实现。党的教育方针政策、重大部署在高校的贯彻落实程度，取决于各级党组织的组织力水平。加强高校党的建设必须贯彻落实新时代党的组织路线，扎实推进党的组织和党的工作有效覆盖，构建上下贯通、执行有力的严密组织体系，着力建强"学校党委—二级单位党组织—基层党支部—党员"四位一体的组织体系，为高校改革发展提供坚强的组织保证。按照"讲政治的教育家、懂教育的政治家"标准，加强高校领导班子建设，提高办学治校能力，增进班子团结，锻造引领高校事业科学发展的坚强领导集体。坚持"信念坚定、为民服务、勤政务实、敢于担当、清正廉洁"的好干部标准，按照"为发展配班子、凭实绩用干部"的思路，建设高素质专业化干部队伍，拓宽选人视野，树立鲜明导向，激发干部工作活力，带领学校办出特色、争创一流。充分发挥基层党组织作用，以提升组织力为重点，推进基层党支部标准化、规范化建设，培育教师党支部书记"双带头人"，健全"三会一课"、谈心谈话、民主评议党员等组织生活制度，强化党员日常管理，充分发挥师生党员的先锋模范作用，把学校基层党组织建设成为宣传党的主张、贯彻党的决定、领导基层治理、团结动员师生、推动改革发展的坚强战斗堡垒。要把作风建设作为一项永恒课题，在抓常、抓细、抓长上下功夫，以优良的党风促校风、带教风、正学风，强化基础、抓住重点、建立规范、落实责任，把作风建设软指标变成硬约束，始终保持同师生员工的血肉联系，践行一线规则，凝聚形成推动高校改革发展的强大合力，使高校始终充满积极向上的正能量、洋溢蓬勃向上的青春活力、展现改革创新的时代风采。

高校要认真贯彻党内法规制度，教育引导党员师生牢固树立制度意识，形成尊崇制度、遵守制度、捍卫制度的良好氛围。坚持把党的制度建设与完善学校内部治理体系相结合。健全“党委领导、校长负责、教授治学、民主管理”的现代大学治理模式，落实党委领导下的校长负责制，领导和支持教代会、学术委员会、群团组织等按照各自的章程开展工作，健全各相关主体充分行使权利、切实履行义务、合理承担责任、有效实施监督的机制，推进学校治理体系和治理能力现代化。坚持党的全面领导，完善党组织与行政议事决策制度，贯彻执行民主集中制原则，按照规定研究决策“三重一大”事项，提高决策的科学化、民主化水平，谋划和落实好高校综合改革，推动学校高质量内涵式发展。把科学的制度设计、严格的制度执行、有力的督办问责结合起来，以党组织的领导力提高制度执行力，以严格执行党规党纪带动高校各项制度落实。

二、落实全面从严治党主体责任

办好中国的事情，关键在党，关键在党要管党、从严治党。高校要自觉成为坚持党的领导的坚强阵地，把全面从严治党责任扛稳、抓牢、做实。党的十八大以来，全面从严治党坚持思想建党和制度治党相统一、使命引领和问题导向相统一、抓“关键少数”和管“绝大多数”相统一、行使权力和担当责任相统一、严格管理和关心信任相统一、党内监督和群众监督相统一，党的自我革命成效卓著。但党面临的执政环境仍然是复杂的，影响党的先进性、弱化党的纯洁性的因素也是复杂的，党内存在的思想不纯、组织不纯、作风不纯等突出问题尚未得到根本解决[4]。高校全面从严治党要以党的政治建设为统领，坚决做到“两个维护”，锲而不舍地落实中央“八项规定”精神，保持党同人民群众的血肉联系，全面加强纪律建设，用严明的纪律管党治党，做到真管严管、敢管敢严、长管长严，构建不敢腐、不能腐、不想腐的有效机制，抓好党委全面从严治党主体责任和纪委监督责任的落实。

坚持党要管党、从严治党，全面加强纪律建设，落实党风廉政建设责任制，持之以恒地正风肃纪，推动全面从严治党向纵深发展。纪律严明是党的光荣传统和独特优势，高校要把加强纪律建设作为全面从严治党的治本之策，把党的纪律立起来、严起来，充分发挥纪律建设标本兼治的利器作用，使铁的纪律真正转化为高校党员干部的日常习惯和自觉遵循，推动高校全面从严治党纵深发展。习近平总书记强调，推进全面从严治党，既要解决思想问题，也要解决制度问题。党要管党、全面从严治党，必须有坚强的制度作保证。在反腐败斗争中，高校党员干部要知敬畏、存戒惧、守底线，习惯在受监督和约束的环境中工作生活。不断巩固发展反腐败斗争压倒性胜利，形成不敢腐、不能腐、不想腐的体制机制，不断加强高校党组织的先进性和纯洁性建设，不断提高高校党组织的凝聚力和战斗力。始终恪守严的纪律和严的要求，持之以恒正风肃纪，强化监督执纪问责，坚持将纪律和规矩挺在前面，有纪必执、违纪必究。把党的纪律建设和反腐败斗争与推进依法治校相结合，坚持从严教育、从严管理、从严自律、从严监督、从严问责。持续深入推进作风建设，密切关注形式主义、官僚主义、享乐主义和奢靡之风的新动向，紧盯“关键少数”，深化关键环节治理，强化财务、基建、后勤管理等重点领域和关键环节治理，加强廉政风险防控。围绕廉政高风险部位，查找管理漏洞和廉政风险点，着力营造风清气正的良好生态。

【专栏 1-2】 清华大学对标“六个过硬”全面加强新时代学校党的建设

清华大学深入贯彻落实习近平总书记在致清华大学建校105周年贺信精神和在清华大学考察时重要讲话精神，坚持以创建“全国党建工作示范高校”为契机，以党的政治建设为统领，以“六个过硬”为标准，以深化巡视整改标杆高校建设为抓手，系统提升党建工作质量，发挥党组织在学校综合改革和“双一流”建设中的战斗堡垒作用，让党旗在清华园高高飘扬。

把方向过硬，牢牢把握正确办学方向。把加强党的建设作为坚强保证，制定《关于新时代全面加强和改进学校党的建设的意见》《关于加强学校党的政治建设的若干措施》，引导党员、干部、师生切实用习近平新时代中国特色社会主义思想武装头脑、指导实践、推动工作。巩固马克思主义指导地位，制定《思想政治理论学习制度实施办法》，成立党委书记、校长任双组长的思想政治工作领导小组，着力加强马克思主义学院和马克思主义理论学科建设。制定《关于深入推进新时代思想政治理论课改革创新工作方案》，成立课程思政研究中心，推动课程思政与思政课程同向同行。加强师德师风建设，制定《关于进一步加强和改进教师思想政治工作的实施意见》《教师职业道德规范》《教师师德失范行为处理办法》，在人才引进、职称晋升、年度考核、评奖评优等环节严把政治关、师德关。

管大局过硬，层层落实管党治党责任。发挥学校党委总揽全局、协调各方作用，确保党中央决策部署和上级各项要求在学校落地见效。落实党建工作责任，学校党委常委会经常性研究党建重点任务、思想政治工作、意识形态工作等，明确把履行主体责任和“一岗双责”情况纳入校领导班子成员年度述职述责事项。制定修订《院(系)级党组织工作职责规定》等24个制度文件，启动两批校内党组织“对标争先”创建工作。开展“基层党组织建设提升年”活动，实施“强基、先锋、领航、领雁、智慧、保障”6项工程，高质量完成31项重点任务。建立二级单位党委、党支部考核评价体系，开展党组织书记抓基层党建述职评议考核并实施后位约谈。实施《全面从严治党从严治校专项整改方案》，锲而不舍反对“四风”，营造风清气正的良好生态。

作决策过硬，全面提升议事决策能力。制定党委全委会会议、党委常委会会议、校务会议议事规则，持续增强谋大局、议大事能力。修订领导班子贯彻落实“三重一大”决策制度的实施办法，健全决策机制，提高决策效率。完善内部治理体系，形成师生参与、专家咨询、调研论证、合法性审查和集体决策相结合的工作格局。完善教职工代表大会、学生代表大会、研究生代表大会制度和校内协商民主制度，构建公开透明的监督机制。发挥战略发展委员会、院系顾问委员会、校企合作委员会作用，拓展校友参与学校治理的渠道。充分保障学术委员会等学术组织行使权力，稳步向院系下放管理权，提升其自主配置资源的能力和效率。

抓班子过硬，打造坚强有力领导班子。坚持并完善党委领导下的校长负责制，党政主要负责人带头增进班子团结，班子成员之间保持经常性的沟通和谈心谈话。对于需要研究讨论的重大事项，提前充分交流意见，形成思想共识。制定《关于加强学校二级单位领导班子建设的若干举措》，选优配强二级单位领导班子，完善二级单位党组织会议、党政联席会议议事规则和决策程序。加强指导督导和考核评价，提高二级单位领导班子民主生活会的“辣味”和质量，加强监督检查并形成工作规范。健全学校和二级单位领导班子成员联系基层党组织、基层单位、专家人才和学生的制度，大兴调查研究之风，不断加强作风建设。

带队伍过硬，持续增强干事创业本领。坚持正确选人用人导向，通过干部轮换、党政干部互换、校院

(系)干部交流、多岗位锻炼、院系机关双向挂职等全面历练培养干部,完善分层分类的干部教育培训体系。把工作效果与评先奖优、干部选用、责任追究等挂钩,将破除形式主义、官僚主义等作为巡察重点,完善“双肩挑”干部队伍建设,激励干部担当作为。制定人才强校战略,将政治立场、立德树人表现作为人才聘用考核的首要标准。引导教师坚守为党育人、为国育才的初心使命,提升价值塑造、能力培养、知识传授的能力,做学生为学、为事、为人的示范。

保落实过硬,确保决策部署落地生根。制定《关于学习贯彻习近平总书记对清华大学重要指示批示和致信回信精神的工作办法》,统筹学校“十四五”事业发展规划、“双一流”建设等各项工作。制定《清华大学2030创新行动计划》,部署一流大学创新体系建设。实施文科“双高”计划,努力构建中国特色、中国风格、中国气派的学科体系、学术体系、话语体系。建立“重点任务月度推进会”制度,对年度重点目标任务建立台账,每月检查进度、持续推动落实。深入推进中央巡视整改,发挥纪委监督保障执行、促进完善发展作用,实现对二级单位党组织和党政职能部门巡察全覆盖,落实落细中央决策部署和学校重点工作[11]。

课后习题

1. 如何理解坚持党对高校的全面领导是办好中国特色社会主义大学的根本保证?
2. 如何坚持和完善党委领导下的校长负责制?
3. 如何理解思政工作是高校各项工作的生命线?
4. 如何提升高校思政工作体系质量?
5. 如何加强高校党组织的政治建设和组织建设?
6. 如何推动高校党的建设与事业发展深度融合?

本章主要参考文献

[1]本书编写组.习近平总书记教育重要论述讲义[M].北京:高等教育出版社,2020.

[2]杨彬彬.党的全面领导制度:概念、特点与实现机制[J].思想理论教育,2020(7):75-80.

[3]徐军.坚持和完善党对高校全面领导的体制机制[J].思想理论教育,2021(4):74-79.

[4]何雅.党对高校的全面领导之“全面”解析[J].思想理论教育,2019(4):71-75.

[5]冯刚,成黎明.治理视域下高校思想政治工作体系构建的逻辑与路径[J].思想理论教育,2020(8):11-16.

[6]刘志.高校思想政治工作体系构建的瓶颈及超越[J].思想理论教育,2019(12):17-23.

[7]沈壮海,李佳俊.论新时代高校思想政治工作体系的构建[J].思想理论教育,2019(12):11-16.

[8]叶本乾,吴满意.高校思政工作体系逻辑结构与实现路径[J].中国高等教育,2021(9):40-42.

[9]上海交通大学积极推进课程思政建设[EB/OL].(2021-01-22). http://www.moe.gov.cn/jyb_xwfb/s6192/s133/s166/202101/t20210122_510682.html.

[10]蒋明军.新时代构建高校思想政治工作体系的若干思考[J].思想理论教育,2020

(7):102-106.

[11]清华大学对标“六个过硬” 全面加强新时代学校党的建设:“全国党建工作示范高校”系列之一[EB/OL].(2021-05-31). http://www.moe.gov.cn/jyb_sjzl/s3165/202105/t20210531_534373.html.

延伸阅读

张烁,鞠鹏.习近平在全国高校思想政治工作会议上强调:把思想政治工作贯穿教育教学全过程 开创我国高等教育事业发展新局面[N].人民日报,2016-12-09(1).

习近平.决胜全面建成小康社会 夺取新时代中国特色社会主义伟大胜利:在中国共产党第十九次全国代表大会上的报告[M].北京:人民出版社,2017.

习近平.在北京大学师生座谈会上的讲话[N].人民日报,2018-05-03(2).

张烁,王晔.习近平在全国教育大会上强调:坚持中国特色社会主义教育发展道路 培养德智体美劳全面发展的社会主义建设者和接班人[N].人民日报,2018-09-11(1).

张烁,谢环驰.习近平主持召开学校思想政治理论课教师座谈会强调:用新时代中国特色社会主义思想铸魂育人 贯彻党的教育方针落实立德树人根本任务[N].人民日报,2019-03-19(2).

黄敬文,鞠鹏.习近平在清华大学考察时强调:坚持中国特色世界一流大学建设目标方向 为服务国家富强民族复兴人民幸福贡献力量[N].人民日报,2021-04-20(1).

习近平.在庆祝中国共产党成立100周年大会上的讲话[N].人民日报,2021-07-02(2).

中共中央关于坚持和完善中国特色社会主义制度、推进国家治理体系和治理能力现代化若干重大问题的决定[N].人民日报,2019-11-06(6).

第二章　高校依法治校专题

学习目标

1. 了解依法治国、依法治教与依法治校的概念及内涵。
2. 了解依法治国、依法治教与依法治校三者的关系与特点。
3. 了解依法治教的目标及任务。
4. 了解现代大学制度建设的重要意义。
5. 了解高校的内部治理结构体系。
6. 了解新时代高校依法治校的基本要求及主要任务。

第一节　依法治校的宏观背景

中国特色社会主义进入新时代，高等教育进入高质量发展新阶段。依法治校是贯彻习近平新时代中国特色社会主义思想和党的十九大精神、推进依法治国基本方略和依法治教目标任务的必然要求，是推进教育法治建设的重要内容。推进高等教育改革发展，要切实把依法治理作为学校治理的基本理念和基本方式，融入、贯穿学校工作全过程和各方面，全面推进依法治教、依法办学、依法治校，不断提升高校治理体系和治理能力现代化水平[1]。

一、依法治国

1. 依法治国的内涵及特点

依法治国是社会主义法治的核心内容，其基本含义是在全社会和全体公民中培养自觉尊重法律、维护法律权威、严格依法办事的观念，使广大人民群众在党的领导下依照宪法和法律规定，管理国家事务、管理经济和文化事业、管理社会事务，保证国家各项工作依法进行，逐步实现社会主义民主政治的规范化、程序化和法治化。

依法治国的基本内涵体现在以下几个方面：依法治国的主体是广大人民群众；依法治国的客体是人民的管理行为；依法治国的手段是法律；依法治国的核心是全面贯彻落实党的路线、方针和政策；依法治国的实质是社会主义民主；依法治国的基本要求是确立和维护宪法、法律的权威。

从国家治理体系和治理能力现代化要求角度理解依法治国的内涵，要着力把握全面推进、一体共进、坚守底线三个新特点。第一，全面推进的依法治国。全面推进依法治国，要落实依法治国主体的全面性，要落实依法治国要求的全面性，要落实依法治国领域的全面性。更好统筹社会力量、平衡社会利益、调节社会关系、规范社会行为，实现我国和平发展的战略目标。第二，一体共进的依法治国。努力建设法治中国，根本路径是坚持依法治国、依法执政、依法行政共同推进，坚持法治国家、法治政府、法治社会一体建设。第三，坚守底线的依法治国。推进国家治理体系和治理能力现代化，全面实施依法治国，要始终坚持正确的政治方向和政治立场，要始终坚守我们的政治底线。

2. 全面依法治国新理念新思想新战略

党的十八大以来，以习近平同志为核心的党中央提出了全面依法治国的新理念新思想新战略，并将其纳入“四个全面”战略布局予以有力推进，开辟了全面依法治国理论和实践的新境界，开启了中国特色社会主义法治的新时代。全面依法治国是中国特色社会主义的本质要求和重要保障，是实现国家治理体系和治理能力现代化的必然要求，事关我们党执政兴国，事关人民幸福安康，事关党和国家长治久安。

2014 年 10 月，党的十八届四中全会专题研究全面依法治国重大问题并作出《关于全面推进依法治国若干重大问题的决定》，明确了全面依法治国的总目标和总蓝图、路线图、施工图。这是我们党的历史上第一次专题研究、专门部署全面依法治国的中央全会，在我国法治史上具有重大的里程碑意义。2015 年 12 月，《法治政府建设实施纲要(2015—2020 年)》颁布实施，确立了基本建成法治政府的奋斗目标和行动纲领，法治政府建设进入“快车道”。2021 年 1 月 1 日起，《中华人民共和国民法典》施行，它是一部固根本、稳预期、利长远的基础性法律，对推进全面依法治国、加快建设社会主义法治国家、推进国家治理体系和治理能力现代化具有重大意义。

协调推进“四个全面”战略布局是以习近平同志为核心的党中央确立的治国理政重大方略，全面依法治国是“四个全面”战略布局的一项重大举措。习近平总书记强调，“没有全面依法治国，我们就治不好国、理不好政，我们的战略布局就会落空”。全面依法治国为协调推进“四个全面”战略布局提供了重要法治保障。

党的十九大将坚持全面依法治国确立为新时代坚持和发展中国特色社会主义的基本方略之一，从中国特色社会主义法治道路、理论、制度、文化等方面概括了新时代全面依法治国基本方略的科学内涵，提升了全面依法治国在推进国家治理现代化和建设社会主义现代化强国中的基础性、支持性、引领性作用，体现了党坚定不移全面推进依法治国的意志和智慧。

3. 学习贯彻习近平法治思想

2020 年 11 月 16 日至 17 日，党的历史上首次召开的中央全面依法治国工作会议，将习近平法治思想明确为全面依法治国的指导思想。这一重要思想，为新时代全面依法治国、为实现你我美好的法治愿景提供了根本遵循。会议首次提出全面推进依法治国的总目标，首次宣示坚定不移走中国特色社会主义法治道路，首次深刻回答全面依法治国一系列重大问题，首次阐明中国特色社会主义法治体系的科学内涵，首次明确全面依法治国的基本框架和总体布局。

习近平总书记精辟概括的“十一个坚持”，构成了习近平法治思想的主要内涵。坚持党对全面依法治国的领导；坚持以人民为中心；坚持中国特色社会主义法治道路；坚持依宪治国、依宪执政；坚持在法治轨道上推进国家治理体系和治理能力现代化；坚持建设中国特色社会主义法治体系；坚持依法治国、依法执政、依法行政共同推进，法治国家、法治政府、法治社会一体建设；坚持全面推进科学立法、严格执法、公正司法、全民守法；坚持统筹推进国内法治和涉外法治；坚持建设德才兼备的高素质法治工作队伍；坚持抓住领导干部这个“关键少数”。

习近平法治思想内涵丰富、论述深刻、逻辑严密、系统完备，从历史和现实相贯通、国际和国内相关联、理论和实际相结合上深刻回答了新时代为什么实行全面依法治国、怎样实行全面依法治国等一系列重大问题。习近平法治思想是顺应实现中华民族伟大复兴时代要求而生的重大理论创新成果，是马克思主义法治理论中国化的最新成果，是习近平新时代中国特色社会主义思想的重要组成部分，是全面依法治国的根本遵循和行动指南[2]。

【专栏 2-1】 全面推进法治社会建设

2020 年 12 月，中共中央印发了《法治社会建设实施纲要（2020—2025 年）》（以下简称《纲要》）。《纲要》强调，法治社会是构筑法治国家的基础，法治社会建设是实现国家治理体系和治理能力现代化的重要组成部分。建设信仰法治、公平正义、保障权利、守法诚信、充满活力、和谐有序的社会主义法治社会，是增强人民群众获得感、幸福感、安全感的重要举措。《纲要》提出，要推动全社会增强法治观念、健全社会领域制度规范、加强权利保护、推进社会治理法治化、依法治理网络空间，坚持党对法治社会建设的集中统一领导，凝聚全社会力量，扎实有序推进法治社会建设[3]。

二、依法治教

全面推进依法治教是贯彻习近平法治思想的重大政治任务。教育法治在教育现代化进程中具有引领性、基础性、规范性、保障性的重要地位和作用。2018 年 9 月召开的全国教育大会提出：要着眼于“管好”，坚持依法治教、依法办学、依法治校，完善办学制度，强化从严治校机制，不断健全教育管理制度体系。

依法治教是依法治国在教育领域的具体体现。全面推进依法治教是建设教育强国、办好人民满意的教育的迫切要求，是教育治理体系和治理能力现代化的核心内容。要以法治思维和法治方式引领、推动、保障高等学校改革与发展。通过法治引导和规范教育管理行为、学校办学行为、群众维权行为、社会参与行为，通过法治明确划分政府、学校、社会、家庭的教育权利、义务和责任，通过法治全面监督各类主体的履职尽责行为，通过法治有效调整教育领域各种矛盾和纠纷。[4]

1. 依法治教的内涵

依法治教，就是要紧紧围绕中国特色社会主义现代化建设的全局，通过教育法治工作，保证教育工作按照党和人民的意志全面依法进行，推动和保障教育改革与发展的健康有序进行，保障教育优先发展战略地位的落实，保证教育坚持社会主义方向，贯彻落实党的教育方针。依法治教可理解为，全部的教育活动都应当符合教育法律法规的有关规定，所有的教育法律关系主体在从事各类教育活动时都应当遵守和不违背教育法律的规定和精神。

依法治校作为一个学理概念，根据主体的不同，具有两个层次：一是宏观层面，即从教育行政法学角度界定，指政府和各级教育行政机关为了规范高校的办学行为而对高校进行的依法治理；二是微观层面，即从学校内部治理的角度，高校各参与主体对各项内部事务进行的依法管理。本专题主要从高等学校内部治理的角度，探讨高校内部依法治校的问题。

依法治校之"法"，根据其制定的主体分两类：一是外部教育立法；二是学校内部的规章制度。从效力而言具有层次性，依次为国家宪法、教育法律、教育行政法规、教育部门规章、其他规范性文件及学校内部的规章制度等。依法治校强调法律法规是学校治理的主要依据，是高校办学行为的行动指南。

依法治校之"治"是治理，是一种管理行为。治的主体是高校的各类参与者，既包括管理者，也包括教师和学生在内的学校各参与主体；治的对象是治校权所指向的学校各类管理事项。

依法治教的"教"，从抽象角度理解就是教育事业，包括各级各类教育；具体而言既包括教育行政部门的教育行政管理行为，也包括各级各类教育机构依法定职权实施的管理行为。

2. 依法治教的主体及范围

依法治教的主体主要包括：各级权力机关，即各级人民代表大会及其常务委员会（制定教育法律法规，监督教育法规执行）；各级行政机关，即各级人民政府及其职能部门（行使管理职权，履行管理责任）；各级审判机关、检察机关，即各级人民法院和人民检察院（审理案件检察监督）；各级教育行政部门及其他有关行政部门（行使教育管理职能）；各级各类学校及其他有关教育机构（依法管理学校）；企事业单位、社会团体、公民个人等（依法参与教育事业的管理与监督）。

依法治教，不仅规范教育教学活动，还规范其他一些与教育教学相关的活动，范围十分广泛。依法治教的主要范围包括：国家机关有关教育的管理活动，各种社会组织和个人举办学校及其他教育机构的活动，学校及其他教育机构的办学活动，教师及其他教育工作者实施教育、教学的活动，学生及其他受教育者接受和参与教育、教学的活动，以及各种社会组织和个人从事和参与教育的活动。还包括教育拨款、教育附加费的征收、校办企业的举办、教育集资、捐资捐赠等有关教育的活动。

3. 依法治教的目标与任务

2016 年 1 月，教育部印发《依法治教实施纲要（2016—2020 年）》，提出"十三五"依法治教的总体目标：到 2020 年，形成系统完备、层次合理、科学规范、运行有效的教育法律制度体系，形成政府依法行政，学校依法办学，教师依法执教，社会依法评价、支持和监督教育发展的教育法治实施机制及监督体系。青少年学生法治教育体系健全完备，教育部门领导干部、校长、教师法律素质与依法办事能力显著提升，且在全社会尊法守法的进程中发挥表率和模范带头作用。

《依法治教实施纲要（2016—2020 年）》明确全面推进依法治教的主要任务是构建完善的

教育法律及制度体系，深入推进教育部门依法行政，大力增强教育系统法治观念，深入推进各级各类学校依法治校，健全组织保障和落实机制。

4. 依法治教的主要内容

依法治教的内容，主要包括教育立法、教育普法、教育执法、教育司法、教育守法、教育法律监督、教育法律救济等方面。其中依法行政、依法治校是依法治教的核心体现。

教育立法就是教育法的制定，是指一定的国家机关依照其法定职权制定（修改和废止）教育规范性文件的活动。根据我国宪法和有关法律的规定，全国人民代表大会及其常委会行使国家立法权，有权制定教育法律；国务院作为最高行政机关有权制定教育行政法规；国务院的各部、各委员会有权制定部门教育规章；省、自治区、直辖市的人民代表大会及其常务委员会，省、自治区人民政府所在地的市和经国务院批准的计划单列城市人民代表大会及其常委会，可根据本地的具体情况和实际需要，在不同宪法、法律相抵触的前提下，有权制定地方性教育法规；省、自治区、直辖市以及省、自治区的人民政府所在地的市和经国务院批准的计划单列城市人民政府有权根据法律和行政法规，制定地方政府教育规章。

法律一经制定，就应付诸实施。教育执法是教育法实施的关键所在。国家有关机关应按照法定的职权和程序运用教育法律规范，依法行政。教育行政执法主要包括教育行政措施、教育行政处罚、教育行政强制执行等形式。

教育司法是国家机关依照法定权限和程序运用法律处理教育违法案件和裁决教育纠纷的专门活动。这里所言的教育司法不仅包括国家司法机关处理教育案件的专门活动，还包括国家行政机关依法作出裁决的活动。我国的教育司法处于发展完善阶段，很多地方都在进行积极探索。

教育守法即教育法的遵守。遵守法律是针对一切组织和个人而言的。一切国家机关及其公职人员、社会团体、企事业组织和全体公民应自觉按照教育法律规范行为，正确行使自己的权利，严格履行自己的法定义务。促进教育守法建设的一个重要手段是教育普法。教育普法主要指教育法制的宣传与普及。自 1986 年起，我国有计划地在全民中开展了法制宣传教育工作，教育法制普及教育是全民法制宣传教育的重要组成部分，对增强公民的教育法律意识、提高教育管理人员和教育工作者的法律素质、保证教育法律法规的顺利贯彻实施具有重要意义。

在加强教育立法、教育执法的同时，必须进行教育法律监督，以保证教育法律的有效实施。国家机关、社会组织和公民有权对教育法律、行政法规、规章、地方性法规的实施情况予以监督。我国目前教育法律监督的方式主要有权力机关监督、行政机关监督、司法机关监督、政党监督、社会组织监督、社会舆论监督、人民群众监督等。

当教育法律关系主体的合法权益受到侵犯并导致损害时，可依法通过法律救济途径使得自己的合法权益获得恢复和补救。教育法律救济的根本目的就在于补救受损者的合法权益，为其合法权益提供法律保护。我国的教育法律救济制度主要包括教育申诉制度和教育行政复议、教育行政诉讼、教育民事诉讼、教育刑事诉讼、教育行政赔偿制度等。

【专栏 2-2】 全面推进法治社会建设

2021 年 4 月 29 日，第十三届全国人民代表大会常务委员会第二十八次会议审议通过了《全国人民代表大会常务委员会关于修改〈中华人民共和国教育法〉的决定》，2021 年 4 月 30 日起施行。教育法是教育领域的基本法，是全面依法治教的法律基础。此次教育法的修订，是贯彻落实党的十九大精神、全国教育大会精神的重要举措，是对教育基本法律制度的进一步完善。修订的五个条款丰富了教育的指导思想，凸显了教育的重要地位，完善了教育方针，充实了教育内容，体现了维护教育公平公正，健全了“培养什么人、怎样培养人、为谁培养人”的法律规范和制度要求，对构建德智体美劳全面培养的教育体系、推动教育高质量发展意义重大[5]。

三、依法治校

依法治校即用法治的思维方式推动高等学校深化改革和依法自主办学治校。依法治校，强调将法治思维、法治方式贯穿高校治理全过程，是全面依法治国在教育领域的具体实践，是依法治教的重要内容，是建立中国特色现代大学制度、办好中国特色社会主义大学的基本保证。

1. 依法治校的内涵

实行依法治校，就是要求严格按照教育法律的原则与规定，开展教育教学活动，尊重学生人格，维护学生合法权益，形成符合法治精神的育人环境，不断提高学校管理者、教师的法律素质，提高学校依法处理各种关系的能力。实行依法治校，就是要在依法理顺政府与学校的关系、落实学校办学自主权的基础上，完善学校各项管理制度，实现学校管理与运行的制度化、规范化、程序化，形成教育行政部门依法行政，学校依法自主办学、依法接受监督的格局。

2. 依法治校的重要性与必要性

习近平总书记在全国教育大会上强调，要坚持依法治教、依法办学、依法治校。加强法治工作，推进依法治校，是高校落实全面依法治国基本方略的重要任务。一方面，高校要作出表率，把依法治国的新理念新思想新战略落实到学校办学治校实践当中，为法治中国建设和社会主义法治文化建设作出贡献。另一方面，随着依法治国实践的深入，高校必然会面对越来越多的法治要求、法治监督，亟需高校健全法治工作机制来承担新任务、应对新挑战。

推进依法治校有利于推动教育行政部门进一步转变职能，严格依法办事；有利于全面推进素质教育，提高国民素质；有利于保障各方的合法权益；有利于运用法律手段调整、规范和解决教育改革与发展中出现的新情况和新问题，化解矛盾，维护稳定。

随着社会主义民主法治建设进程的加快，教育法律法规体系逐步得到完善，学校的法律地位发生了变化，学校与教育行政部门、举办者、教师、受教育者之间的法律关系出现了新的特点。理顺各主体之间的关系，解决教育活动中出现的新问题，实现教育为人民服务的宗旨，需要依法推进教育改革与发展，依法保障公民受教育权利。依法治校既是教育改革与发展的必然要求，也是实现教育为人民服务宗旨的重要保障。

3. 全面推进依法治校的总体要求

高等学校的根本任务是立德树人，是培养德智体美劳全面发展的社会主义建设者和接班人。要以习近平新时代中国特色社会主义思想为指导，深入贯彻习近平法治思想和关于教育的重要论述，切实把依法治理作为高校治理的基本理念和基本方式，融入、贯穿学校工作全过程和各方面。要牢固树立依法办事、尊重章程、法律规则面前人人平等的理念，建立公正合法、系统完备的制度与程序，保证学校的办学宗旨、教育活动与制度规范符合民主法治、自由平等、公平正义的社会主义法治理念要求；要以建设现代大学制度为目标，落实和规范学校办学自主权，形成政府依法管理学校，学校依法办学、自主管理，教师依法执教，社会依法支持和参与学校管理的格局；要以提高学校章程及制度建设质量、规范和制约管理权力运行、健全权利保障和救济机制为着力点，增强运用法治思维和法律手段解决学校改革发展中突出矛盾和问题的能力，全面提高学校依法治理的能力和水平；要切实落实师生主体地位，大力提高自律意识、服务意识，依法落实和保障师生的知情权、参与权、表达权和监督权，建设民主校园、和谐校园、平安校园。

【专栏 2-3】　依法治理“校闹”，保障学校安心办学

为贯彻落实全国教育大会精神，依法治理“校闹”，2019 年 6 月，教育部、最高人民法院、最高人民检察院、公安部、司法部联合印发《关于完善安全事故处理机制　维护学校教育教学秩序的意见》。该意见的出台依据了《中华人民共和国教育法》《中华人民共和国治安管理处罚法》《中华人民共和国刑法》等法律法规，旨在完善学校安全事故预防与处理机制，形成依法依规、客观公正、多元参与、部门协作的工作格局，构建治理“校闹”的制度体系，为各类学校办学安全托底，解决学校后顾之忧，维护教师和学校应有的尊严，保护学生生命安全[6]。

第二节　现代大学制度建设与依法治校

《国家中长期教育改革和发展规划纲要（2010—2020 年）》明确提出“建设现代大学制度”。现代大学制度，是对高等教育发展的规律性内容的探索与提炼。创建现代大学制度是中国高等教育改革的重要内容，旨在协调和改善大学与政府、大学与社会、大学内部行政权力与学术权力的关系。

一、高等学校的法律关系

1. 高等学校的权利与义务

根据《中华人民共和国宪法》《中华人民共和国教育法》等法律规定，高等学校享有的权利主要有以下几个方面：①依照章程自主管理；②组织实施教育教学活动；③招生录取；④学生管理；⑤颁发学业证书；⑥人事管理；⑦资产管理及使用。

《中华人民共和国教育法》第二十九条规定，学校及其他教育机构行使下列权利：①按照章程自主管理;②组织实施教育教学活动;③招收学生或者其他受教育者;④对受教育者进行学籍管理,实施奖励或者处分;⑤对受教育者颁发相应的学业证书;⑥聘任教师及其他职工,实施奖励或者处分;⑦管理、使用本单位的设施和经费;⑧拒绝任何组织和个人对教育教学活动的非法干涉;⑨法律、法规规定的其他权利。国家保护学校及其他教育机构的合法权益不受侵犯。

权利和义务是统一的,有权利一定要承担一定的义务。高等学校的义务根据法律产生,并以国家强制力保障其履行。

2. 高等学校的法律关系

高等学校是进行教育活动的主体,也是高等教育中各种利益关系的枢纽。高等学校在办学过程中,不可避免地与所处环境构成错综复杂的关系。高等学校法律关系就是高等学校在教育教学及办学活动中与政府、学生、教师、其他社会组织及公民等法律关系主体之间的权利义务关系。

1)高等学校与政府之间的法律关系

高等学校与政府之间的关系主要表现为政府依法对高等学校进行行政管理、行政干预和施加行政影响,高等学校同样依法对政府行使以建议批评为主要内容的监督权。

2)高等学校与学生之间的法律关系

高等学校与学生的关系既是教育与被教育的关系,也是管理与被管理的关系。高等学校对学生的管理,必然涉及管理者与被管理者权利与义务的设定,自然会构成高等学校与学生之间的法律关系。从我国现行的法律规定和高等教育的现状来看,高等学校与学生之间的法律关系具有复杂性和多重性,既有隶属型的行政法律关系,也有平权型的民事法律关系。除此之外,还具有未进入法律调整范围的日常管理关系。在该法律关系中,高等学校和学生是法律关系的主体,各自享有教育法赋予的权利,也承担教育法规定的义务,如高等学校的招生权、奖惩权、学位评定权、文凭发放权等权利,以及提高教学水平和质量、提供良好的教学服务等义务;学生接受良好的教育、进行侵害救济等权利和服从学校的管理等义务。

3)高等学校与教师之间的法律关系

在聘任制改革背景下,高等学校与教师的法律关系出现了新的变化,呈现双重特征。一是行政法律关系,高等学校根据国家法律法规的规定和教育行政部门的授权,对教师进行管理。二是民事法律关系,高等学校是独立的事业法人,在聘任关系中,教师与高校具有平等的法律关系,教师与学校是平权的。

4)高等学校与社会之间的法律关系

高等学校与社会的关系主要表现为高等学校与不具有隶属关系的国家机关、企事业单位、社会团体及个人之间的关系。在这些关系中,高等学校是以独立的民事主体资格参与其中的,主体之间的地位是完全平等的,以平等、公平、自愿、有偿为基本原则,属于平权型的法律关系,是普通的民事法律关系。

二、现代大学制度建设

世界上没有标准的大学制度样板,也没有不变的大学制度模式。不同国家、不同时期、不同大学结合其办学理念和发展环境，探索形成了不同的制度安排。中华人民共和国成立以来，我国的大学制度经历了不断探索、完善的过程。2010 年，中共中央国务院印发的《国家中长期教育改革和发展规划纲要(2010—2020 年)》提出“完善中国特色社会主义大学制度”，并部署了十大改革试点，现代大学制度改革试点是其中之一。

中国特色社会主义大学制度是以党委领导下的校长负责制为根本制度的制度体系。这一制度，首先是中国的。要扎根中国大地，坚持社会主义办学方向，契合中国历史文化传统、政治制度和经济社会制度。其次是现代的。要符合高等教育发展规律和趋势，适应当前高等教育改革发展需要，体现治理效率，推动治理体系和治理能力现代化。最后是体系化的。中国特色现代大学制度是一个制度体系，其中根本制度是党委领导下的校长负责制，基本制度包括学术委员会制度、学生代表大会制度等，重要制度涉及学校党政决策议事规则、人事管理、财务管理、教学、学生管理、招生管理、总务后勤管理、合作办学等办学治校的各方面、各领域。

1. 现代大学制度建设的必要性与紧迫性

1)现代大学制度建设是办好人民满意的教育的根本要求

党的十八大提出努力办好人民满意的教育这个重大任务，并将教育放在改善民生和加强社会建设之首，充分体现了对人民群众期盼的回应，更为教育事业改革发展指明了方向。当前，我国高等教育在经历了以大规模扩招、扩建、合并为标志的外延式发展过程后，已经转向以提高办学水平和教育质量为主，注重提升治理水平和办学效益的内涵式发展道路。而办好人民满意的大学，必须完善内部治理结构，加强现代大学制度建设，建立健全自我约束、自我规范的内部治理体制和监督制约机制，推进教育治理体系和治理能力现代化，最大程度地激发学校作为教育“细胞”的活力和创造力。

2)现代大学制度建设是推动高等教育综合改革的制度保障

习近平总书记指出，全国高等院校要走在教育改革前列，紧紧围绕立德树人的根本任务，加快构建充满活力、富有效率、更加开放、有利于学校科学发展的体制机制，当好教育改革排头兵。对高校来说，适应新形势新任务新要求，需要实现由办大学到管大学的教育理念转变，由微观管理走向宏观服务，由直接管理走向间接管理，由教育管理走向教育治理，破解高校发展中的热点难点问题[7]。

3)构建现代大学制度是推进依法治校的必然要求

习近平总书记深刻指出，中国特色社会主义制度和国家治理体系是以马克思主义为指导、植根中国大地、具有深厚中华文化根基、深得人民拥护的制度和治理体系，是具有强大生命力和巨大优越性的制度和治理体系。坚持和完善中国特色社会主义教育制度体系，要牢固树立依法治校、法律规则面前人人平等的理念，围绕人才培养、科学研究、社会服务、文化传承创新和国际交流合作，建立公正合法、系统完善的制度与程序，保证学校的办学宗旨、教育活动与制度规范符合民主法治、自由平等、公平正义的社会主义法治理念要求。

2. 现代大学制度的含义

在阐释现代大学制度的时候，很多人认为，我国现代大学制度所要解决的核心问题是大学与政府的关系问题。他们认为现代大学制度就是围绕大学与政府的关系作出的新的制度安排。但是,大学与政府的关系只是大学制度的一个重要方面,并不是大学制度的全部,大学制度所涉及的范畴比大学与政府的关系所涉及的范畴要广泛得多,它不仅包括大学外部各种社会关系的制度构架,而且更为重要的是,它应当回答大学内部各种功能活动及其他相关活动的制度性规范是什么的问题。也就是说,大学制度既包括外部制度,也包括内部制度,是大学外部制度与内部制度的有机统一。

现代大学制度是指与社会主义市场经济体制相适应,符合高等教育规律,政府宏观调控,高等学校依法自主办学,管理体制与运行机制相统一的高等学校管理制度的总称。

3. 大学章程是现代大学制度的主要载体

《中华人民共和国教育法》《中华人民共和国高等教育法》及《国家中长期教育改革和发展规划纲要(2010—2020年)》都对大学章程进行了明确规定,提出大学要制定章程,按照章程自主管理和办学。高等学校章程是由大学的权力机构为了保证大学的独立地位,根据高等学校设立的特许状、国家或地方政府的教育法律法规,按照一定的程序制定的有关大学组织性质和基本权利的并且具有一定法律效力的治校总纲领。

大学章程的性质和地位决定了大学章程既能为保证学校正常运行发挥其桥梁和纽带作用,又能确保办学宗旨、大学内部管理体制及财务活动等重大、重要的问题有章可循,使学校建立在依法依规办校的基础上。它上承国家教育法律法规,下启学校规章制度,是大学办学的纲领性文件,是大学成为法人组织的必备条件,是政府、社会及大学自身依法治校的重要依据。之所以强调大学章程制定的重要性,从法理上说,大学章程是政府对大学实施影响的产物,是连接大学内外制度的纽带;对于大学自身,大学章程则是大学依法自主办学、自我治理的"宪章"。

根据教育部发布的《高等学校章程制定暂行办法》,大学章程的核心就是要建立现代大学制度,并明确要求章程包含现代大学制度的内涵与要求,要将决策机制、治理结构、民主管理、学术体制、专业评价、社会合作等建立现代大学制度所必备的制度要件与要求纳入其中。明确高校内部各种权力的运行规则,体现以人为本的办学理念,突出对教师、学生权益、地位的确认与保护;并以章程明确界定政府与学校的关系,明确学校的办学方向与发展原则,尊重和维护学校的办学自主权。

4. 现代大学制度建设的核心要素

现代大学制度建设的核心主要是适应高等教育高质量发展的要求,构建、完善高校与政府、社会的关系以及高校内部治理结构、治理体系。

1)平衡政府与高校的关系

建立新型的、良好的政府与高校的关系,不仅是政府职能转变和现代学校制度建设的要求,也是教育改革和学生发展的要求,更是社会转型发展的要求。其实,政府与学校的关系从法律的角度看是一个权力如何分配,以及这种权力如何行使的问题。

2)完善社会与高校的关系

大学作为整个社会的一部分,与社会文化、政治、经济发展的各个方面紧密相关,随着知识经济时代的发展、社会文化的进步及区域经济的转型深化，高校与社会的关系责任、高校社会服务越来越成为一个避不开的话题。

3)构建合理的高校内部治理结构

高校的内部治理结构主要是指高校内部的主要管理权力机构的结合情况。内部治理结构主要是管理运行结构，在深化高校内部治理结构的过程中，高校应充分了解自身的学术性，即在知识的传授、保存和创造过程中，激活组织的活力，扩大影响力。

【专栏 2-4】　推进高等教育领域“放管服”改革

为完善中国特色现代大学制度，破除束缚高等教育改革发展的体制机制障碍，进一步向地方和高校放权，给高校松绑减负、简除烦苛，让学校拥有更大办学自主权，教育部等五部门于 2017 年联合印发了《关于深化高等教育领域简政放权放管结合优化服务改革的若干意见》(教政法〔2017〕7 号)，进一步扩大高校在专业设置、学位授权自主审核、外事审批、教师职称评审、人员总量管理等方面的自主权。各地各校普遍落实办法和实施细则，高校有了实实在在的获得感[8]。

三、高等学校内部治理结构

1. 高等学校的领导体制

我国高校作为党领导下的社会主义大学，党的领导是其最鲜亮的政治底色。改革开放以来高等学校领导体制的发展演变：1978—1985 年是党委领导下的校长分工负责制；1985—1989 年部分高校实行校长负责制；1990—1999 年党委领导下校长负责制初步建立和形成；2000 年至今高等学校党委领导下的校长负责制不断发展和完善。

习近平总书记在全国教育大会上强调，加强党对教育工作的全面领导，是办好教育的根本保证。这一重要论述，深刻指出了党委领导在教育工作中的政治责任和领导责任。坚持和加强党对高校工作的领导，必须以政治建设为统领全面加强党的建设，全面贯彻党的教育方针，坚持社会主义办学方向，落实立德树人根本任务，把党的领导贯穿办学治校、教书育人全过程。如果把高校比作一艘船，那么把好方向的就是党委。高校党委承担管党治党、办学治校主体责任，把方向、管大局、作决策、抓班子、带队伍、保落实。2021 年 4 月，中共中央印发了修订后的《中国共产党普通高等学校基层组织工作条例》，进一步明确了高校党委的主要职责。

党委领导下的校长负责制是一个不可分割的有机整体。坚持和完善党委领导下的校长负责制，首先，必须明确党委在学校处于领导核心地位，统一领导学校的工作。校长和其他行政领导班子成员自觉接受党委的集体领导，认真贯彻执行党委决定。其次，要正确处理党委领导和校长负责的关系。党委总揽学校改革发展稳定的全局，把好方向，抓好大事，管好干部，加强党的建设和思想政治工作，尊重和支持校长独立负责地开展工作，力戒包揽行政事务。校长在党委集体领导下依法行使职权，积极主动地做好教学、科研和行政管理工作。最后，要认真贯彻执行民主集中制。党委领导下的校长负责制是高校贯彻执行民主集中制的具体体现。要按照“集体领导、民主集中、个别酝酿、会议决定”的原则研究决定重大事项。坚持集体领导和个人分工负责相结合，集体决定了的事情，领导成员按照分工分头去办，勇于负责，防止推诿。高校要建立健全具体的规章制度和工作机制，保证党委领导下的校长负责制的贯彻执行。

2. 高等学校的决策机制

高校学校贯彻执行党委领导下的校长负责制，必须坚持科学民主决策原则。高校应建立健全党政议事规则和决策程序，坚持科学决策、民主决策、依法决策。要坚持民主集中制原则，充分发扬民主，广泛听取意见，完善决策机制。要遵守国家法律法规、党内法规和有关政策，保证决策的科学民主。

1)高等学校党政议事决策形式

高校党政议事决策形式主要有党委全委会、党委常委会、校长办公会议(校务会议)。

(1)党委全委会。高等学校应按期召开党员大会(党员代表大会)，选举产生党的委员会。党的委员会对党员大会(党员代表大会)负责并报告工作。高校党的委员会全体会议(简称“党委全委会”)是党员代表大会在闭会期间的最高决策机构，学习贯彻习近平新时代中国特色社会主义思想、落实党中央和上级党组织决策部署、执行同级党代表大会决议决定的重大措施。党委全委会讨论决定事关学校改革发展稳定和师生员工切身利益及党的建设等全局性重大问题，听取和审议党委常委会工作报告、纪委工作报告。

(2)党委常委会。党委常委会主持党委经常工作，讨论决定：学校党的建设重要事项；事关学校改革发展稳定及教学、科研、行政管理工作的重要事项；干部选拔任用和干部队伍建设的重要事项；人才工作的重要事项；大学文化建设和校风、教风、学风建设的重要事项；教职工薪酬体系、收入分配及福利待遇、奖励、惩处和其他事关师生员工切身利益的重要事项等。学校重要干部任免、重要人才使用、重要阵地建设、重大发展规划、重大项目安排、重大资金使用、重大评价评奖活动等，由党委常委会讨论决定。党委常委会会议由党委书记召集并主持。

(3)校长办公会议(校务会议)。校长办公会议(校务会议)是学校行政议事决策机构，议事决策范围包括应由校长办公会议(校务会议)提交党委常委会讨论决定的事项和校长办公会议(校务会议)研究决定的事项等内容。校长办公会议(校务会议)主要研究提出拟由党委常委会讨论决定的重要事项方案，具体部署落实党委常委会决议的有关措施，研究决定教学、科研、行政管理工作。会议由校长召集并主持。

2)坚持科学决策、民主决策、依法决策

集体决定重大事项前，党委书记、校长和有关领导班子成员要个别酝酿、充分沟通。讨论决定学校重大问题，应在调查研究基础上提出建议方案，经领导班子成员沟通酝酿且无重大分歧后提交会议讨论决定。对干部任免建议方案，在提交党委会议讨论决定前，应在党委书记、校长、分管组织工作的副书记、纪委书记等范围内进行充分酝酿。

应当健全决策咨询机制，对拟研究讨论的重要事项，议题相关单位应深入开展调查研究，充分听取各方面意见，进行合法合规性审查和风险评估。对专业性、技术性较强的重要事项，应经过专家评估及技术、政策、法律咨询；对涉及学术事务的重要事项，应充分听取学术委员会等学术组织意见；对事关师生员工切身利益的重要事项，应通过教职工代表大会或其他方式听取师生员工的意见。

3)贯彻落实“三重一大”决策制度

为全面贯彻落实《国家中长期教育改革和发展规划纲要(2010—2020 年)》,教育部于 2011 年 4 月印发《关于进一步推进直属高校贯彻落实“三重一大”决策制度的意见》,进一步规范高校领导班子的决策行为,防范决策风险,推动高校科学发展。贯彻落实“三重一大”决策制度,关键是要坚持民主集中制原则,规范集体决策程序,防止个人或少数人专断;要充分发扬民主,广泛听取意见,完善群众参与、专家咨询和集体决策相结合的决策机制;要遵守国家法律法规、党内法规和有关政策,保证决策的科学民主。

3. 高等学校的学术管理体系

大学是社会的学术组织,学术性是大学的本质属性。高校作为一个学术机构,应该坚持“学术立校”“教授治学”的办学理念。教授治学是高等学校学术资源配置的最本质依据,是高校提高管理水平和学术质量、回归学术本位的根本。

1)学术委员会是高等学校学术管理体系的核心

高校学术管理体系是高校法人治理结构不可或缺的内容,高校学术委员会是高校法人治理体系的重要主体,是教授治学的核心机构。建立健全以学术委员会为核心的学术管理体系与组织架构,是推进和完善现代大学制度建设的重要内容。改革开放以来,我国部分高校成立学术委员会,积极探索教授治学、民主管理的有效路径。2010 年,中共中央国务院印发的《国家中长期教育改革和发展规划纲要(2010—2020 年)》第四十条规定:“充分发挥学术委员会在学科建设、学术评价、学术发展中的重要作用。探索教授治学的有效途径,充分发挥教授在教学、学术研究和学校管理中的作用。”2014 年,教育部发布《高等学校学术委员会规程》(教育部令第 35 号)(以下简称《规程》)。《规程》明确提出:“高等学校应当依法设立学术委员会,健全以学术委员会委员为核心的学术管理体系与组织架构;并以学术委员会作为校内最高学术机构,统筹行使学术事务的决策、审议、评定和咨询等职权。”这是新中国成立以来首部高等学校学术委员会国家规范,首次明确了学术委员会在学校学术组织体系中的最高学术机构定位。

贯彻落实《中华人民共和国高等教育法》和《国家中长期教育改革和发展规划纲要(2010—2020 年)》精神,按照《规程》的要求,高等学校要切实加强学术组织建设,健全以学术委员会为核心的学术治理体系与组织架构,合理确定学术组织人员构成,制定学术组织章程,保障学术组织依照章程行使职权,充分发挥学术委员会在学科建设、学术评价、学术发展和学风建设等方面的重要作用,积极探索教授治学的有效途径。

2)高等学校学术委员会的性质

学术委员会是随着现代大学的发展逐步建立起来的,学术委员会制度也是现代大学制度的重要组成部分。在欧美国家大学办学中,学术委员会发挥着非常重要的作用,学术委员会是大学最核心的组织机构,其主要特征有:由教授组成;主要对大学的学术事务行使管理权力;权力效力主要表现为决策和审议,尤其是决策。从学术委员会的性质来看,我国大学学术委员会和欧美国家大学学术委员会存在较大差异。欧美大学学术委员会属自发性,我国大学学术委员会属促发性,体现在:学术委员会的合法性是外部权力组织所赋予的;学术委员会的职责权利范围受国家法律和政策文件严格限定;学术委员会的作用发挥不完全取决于自身能力,而是与大学内部领导管理体制改革的推进状况紧密相关;学术委员会的建立健全及其作用的有效发挥,需要在探索建立现代大学制度进程中不断完善,可能需要较长的时间。

3)加强高等学校学术委员会建设

《规程》的制定实施,是推进现代大学制度的一种探索。《规程》的规定有较强的现实针对性、合理性和前瞻性,对于加强高校学术委员会建设、完善高校内部治理结构具有很强的指导意义和积极的推动作用。

第一,明确学术委员会在高校的地位。高等学校要确立和强化学术委员会校内最高学术机构的地位,落实学术委员会职权。依照《规程》对学术委员会的组成、职责等进行调整,形成统一的学术管理体系和组织框架,从制度上保证学术委员会具有对学校学术事务的统筹权。根据办学实际,可对学科建设、教师聘任、教学指导、科学研究、学术道德等学术机构的职能和组织架构进行调整,整合为学术委员会的专门委员会。考虑到各个高校管理体制、组织架构的差异性,也可根据实际情况,保留有关学术组织的独立地位,但要相应调整职能,明确与学术委员会的关系并接受学术委员会的指导、监督。比如,学位评定委员会可以保留独立设置,依法履行学位评定和授予的职权,但学位授权标准及细则等涉及学位制度整体设计的事项,应当提交学术委员会审议。

第二,优化高校学术委员会的组成。高校要遵循学术委员会的组成规则,保证学术委员会的代表性、权威性和公正性。保证当选的学术委员会委员符合条件,具有一定的影响力、代表性,且为基层学术组织和广大教师所认可。《规程》规定,学术委员会主任委员由校长提名,全体委员选举产生,也可以采取直接由全体委员选举等方式产生。这意味着,校长一般不担任学术委员会主任委员。

第三,规范高校学术委员会的运行。学术委员会要在高校的学术事务中充分发挥作用,必须规范、有效运行,公平、公正、公开地履行职责。高校及学术委员会需根据《规程》,调整、完善学术委员会的运行机制,健全会议制度、议事规则、公示制度等,加强信息公开,建立健全对学术委员会及委员履行职责的监督机制,提高运行的透明度,维护学术委员会的公信力。

第四,完善高校学术委员会章程。要加强高校学术委员会章程及相关制度的制定、修订。高校新制定或者修订的学术委员会章程应当提交学校教职工代表大会审议,并报主管教育行政部门备案。

4. 高校的民主管理和监督机制

民主管理与民主监督也可以理解为广大教职工对高校的工作进行全方位参与,集思广益,群策群力,把高校的决策科学化建立在决策民主化的基础之上,把高校管理者的意图变为教职工的意志。高校民主管理的内涵体现在三个方面:一是指教职工群众当家作主的管理制度;二是指高校管理活动原则的民主化;三是指高校管理过程的民主化。

高校民主管理的特征主要体现在三个方面:一是具有广泛的群众性,自下而上反映广大群众的意愿;二是具有一定的约束力和权威性,有制度作保证,有一定的权力;三是具有独立性,不依附于行政管理机构。

参与民主管理和监督是高校教职工的法定权利。教职工代表大会(教代会)是教职工参与民主管理和监督的机构和主要途径。《中华人民共和国宪法》《中华人民共和国工会法》赋予了教职工参与高校民主管理的权利。《中华人民共和国高等教育法》第四十三条规定："高等学校通过以教师为主体的教职工代表大会等组织形式，依法保障教职工参与民主管理和监督，维护教职工合法权益。"

高校教职工代表大会（教代会）制度是现代大学制度体系中的重要组成部分，它是以教职工为主体的、代表学校教职工利益的民主管理学校事务的一项基本制度。其主要职责是保障教职工参与学校管理和监督的权利，维护教职工的合法权益，参与决策事关教职工利益的大事，如学校建设发展规划、教育教学改革方案、教职工聘任考核办法、奖金和岗位津贴实施方案，以及内部管理体制改革方案、审议校长工作报告、审议财务预决策报告、民主评议领导干部等。

学生代表大会制度是大学生在校园体验社会主义民主政治的重要途径，是学生会组织自我教育、自我管理、自我服务、自我监督的重要制度，是体现学生会组织合法性、权威性的基础和保证。为深化学联学生会组织改革，推进学生会组织依法依章程开展工作，保障广大同学依法依章程参与学校治理，改革完善学生代表大会制度，2017 年 9 月，共青团中央办公厅和全国学联秘书处联合印发了《高校学生代表大会工作规则》，对学生代表大会的组织和职权，代表的产生、代表的权利、代表的义务，代表资格的终止和代表会议的组织，以及提案的要求和处理等进行了明确和细化。

《高校学生代表大会工作规则》明确，学生代表大会是学生会、研究生会等学生会组织的最高权力机关，全校同学通过学生代表大会依法行使民主权利，参与学校治理和监督。学生会组织按照民主集中制的组织原则，在学校党委的领导和学校团委的指导下，依照国家法律法规、学校规章制度和本组织的章程，独立自主地开展工作。

学生代表大会的职权包括制定或修订学生会组织章程，监督章程的实施；听取、审议上一届学生会组织的工作报告；选举产生新一届学生会组织主席和主席团成员；选举产生新一届学生代表大会常设机构；选举产生出席上一级学联学生会组织代表大会的代表；征求广大同学对学校工作的意见和建议，合理有序表达和维护同学正当权益，及时反馈提案处理落实的整体情况，参与学校治理等。

高校党委研究学生会、学生社团等群众组织工作中的重大问题，支持他们依照国家法律和各自的章程独立自主地开展工作。2020 年 4 月，共青团中央办公室、全国学联印发《关于落实共青团和学联对高校学生会（研究生会）指导管理责任的若干规定（试行）》，明确要严格落实共青团和学联组织对高校学生会、研究生会的指导管理责任。

第三节　全面推进高校依法治校

中国特色社会主义进入新时代，高等教育到了更加注重内涵发展的新阶段。政府需要坚持依法管理学校的理念，不断深化"放管服"改革，以法律法规的形式明确政府管理的权限和职责。随着高等教育改革的不断深入，学校办学自主权进一步落实，内部治理法治化、制度化、规范化的要求更为凸显，广大师生对民主、法治、公平、正义的诉求日益增长，参与学校治理和保障自身权益的愿望更加强烈。高等教育领域全面推进依法治校、加强法治工作，是学习贯彻法治思想的一项重大战略任务，也是破解当前高等学校改革发展面临的突出问题、推进治理体系和治理能力现代化的必然要求。

一、完善高校内部治理结构

坚持和完善以党委领导下的校长负责制为核心的高校领导体制和治理体系。健全校党委全委会、党委常委会、校长办公会议（校务会议）等议事范围和议事规程，推进决策和管理的科学化、民主化、法治化。建立学校权责清单，进一步健全办学自主权运行机制和监督机制，防止滥用。凡属学校的重大决策，全面落实师生参与、专家论证、风险评估、合法性审查和集体讨论决定的程序要求，确保决策制度科学、程序正当、过程公开、责任明确。

健全完善以学术委员会为核心的学术治理体系。尊重学术自由、健全学术规范，保障学术委员会依照章程统筹行使学术事务的决策、审议、评定和咨询等职权，充分发挥其在学科建设、学术评价、学术发展和学风建设等方面的重要作用。加强学术权力运行程序法治化，明确学术事务管理的决策形式、决策程序，明晰学校各级各类学术权力组织的关系。完善学术权力纠纷的申诉救济程序，实现学校纠纷申诉权。

提高民主管理水平。依法健全信息公开机制，加大主动公开力度，自觉接受社会监督。学校建设发展中的重大事项、重大决策、学生切身利益的重点问题等及时做到政策公开、过程公开、结果公开。健全民主管理与参与机制，充分发挥教职工代表大会制度、学生代表大会制度的作用，保障师生依法、依学校章程有序参与学校管理。探索建立师生代表参与学校决策的机制，激励师生关心学校改革发展。推动健全理事会（董事会）制度。

加强高校内部权力运行制约与监督。将全面从严治党与依法治校有机结合：一方面以政治建设为统领，全面落实新时代党的建设总要求，营造风清气正的校园政治生态；另一方面依法依规治校，处理好行政权、学术权和民主管理与监督权之间的关系，提升内部治理能力，完善内部治理结构。要坚持以制度规范权力，将法治思维贯彻于大学治理的全过程，保证大学内部治理行为的规范、廉洁、高效。要坚持以权力制约权力，有效配置权力运行中的决策、执行与监督，实现决策、执行与监督适度分离、相互制约、相互协调。加强内控制度建设，防范廉政风险[9]。

二、构建系统完备的规章制度体系

一流大学需要有一流的制度支撑，一流大学离不开法治治理、科学治理。推进高校治理体系和治理能力现代化，要不断提高高校的制度创新力、科学决策力、规则执行力和治理软实力。

高校内部规章制度是实现依法治校的基础，解决的是治理中行为规则的问题。现实中许多高校仍然存在着规章制度未能根据政策调整及时进行相应调整，校内各部门制定的规章制度含有相互冲突条款、衔接性不强，规章制度未对执行程序进行细化明确导致可操作性弱等问题。全面推进依法治校，遵循高等教育规律和法律保留原则，推进制度创新，做到重大改革于法有据、于章程有据。着力构建以章程为核心，规范统一、分类科学、层次清晰、运行高效的学校规章制度体系。健全校内规范性文件制定发布机制，明确起草、审查、决定、公布的程序。

建立校内规范性文件定期清理机制，按照法制统一的原则进行及时修订和清理，编制现行有效文件清单。推动校内规范性文件管理信息化和公开化，提高管理效率，方便师生查阅。

高校推进依法治校，要以良法作保障，构建以章程为核心的规章制度体系。"良法"是具备公开、明确、稳定、可预期、无内在矛盾、可遵循、具有同一性、不溯及既往等品质之法。一要注重制度建设的合法性。要坚持上位法，结合学校的办学理念和办学特色进行细化和优化，实际上就是体现为法律法规向高校治理的具体领域延伸，成为学校治理的工作依据和行为准则。二要注重制度建设的科学性。要明确规章制度的制定权限和程序，科学确定规章制度制定主体，规章制度制定的内容体例。三要注重制度建设的系统性。着力构建横向完备、纵向贯通的制度体系。横向上，要落实党委领导、校长负责、教授治学、民主管理的治理体系；纵向上，要构建责权明晰的校院二级管理及基层组织管理制度体系[10]。

三、健全师生权益保护救济机制

长期以来，高校对师生的权益救济较为忽视。改革开放以来的诸多司法案例表明，学校欠缺权益保护优先的现代法治理念，造成了一系列因程序不适当与救济不利的大学法律纠纷，而且这些纠纷中学校败诉的占很大比例。剖析其成因，几乎都与师生权益法律救济机制的缺失或形同虚设休戚相关。完善高校师生权益救济机制，应做到"八有"和"三结合"。"八有"就是有机构、有人员、有场所、有经费、有制度、有台账、有考核和有奖励；"三结合"是校内救济与校外救济相结合，行政救济与司法救济相结合，教师救济与学生救济相结合。

建立健全校内权益救济制度，须完善教师、学生申诉的规则与程序。对教师、学生的处理、处分，应坚持教育与惩戒相结合。探索建立听证制度，对涉及师生重大利益的处理、处分或申诉，必要时采取听证方式，确保作出处分或申诉决定程序的公平公正。同时，探索设立师生法律服务或援助机构，为师生依法维护权益提供咨询和服务。

四、完善学校法律风险防控体系

随着"放管服"改革的不断深化，高校办学自主权逐步落实，对高校如何依法用好自主权，实现自主管理、自我监督，防止权力滥用、管理任性提出了新要求。高校管理面临的问题与挑战与此前相比不仅是数量明显增加，处理的难度也大大提高了。高校不仅要处理好学校的内部关系，还要处理好更多的外部关系，面对更多的法律问题甚至是司法诉讼。传统的、简单的管理方式不能适应新形势下的管理需求，甚至会给学校带来不利影响，引发负面舆情。客观环境的变化"倒逼"高校要从法治的角度重新审视管理的理念、制度，通过加强法治工作，依法开展和规范自身各种活动，维护学校和师生合法权益，从而有效防范和处置学校的法律风险，提高治理的能力。需要强化法治意识、法治观念，切实提高运用法治思维和法治方式深化改革、推动发展、化解矛盾、维护稳定的能力。

高校要健全合同管理制度，积极推进学校无形资产保护、校园安全、国际交流与合作、资产经营与处置、后勤管理与服务、基建工程、教学科研、人事管理等方面涉法事务管理，梳理法律风险清单，明确处置办法。推动建立第三方调解制度和校方责任险、学校安全综合险、意外事故伤害险等保险制度，健全师生人身伤害事故纠纷的预防、处置和风险分担机制。完善工作流程，妥善应对涉及学校的诉讼、复议、仲裁等，维护学校合法权益。

五、推进高校法治教育

学习宣传宪法是高校开展普法工作的首要任务，要将宪法教育寓于学生培养全过程。制定学校普法规划，推进国家普法规划和教育系统普法规划贯彻实施。发挥课堂主渠道作用，在思政课等课程中全面融入宪法精神。深入开展校园法治文化建设，探索参与式、实践式教育，加强与法律实务部门协同，提升法治教育的传播力、引导力、影响力。建立学校领导干部、全体教师学法制度。

通过全面推进依法治校，切实提升高校师生员工的法治素养。培养大学生成为知法、信法、用法、守法的合格公民，是落实立德树人根本任务，是培养德智体美劳全面发展的社会主义建设者和接班人的必然要求。法治教育与教学活动结合，对学生进行法治意识的培养和法治文化的培育，丰富法治文化教育的形式与内容，使依法治校的理念内化于心、外化于行，营造讲法治、守规则的大学法治文化氛围。

六、加强高校法治工作

随着高等教育改革深入推进，高校办学自主权逐步落实，高校内外部环境愈加复杂，治理难度越来越大。特别是近年来高校办学、管理活动越来越多纳入司法审查范畴，涉及高校的各类复议、诉讼案件逐年增加，如何有效规避法律风险、依法维护学校权益成为高校面临的重要课题，迫切需要进一步加强高校法治工作。高校应当设置专门机构负责法治工作，作为学校的管理部门，统筹行使相应职权。探索建立学校各职能部门、院系法治工作联络员制度，在学校法治工作机构指导下开展工作。建立健全法律顾问制度，由法治工作机构人员、学校相关专家、外聘执业律师组成法律顾问队伍。教育部和各省级教育部门应组织开展系列法治培训，提升高校领导干部、相关部门（岗位）工作人员的法治意识、素养和能力，推进依法治理，不断提升高校治理体系和治理能力现代化水平[11]。

【专栏 2-5】 全面加强和推进高等学校法治工作

2020 年 7 月，教育部发布《关于进一步加强高等学校法治工作的意见》，要求各高校进一步加强法治工作，把法治作为学校治理的基本理念和基本方式，把法治工作融入学校工作全过程和各环节，以法治思维和法治方式引领、推动、保障学校改革与发展，努力在法治中国建设中发挥示范作用。

2020 年 11 月 5 日至 6 日，教育部在南京大学召开全国高校法治工作会议。会议指出，加强法治工作，推进依法治校，是高校落实全面依法治国基本方略的根本任务，是提高我国高等教育发展水平、增强国家核心竞争力的现实需要，是应对高等教育领域主要矛盾变化、推动高校改革发展的内在要求，是高校有效防范和处置法律风险、提高治理能力的基本方式。会议强调，要准确把握高校法治工作的特点与规律，处理好法治工作与学校全局的关系、与立德树人的关系、与深化改革的关系以及与鼓励创新的关系，要把法治工作作为衡量高校办学治校水平的重要指标。会议要求，高校要落实全面推进依法治教、依法治校的新要求，进一步健全法治工作体制机制、健全以章程为核心的制度体系、师生权益保护机制和法律风险防控体系，加强宪法法治教育。各级教育部门要健全高校法治工作保障机制，营造依法治校的外部环境[12]。

课后习题

1. 习近平法治思想的主要内涵是什么？
2. 全面推进依法治教的总体要求是什么？
3. 依法治校的概念及内涵是什么？
4. 大学章程涵盖哪些主要内容？
5. 高校内部治理体系涵盖哪几个方面？
6. 坚持和完善党委领导下的校长负责制度有哪些基本要求？
7. 加强高校学术委员会建设的着力点在哪些方面？
8. 高校学生代表大会的主要职权有什么？
9. 完善高校内部治理体系的主要内容是什么？

本章主要参考文献

[1]田学军. 全面加强法治工作 推进高等学校治理体系和治理能力现代化：在全国高校法治工作会议上的讲话[J]. 中国高等教育，2020(23)：4-8.

[2]张文显. 习近平法治思想的基本精神和核心要义[J]. 东方法学，2021(1)：5-24.

[3]中共中央印发《法治社会建设实施纲要(2020—2025 年)》[EB/OL]. (2020-12-07). https://baijiahao. baidu. com/s? id=1685418013912273009&wfr=spider&for=pc.

[4]龙洋. 依法治教与依法治校的特质辨析与逻辑关联[J]. 国家教育行政学院学报，2018(5)：38-43.

[5]秦惠民，覃云云. 学习贯彻新修订教育法努力开创教育事业新局面：《教育法》修订学习研讨会观点综述[J]. 中国人民大学教育学刊，2021(3)：5-15.

[6]依法治理"校闹" 为学校办学安全托底[EB/OL]. (2019-08-02). http://www. moe. gov. cn/jyb_xwfb/s271/201908/t20190820_395093. html? authkey=boxdr3.

[7]邓传淮. 推动中国特色现代大学制度建设[J]. 中国高教研究，2020(2)：6-8.

[8]加快推进高等教育领域"放管服"改革[EB/OL]. (2017-04-06). http://www. moe. gov. cn/jyb_xwfb/s271/201704/t20170406_301996. html.

[9]刘彦博，祝非凡. 全面推进高校法治治校的着力点[N]. 光明日报，2016-09-14(13).

[10]周佑勇. 努力深化新时代高等教育法治实践[J]. 中国高等教育，2019(11)：19-21.

[11]黄晓玫. 新时代中国高校法治的三个走向[J]. 中国高等教育，2019(8)：23-24.

[12]加强高校法治工作　提升治理能力水平[EB/OL]. (2020-07-29). http://www. moe. gov. cn/jyb_xwfb/s271/202007/t20200729_475696. html.

延伸阅读

国家中长期教育改革和发展规划纲要(2010—2020 年)[EB/OL]. (2010-07-29). http://

www.moe.gov.cn/srcsite/A01/s7048/201007/t20100729_171904.html.

陈宝生.推进教育治理体系和治理能力现代化.(2019-12-19).http://www.moe.gov.cn/jyb_xwfb/moe_176/201912/t20191220_412762.html.

陈宝生.全面推进依法治教　为加快教育现代化、建设教育强国提供坚实保障:在全国教育法治工作会议上的讲话[J].国内高等教育教学研究动态,2019(13):1.

第三章　高校战略管理专题

学习目标

1. 认识高校战略管理的重要性和必要性。
2. 了解并掌握高校战略管理的基本过程。
3. 掌握高校战略制定、实施与评估的原则和方法。
4. 明确新时代我国高校战略管理的路径。

战略，是一种从全局考虑谋划实现全局目标的规划，是在对组织进行科学定位的基础上制订的长远发展计划。战略管理的重要性在20世纪50年代开始便在企业界及工商管理领域得到重视，并于70年代正式提出战略管理的概念。作为一种特殊群体形态存在的高校，引入“战略”这一概念是在20世纪70年代末，而Keller1983年发表的《学术战略：美国高等教育管理革命》一书则被认为是战略管理在高等教育领域内流行的“催化剂”[1]。随着知识经济的发展，社会对高校人才培养、科学研究、社会服务等方面期待的增强，高校面临着既要促进自身目标实现，又要满足外部利益相关者的需求的多重压力。随着对战略管理研究与实践的不断深化，人们日益清晰地意识到，高校发展战略管理是高校发展的源头，是高校发展的根本。

第一节　高校战略管理概述

一、战略管理的定义

1. 战略

战略是调度资源以建立有利位置的整体计划，比喻为决定全局的策略，是特定行动的方案。作为决策支持，战略是一种模式或主题，它为个人或组织中不同的决策提供协调一致的指导思想和目标范围，为决策者缩小决策范围。作为协调和交流的过程，战略计划过程成为公司知识管理系统的一部分，是不同层级单位、分部、不同管理生产人员和职能专家的知识如何在战略中融合为一体的主要部分。作为目标，战略激励着人们跳出原理框架去思考，产生长期的承诺和驱动力。

战略概念最早应用于军事方面。在我国，春秋时期孙武的《孙子兵法》被认为是世界上最早的军事战略著作。“战略”一词在西方可以追溯到古希腊时期，当时出现的最早的词为“strategos”，是“军队”和“率领”两个词意的结合，意指军事指挥官，后来被解释为领导艺术和统治方法。随着战略重要性的不断增强，战略在企业界得到推广并得以兴盛。1998年，明茨伯格将企业战略归纳为著名的“5P”模型，即：从未来发展的角度来看，战略表现为一种计划(plan)；从发展历程的角度来看，战略则表现为一种模式(pattern)；从产业层次来看，战略表现为一种定位(position)；从企业层次来看，战略表现为一种观念(perspective)；从竞争环境来看，战略表现为一种计谋(ploy)。无论何种定义，战略所关注的都是“组织如何定位以面对越来越不确定的未来”这样一个命题。随着“二战”后高等教育大范围的推广，高校在发展过程中面临着来自内外部的挑战，高校需要进行变革。得益于企业界战略观念的快速发展，高等教育界在20世纪70年代逐渐引入“战略”概念，通过战略规划、战略管理等推动高校长远发展。

战略具有四个基本特点：一是全局性，战略是关系到全局成败的一种筹划，而不是对局部、个别事情的谋略，是整个战略管理的起点；二是未来性，战略的着眼点不是当前，而是未来；三是层次性，系统是有层次的，每个层次都有自己的全局和战略；四是稳定性，战略规划已经确定，不应随环境的变化、领导人的更换而改变。

2. 战略管理

1)基本概念

战略管理是组织在明确使命目标并进行定位分析的基础上，利用系统科学的方法，通过寻找内外部发展机会、识别潜在发展威胁制定并实施决策实践的动态管理过程，是决定组织(企业等)长期业绩的管理决策和行动。战略管理过程的出发点是，组织和个人应当持续不断地监测内外各种事件及其变化趋势，以便及时作出必要的调整。战略管理将对环境和战略的强调与业务计划的关注结合起来。

战略管理不但着眼于现有资源条件下投入产出的全过程，而且着眼于对未来作出预见性的战略设计、战略实施和战略控制的全过程，但经营管理是在既定的企业规模、组织结构、资源状况下，在从现有资源投入使用→通过生产过程→直到产出的全过程→进行现有计划框架内的管理活动。

2)相关概念

战略规划是一种带全局性的总体发展规划，包括战略指导思想、战略目标、战略重点、战略措施和战略阶段等方面的内容。具体而言，战略规划是指对重大的、全局性的、基本的、未来的目标、方针、任务的谋划。战略事关政党、国家、社会组织、集团的重大问题，属于大政方针的制定。它所规划的范围涉及大方向、总目标及主要步骤、重大措施等方面，这就要求在战略规划的制定中必须注意：①要用总揽全局的战略眼光，全面把握事物发展的大方向、总目标，立足全局，着眼未来，从宏观上考虑问题；②规划长远目标与确定近期任务紧密结合；③增强战略规划的预见性。

战略实施是将战略规划转化为现实绩效的过程。战略实施是战略管理过程的第三阶段活动，也是整个战略管理的主体。与战略规划不同，战略实施明显注重更加细微的细节，它涉及整个发展战略的执行。把战略制定阶段所确定的意图性战略转化为具体的组织行动，保障战略实现预定目标。新战略的实施常常要求一个组织在组织结构、经验过程、能力建设、资源配置、激励机制、治理机制等方面做出相应的变化和采取相应的行动。同时，战略实施也涉及对被实施的战略进行评估。

战略评估是监控战略实施，并对战略实施的绩效进行系统性评估的过程，包括检查战略基础、衡量战略绩效、修正和调整战略等。战略评估的结果，可以作为调整、修正，甚至终止战略的合理依据。

战略思维是一种前瞻性、整体性的思维方式。对战略制定者来说，战略思维能力则意味着要善于把解决具体问题与解决深层次问题结合起来，不能“头痛医头，脚痛医脚”；善于把局部利益放在全局利益中去把握，不能“只见树木，不见森林”；善于把眼前需要与长远谋划统一起来，不能急功近利、投机取巧；善于把国内形势与国际环境结合起来，不能闭目塞听、故步自封。

二、高校战略管理的定义及作用

1. 高校战略管理的定义

在科学技术飞速发展、国际交流日益广泛、各方面改革不断深化的今天，可以说未来高等学校的兴衰很大程度上取决于高等学校有无正确的符合现代社会与市场需要的发展战略。英国布莱顿大学校长戴维·沃森认为，高等教育机构正处于越来越大的压力之下，迫使学校制定总体和战略规划，这既能确定和实现学校内部目标之需，也能满足外部利益相关者(如拨款机构和其他“合作伙伴”)的要求，高等教育机构的产品和服务非常依赖公共财政投入、公共机构对高校的要求，以及迅速变化的市场需求。可以说，高校战略管理是高等学校管理现代化的核心和最主要内容之一。

高等教育界及学术界在对高校实施战略管理的必要性逐渐加深认识的同时，对其涉及边界的认识也在不断地加深。但从整体上来看，对于如何界定和描述高等学校战略管理，目前为止更多的还是探讨性、描述性和理论性的。概念的界定、分析的角度、形成的模式等各有千秋但尚无定论。Fidller 曾提出高校战略管理的实质是指对高等学校的改革和发展的研究与管理，是对高校的教育活动实行的总体性管理，是高校制定和实施战略的一系列管理决策与行动[2]。刘根东和郭必裕将其定义概括为高校战略管理是对高校的前瞻性、全局性、外部性、应变性和系统性管理[3]。

高校战略管理就是高等学校的举办者根据高等学校的宗旨和使命及对学校内部条件、外部环境的综合分析，确定高等学校总体目标和发展方向，制定系统可执行的发展规划，组织学校人、财、物资源，不断追求发展目标实现的动态的管理过程。

2. 战略管理在高校发展中的作用

随着高校法人地位及办学自主权力的不断下放，高校制定发展战略、实施战略管理的做法已经越来越普遍。高校战略将高校的发展与可预见的环境变化紧密相连，使高校的资源不断完善与补充，从而促进高校更加积极地完成办学使命[4]。

(1)统一思想，凝聚共识。战略管理使得高校办学超越各群体、各单位、各学科专业、各种功能的价值导向，又能兼顾和协调其存在极其不可或缺的要求，而且还能够整合各种不同的价值，提出和谐统筹的发展价值取向，使全校一盘棋，协调行动。

(2)研判形势,明确方向。战略管理基于发展形势为高校作出选择,使高校发展具有明确的方向,在无限需求与有限供给之间保持协调平衡,最大限度地实现高校的多元价值。

(3)确立目标,布局重点。战略管理从高校整体发展需要出发,在兼顾全面推进各项事业发展的同时,抓住关键性发展需求,前瞻性地选择对学校发展具有重大影响的任务作为战略目标,进行重点布局,集中优势资源,谋求转型升级发展,从而使办学资源得到高效利用,达成发展的目的。

(4)创新文化,优化生态。战略管理在高校培育一种创新的基因,消解惰性文化,使学校成为创新发展的社会组织,建立内外关系协调、共生共荣的生态环境,为学校在系统内外竞争中保驾护航,服务学校持续健康高质量发展。

(5)促进发展,实现跨越。战略管理使高校办学目标集中、资源聚焦、重点突破、梯度跃进,实现超常规发展,用较短的时间使办学水平和质量跃升到一个更高的层次。

【专栏 3-1】 战略管理与高校管理

1976 年,美国学者安索夫等首次提出“战略管理”,由此,战略管理理论的研究由单纯的内部转向组织与环境的关系研究。世界银行发布的《1998/1999 年世界发展报告:知识与发展》中提出了一个分析框架,强调四个关键战略层面的互补作用,这四个战略层面是适当的经济政治体制、强大的人力资本基础、动态的信息基础设施及高效的国家创新体系。高等教育是四个战略层面的核心,对建立强大的人力资本体系和创新国家体系尤为重要。在现代高等教育体系中,世界一流大学通常被视为培养经济社会所需的专业人员等以支持国家创新机制。

第二节 高校战略管理过程

一、高校战略规划的制定

进入 21 世纪,越来越多的高校加强战略规划的制定。纵观我国高校发展情况的差异,非常重要的原因之一就是高校能否制定一个很好的发展规划、采取超常规的战略性措施。

1. 高校战略规划的基本内容

1)明确高校战略愿景,重视使命陈述

愿景是高校发展的核心信仰和未来景象。战略规划是建立在对大学发展愿景所做的设计基础上的,因此编制大学战略规划必须做好愿景设计。而战略规划管理中的高校使命是高校在党的教育方针和国家教育法规指引下对学校宗旨和办学理念的宣言,在学校战略规划中居于先导地位。它与愿景展望、长远规划、具体目标、近期任务共同构成学校的目标网络。

2)强化高校战略目标,注重科学定位

目标是愿景的阶段性发展状况要求,有长远目标和阶段性目标、总体目标和子目标、定性目标和定量目标等。在对自身发展环境和目标有着清晰认识的基础上,要形成高校发展的科学定位,具体包括办学类型定位、学科布局定位、人才培养目标定位、办学特色定位等。

3)明确战略重点

高校要抓住影响大学发展的重大问题、核心问题和关键性问题进行重点设计，如此方可提纲挈领，将大学发展的总体思路梳理清楚。高校发展战略事关学校发展全局，战略制定过程中要注重保持和拓展优势领域，拓展新的领域，消除制约发展的瓶颈，增强持续发展能力。

4)明确竞争策略与战略措施

战略举措包括主要竞争策略和战略实施的主要思路。例如资源综合集成策略要求与规划相匹配的资源总量和事业发展的总资源综合集成；核心竞争力策略要求通过制度建设、体制机制创新、治理结构优化、大学文化浸润等方式培育难以模仿和难以替代的持续发展力；超越竞争策略要求着眼于“价值创新”，开辟全新的非竞争性的发展空间，力图为学校自身及服务的对象创造独特的价值。

2. 高校战略规划的制定步骤

制定高校发展战略，一般包括以下几个基本的步骤与环节。

第一，环境分析。高校要对所处的环境进行仔细分析。新的挑战、新的发展机会关注环境的发展趋势对高校有什么影响、存在着什么样的机会和威胁。

第二，高校内部资源分析。内部资源主要包括人力、财力、物力、结构和地理位置等方面的优势与不足，高校应准确把握自己的优势、劣势。

第三，高等教育发展趋势分析。高校应当准确把握高等教育发展的基本规律，对高校面临的机遇与挑战有一个清醒的认识。

第四，目标形成。高校要根据自身的优势和劣势对学校进行具体定位，包括学校的使命、发展方向、层次、特色以及具体发展指标等。

第五，战略选择。在发展目标形成之后，高校必须进行战略选择(战略重点、战略措施)，以帮助实现其目标。

第六，形成文本。高校通过一定程序审议、决定与公布战略规划文本。

3. 高校战略规划的层次

高校战略规划的层次如图 3.1 所示。

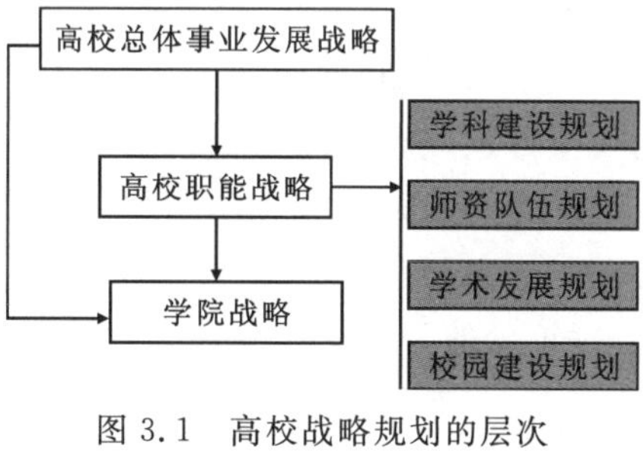

图 3.1　高校战略规划的层次

总的来说，高校总体事业发展战略和高校职能战略的重点是“做正确的事”，学院战略的重点在于“把各自的事情做好”。

1)高校总体事业发展战略

高校总体事业发展战略是高校如何实现自己的使命和愿景的综合主计划,充分发挥自己的竞争优势。描述高校的整体发展方向,包括发展目标、各项功能和资源分配与整合。着重要处理好大学与社会、大学与世界、历史与现实、长远发展与近期发展、全局与局部、功能发展和突破与支持和保障条件改善、规划实施与评价等之间的关系,在常规办学与战略发展之间保持适度的张力,在保证整体办学水平和质量不断提升的同时,实现学校发展的战略突破。

2)高校职能战略

高校的职能战略如人才培养战略、学术发展战略、学科建设战略、财务战略等,主要根据大学整体事业发展规划,针对学校发展的重点任务或校级各部门单位对自身所负责的专门工作进行的设计,要求聚焦有关重点任务或专门工作,以实现学校新的发展为指引,谋求重点任务完成或专门工作的突破性进展常常是学校整体事业发展规划的具体化。

3)学院战略

各学院的主要责任在于实施或执行学校的战略计划,明确年度目标和短期战略目标。学院战略更强调本学科、本专业的人才培养和学术研究系统、市场反馈、其毕业生和学术成果在提高高校竞争力方面的有效性和效率。由于院系发展战略主要是针对具体学科专业的,所以需要规划人员对学科专业及其办学要求有广泛的认识和深刻的理解。

4. 高校战略规划过程中的决策方法

一是要有创新的战略思想。战略思想所表述的是制定具体发展战略所要遵循的思想原则和主要方法。战略思想提供的是方法指导和思考思路,其内容是观念性和精神性的,是总纲性质的,是战略的出发点和灵魂,不包括太多具体的内容。因而,高校战略思想创新的核心是战略理念的创新,它来源于一所高校强烈的创新意识。

二是战略管理决策的特征随战略活动层次的不同而改变。学校层决策更倾向于具有价值导向性、概念性和不具体性,具有更长的时间。学院层决策把所有高校层和职能层战略付诸实施,涉及很多面向行动的问题,具有短期性和易判断性,相对具体和容易量化。职能层决策在两者之间起桥梁作用。在制订战略的过程中,要坚持群众路线,听取各方面的意见,集思广益。

三是有不同层面的战略管理团队。理想的战略管理团队包括来自高校全部 3 个层次的决策者。战略管理团队要从高校规划人员和低层管理人员、学术人员那里获取信息,低层管理人员、学术人员为高校规划人员提供战略决策所需的数据,然后执行决策。大学顶层关注社会发展与变迁,职能管理层关注高等教育管理理念和手段的变化,学院层管理者关注所办专业、所涉及学科的发展趋势。

四是制订战略规划需要掌握正确的方法论。在制订战略规划时,注意全员参与、系统规划、全要素规划和进行战略研究。全员参与是指在编制战略规划时,学校各方面人员参与规划编制的全过程,使战略规划编制成为一个集思广益、建立共识的过程。系统规划是指大学编制战略规划不能只重视整体事业发展顶层设计,还应有相关的配套规划,形成战略规划体系。规划人员要具有战略思维,能够从战略层面思考和谋划大学发展。

二、高校战略的实施

高等学校发展战略的实施是高校战略管理的核心内容。一个好的发展战略如果少了实施与落地，或者在执行的过程中大打折扣，那么高校的发展战略便成了纸上谈兵，毫无作用。因此，如何在制定高校发展战略后高效稳妥地推行战略的落实，是战略制定后相当长一段时间内的核心命题。

1.高校战略实施的基本内容

1)构建多层面的战略管理团队

学校层面主要由在学校党委领导下形成以校长为核心，各位副校长、副书记、教授和专家等组成的工作团队，负责学校的总体事业发展规划，主要工作是确定学校发展的愿景、目标，以及办学理念、办学思路等，确定资源的配置方向，并对学校战略发展过程实施监控，积极培育现代大学文化尤其是创新文化。在目前社会环境急剧变革的过程中，高校高层管理团队要时时保持对社会环境的敏感性，加强研究，适时修订战略规划并调整战略实施措施。

在行政系统与学术管理系统层面，职能管理团队围绕相同的职能，以分管的副校长为核心，由职能负责人、各学院相应负责人和教授组成的工作团队，负责各自的职能战略管理。可组建学校教学、科研、学科建设、财政、人事等不同的工作团队。各个职能工作团队在学校的总体事业规划引导下分别制定、实施各自的发展战略，把高校总体的战略方向和意图转变为各个业务部门或者战略业务单位的具体目标和战略，明确本校在该领域细分市场中的良好前景。

在学院层面，以每个学院院长为核心，由学院管理主要成员与教授组成的团队，负责本院的发展战略。学院管理团队要紧紧关注社会发展、就业市场变化和本学科发展趋势，科学确立本专业的人才培养模式、本学科的发展目标和突破方向，优化师资队伍结构，不断提高人才培育质量和学术研究水平。

2)建立和完善战略实施的体系安排

首先，高校要健全学校战略管理的组织运行体系，建立以校领导为核心，以战略规划部门、战略执行部门、战略评估部门和战略保障部门为支点的高校战略管理组织体系，切实增强学校自身主动谋划学校未来发展的能动性，通过建立和完善学校战略管理运行机制增强学校战略管理各个环节的协调性，统筹推动学校战略管理的有效实施，切实将战略规划转化为促进学校可持续发展的内生力量；其次，高校要建立学校战略管理对外部环境的协调发展机制，通过加强学校与外部环境的沟通联系，增强学校战略管理对外部环境的适应性，同时要充分利用外部环境为学校发展争取政策、资源和信息支持，提升学校战略规划的科学性和战略实施的有效性，努力构建与政府、企业、高校、社会组织和研究机构等多元力量共同参与、协同合作、创新发展的战略发展联盟；最后，高校要建立起全员参与、内外联动的战略发展机制，通过吸引学校师生员工、校友等力量参与学校战略管理，切实增强其对学校战略发展的认同感和责任心，释放各个主体参与和推动学校发展的主观能动性，最大限度地发挥学校战略发展的创造性潜能，切实提升学校战略管理的整体效能。

2. 高校战略实施的保障

1)强有力的战略领导

高水平的学校领导是学校最宝贵的资源。高水平的战略领导必须有战略眼光、战略思维和战略勇气。战略眼光是指领导者视野开阔,审时度势,善于从复杂的现象中看到事物运动的基本态势,抓住基本规律,对社会和组织发展需求进行全局和客观的把握。战略思维是指领导者思考问题要着眼于全局,着眼于未来,从学校发展的根本利益考虑问题,善于取舍,牢牢把握学校发展的方向。战略勇气是指领导者要以超越、怀疑和批判的精神,勇于超越各种形式的禁锢和守旧观念。在战略实施中,勇于作出果断而强硬的决策,敢于"有所为有所不为",敢于在自己的位置上创新、创一流。在战略实施中,战略领导的作用主要体现在确立战略方向、战略重点,建设学术和管理队伍,培育学校文化,建设完善的人才选拔机制等方面。

2)参与沟通中形成共识

战略规划氛围的营造,开始需要大力宣传、统一认识,但终极目标是要使应然的规划主体成为实然的规划主体。当各中层部门、广大师生真正关心战略规划问题,愿意参与其中时,便是形成了良好的氛围。在规划制定中教职工应有适当参与和投入,自上而下的顶层设计和自下而上的教师参与相结合,注重参与,在反复沟通中形成共识,有利于战略的顺利实施。学校在制定新的发展规划后,可以通过党代会、全委会、干部大会、教代会等形式,反复深入地宣传学校的发展战略规划,使学校不具普通性的战略目标深入全校师生心中。同时,在中长期发展规划的制定过程中,各院系在编制规划时,可以通过召开教学、科研和教授、副教授、青年教师等各方面、各群体的多场次座谈会,广泛收集各学科的意见和建议,研讨学院的未来发展方向和建设重点,规划制定后,与广大教师充分沟通和交流,使教师们逐步认同学校和学院的发展目标与发展方向。学校应采用多种形式向广大教职工宣传战略规划,既发布规划的全文文本,也将愿景、使命、战略目标等浓缩在一张战略地图上,使战略规划一目了然,提高全校师生员工对学校战略规划的理解和认同。总之,校领导和中层干部要主动把理念和思路向广大师生员工宣传渗透,逐渐达成共识。

3)重视大学文化建设

大学文化是大学赖以生存、发展的重要根基和血脉。良好的文化氛围对于实现战略目标十分重要。要围绕战略方向,从硬件、软件两方面努力,培育学校文化。学校校园、建筑、实验设施等都要与学校的发展方向相一致。领导者要善于将群众中好的思想、语言加以提炼、上升、宣传,使之成为学校的精神财富。在学校统一的核心价值观体系框架下,鼓励学院层面的文化建设工作,逐步形成共同价值观导引下的各具特色、多姿多彩的院系文化,全面提升学校的文化软实力。总的来说,大学文化是加快高校内涵式发展的重要精神动力和文化支撑,在学校的发展中具有凝聚、引领和辐射的重要作用。

4)完善相应制度和机制,加强战略执行力

忙于紧急的事情而忽视重要的事情,这是战略管理中的大忌。现在学校和各级领导者需要花费大量时间应付各类突发事件、上级布置的任务、群众上门的事件及各级各类会议等,导致一定程度上对学校发展战略实施的耽误。解决这一问题,一方面要提高领导艺术和战略领导能力,另一方面要有相应的制度和机制保障。需要建立的制度类型众多,如决策制度、教学管理制度、科研管理制度、人事和财务管理制度等，同时也要建立评估制度。评估是战略管理中的一个重要环节，是战略实施的重要保障。各种制度不断健全完善，能够保证战略实施的顺利推进，落实责任到人，从而加强战略执行力。

5)规划、考核和资源配置相结合

高校战略管理应确保年初有计划，年中有检查，年末有考核，实现规划指导下的有序发展。为加快学校建设发展，确保学校中长期发展目标的顺利实现，推进学校管理的科学化和规范化，构建科学合理的考评体系，强化目标管理，应坚持“顶层设计、目标管理、分类指导、绩效考核”的原则，根据学校的战略目标制定院系年度常规建设指标、重点突破指标，将规划和考核相结合，并根据目标完成情况指导院系资源配置。增强考核的导向作用，逐步将规划、考核、资源配置紧密结合，落实责任制，使落实成为一种责任、一种意志和一种文化。规划、考核和资源配置相结合主要体现在四个方面：第一，建立科学合理的绩效指标体系，通过过程指标加强对院系发展的引导作用；第二，建立与院系互动的指标协调机制；第三，建立绩效的日常跟踪和预警机制，加强绩效的过程控制，建立院系年度报告制度；第四，建立激励效应显著的结果反馈机制。

三、高等学校发展战略的评估

1. 高校战略评估的基本内涵

战略评估是高校战略管理的重要组成部分，既是对高校战略过程的总结和反馈，又为高校未来的战略管理工作提供实质性资料。高校战略评估就是高校管理者按照学校战略管理目标和计划标准，经过具体的战略实施，衡量其实现、达到或完成的情况，并采取措施纠正执行过程中的偏差，以确保学校战略管理目标的有效性和计划指标实现的工作过程。战略评估和控制可以指出先前实施的战略计划的弱点所在，使整个战略管理过程得以重新开始。具体来说，高校战略管理评估可分为年度评估、过程评估（中期检查）、结果评比等。

战略评估分为战略分析评估、战略选择评估和战略绩效评估，三种评估相互衔接、相互支撑。战略分析评估是为了发现并准确判断发展的最佳机遇，对高校所处政治经济的环境等进行的事前评估，实际上它是一种在对环境全方位评判、分析的基础上，对预测未来发展过程中的机遇与挑战的一种预测模型的求解。在战略执行过程中为了及时获取和处理战略执行情况与战略目标的差异，进行科学战略选择的动态评判和决策是战略选择评估，属于事中控制。在战略期末对战略目标完成情况的分析、评价是战略绩效评判和奖惩、调控，属于事后控制。可见，高校战略评估从控制论角度讲分为事前、事中和事后的评判与控制，由此形成一个完整的闭环控制系统。

2. 高校战略评估体系的价值与导向

1)战略分析评估保证规划制定与完善的科学性

规划的制定过程是全校上下提高认识、形成共识、凝聚人心的过程。大学的学术性决定了大学战略目标实施更要建立在广泛的认同基础上，所以在某种意义上规划制定的过程比规划文本更重要。战略分析评估是在战略规划制定过程中对外部环境的分析。随着高等教育大众化、国际化，各种不确定因素对高校的影响越来越大，高校在分析判断自己未来的发展目标和实现途径时面临众多的难题，制定战略规划是寻求问题答案的重要方法。在战略分析评估中，可以充分揭示高校发展的外部机遇和面临的挑战，保证高校在变化莫测的环境中，能够果断地把握机会，科学定位，集中资源，确定目标和发展方向。

2）战略选择评估促使战略实施与调整的有效性

如果说战略分析评估是对外部形势的分析，那么战略选择评估则是在外部机遇和挑战分析的基础上，通过内部资源、发展基础和发展潜力分析，寻求最佳发展战略。战略选择评估可以在战略实施前确定战略重点，制定出切合实际和科学的发展规划；也可以在战略实施中，进行战略选择，适时进行战略调整。面对有利于学校快速发展的机遇或不利于学校发展的挑战，应在及时收集大量信息的基础上，建立战略选择模型，通过科学分析选择最有利于自身发展的战略，从而进行战略调整或进行战略转移。所以，战略规划只有通过战略选择评估，才能不断充实和完善，同时战略评估又使战略规划、战略实施进程得到有效的实时调控。

3）战略绩效评估促使战略实施实现战略目标

战略实施的效果不能简单用战略目标是否实现来体现。由于战略实施中外部环境的变化需要适时对战略重点和战略目标进行调整，战略绩效评估必须将外部因素变革与改善战略或战略调整相结合，评估结果应与教职工的奖惩相结合，从而使战略绩效评估体现战略调整，成为激励教职工的有效机制。所以，战略绩效评估不仅要体现原有战略目标，更要着力于战略调整后战略目标的实现，在战略执行过程中，对战略实施的结果从学科指标、科研指标、人才队伍指标、教学指标及办学效应指标等方面，对照预期目标和战略调整后的目标进行全面衡量，并通过人员的激励，不断推进战略管理的有效进行。

4）战略评估对战略管理的动态调控催生出配套政策

高校战略评估是对高校战略管理进行的全程性评估。应把战略问题看成一个系统，建立一个由外部信息和内部资源信息构成的信息评估体系，构建各种功能性的模块，通过定性分析与定量评判达到全面评估的目的。同时，高校战略管理能否取得成效，不仅在于每个环节战略评估是否进行，更在于与战略评估相关政策的配套。在战略实施过程中，如果没有相关环境和条件变化的准确信息与数据资料，就难以对短期的战略目标和战略措施作出适时的调整，因此战略评估应有相应的规章制度规范战略调整过程，以确保战略管理充满活力。

3. 做好高校战略评估的建议

1）建立科学的战略评估体系，确保战略管理科学有序地进行

战略管理是由战略规划制定、战略实施和战略评估等构成的系统性管理，不同的阶段具有不同的特点。高校要通过战略分析评估发现并准确判断发展的最佳机遇，通过战略选择评估及时获取和处理战略执行情况与战略目标的差异，通过战略绩效评估对战略目标完成情况进行分析、评价、奖惩和调控，有效地实施战略管理的事前、事中和事后控制。高校只有将战略分析评估、战略选择评估和战略绩效评估有机结合，不断将战略制定过程与战略实施过程融为一体，才能建立起战略管理的调控体系，有效地实施战略管理。

2）制定与战略管理相配套的规章制度，充分发挥战略评估的调控功能

为确保规划随外部形势的变化而适时调整，应规范规划的修订程序，既要保证规划实施

的相对稳定，防止规划朝令夕改、流于形式，又要确保学校规划能够适应形势与学校自身发展需要进行科学、有序的调整。同时，通过战略选择评估对实施战略目标过程中取得的结果和环境及内部资源的变化进行分析，作出是否持续战略、调整战略、重组战略或终止战略的决定，并制定与战略调整、资源配置相关的规章制度，以确保战略调整科学有序。战略目标在实施过程中会随着外部因素变革而适当调整。因此，战略绩效评估应将业绩与调整后的目标进行差距分析，以确保战略绩效评估促进战略目标的实现。

3)完善职能部门运行机制建设，推动战略管理层层落实到位

职能部门分担战略规划评估的任务，可以将规划内容分类别、分项目地分给目标学院或目标部门，分别负责审查规划中战略目标的完成情况。其中，重点特色学科可考虑成立专门的办公室，直接从战略规划中分解任务。例如，先从院系层面开始依据战略目标开展自评，撰写自评报告，修订院系层面的战略规划。接着，以各院系自评为基础，对全校进行评估。在全校范围的自评过程中，最重要的是以整体战略规划目标为基础，重点审查战略目标的完成情况。对目标学院和目标部门的评估工作，应在高校研究机构、战略规划机构的共同参与下完成。最后，以全校参与的自评结果为依据修订战略规划，并将修订后的规划作为下一步制定战略规划的基础。

现代高校管理中，战略管理越来越发挥着重要作用，高校实施战略管理已成为推动高等教育发展的一种有效管理方式。凡事预则立，不预则废，高校上下都要借助于高校战略规划的制定，在创造学校未来的过程中采取主动出击的方略，更有效地确定学校自身发展的方向。同时高校要用战略眼光审视学校与环境的关系，充分发挥宏观管理与微观管理的综合作用。在实施战略管理的过程中，管理者通过运用一定的战略性思维，审时度势，确保对各种机遇和挑战能够及时准确的反映。总之，战略管理是一种循环反复、不断发展的全过程总体性管理，是一个高校重新认识自我的过程，是学校发展的关键。

【专栏 3-2】 不同层次高校的发展战略

1. 研究型大学发展战略

争取国家支持战略：研究型大学的教学和科研要与国家发展及社会需要紧密结合，积极争取国家支持并服务于国家重大战略。

精英战略：英才教育及重视创新与突破是研究型大学的重要特征。

品牌战略：研究型大学本身就是一个重要的品牌。

国际化战略：提高国际化办学水平。

综合发展战略：在资源有限的条件下，大学发展只能将资源“集中”用于改善和提高少数专业的质量，或“分散”用于提高全部专业的水平。

教师费用优先战略：提高教师费用对提高学校的学术水平效果较为显著。

2. 教学科研型大学发展战略

特色战略：应充分利用自己的行业或地区优势，形成自己鲜明的特色。

学科群发展战略：以骨干学科为龙头，发展、建设学科群，不仅有助于学科的突破与发展，也有助于学科形成优势与特色。

组织结构创新战略：积极探索诸如“矩阵式”等行之有效的管理模式。

市场诱导战略：积极以市场为导向，开展教学、科研活动，并加强与企业的联系，以务实的态度帮助解决企业的难题，以此推动企业及自身的发展。

3. 教学型本科院校发展战略

提高教学质量战略：强调提高质量是个长期的战略行为，必须对质量的提高进行系统的规划。

严格管理战略：严格管理是提高教学质量和办学效益的主要手段，而这两点又是学校生存与发展的根本保证。

地方化战略：紧密地与当地经济社会发展相结合，积极参与经济过程，主动地为地方经济建设服务，使自己成为本地区发展的教育、文化和科技源泉。

师资队伍合理化战略：教学型本科院校的任务目标相对单一，师资队伍建设必须围绕教学这个中心任务来进行，满足本科教学需要和优势学科科研工作的需要。

4. 高等职业学院发展战略

区域化战略：主动与当地经济社会发展相结合，使自己成为区域发展的教育、文化和科技基地。

职业定向战略：以培养学生的职业能力为主线，建立有特色的教学体系。这类学校的理论教学要为能力培养服务，不强求学科理论的系统性和完整性。

主动适应战略：面向市场，紧密地结合经济建设和社会发展的需要开设专业，针对生产岗位对人才能力的最新要求，与时俱进地进行教育教学改革，办出特色。

技能凸显战略：应根据培养目标针对性较强的特点，加强对学生实践应用能力的培养。

行业牵动战略：作为培养应用技能型人才的高校，高等职业学校的发展与行业的发展有着特别密切的关系[5]。

第三节　高校战略管理实践

一、国外高校的战略管理

1. 国外高校战略管理

1)美国大学战略管理及特点

美国最早将战略管理理念引入大学管理。20 世纪 70 年代，美国高等教育发展的内外部环境发生剧烈变化，科学技术迅猛发展、政府削减办学经费投入、社会各界缩减捐赠资金、办学经费持续短缺、社会问责日益强烈等，致使美国高校面临巨大的生存危机和发展困境。大学管理者均感到传统的经验管理已经难以应对一系列变化，必须为大学寻求其他发展出路。为此，一些大学领导者借鉴企业战略管理理论和实践，结合高等教育自身规律，制定战略规划，将战略管理作为美国大学应对挑战的管理手段。美国的乔治·凯勒于 1983 年发表《大学战略与规划——美国高等教育管理革命》一文，标志着高等教育领域正式引入战略管理理念。

美国大学和学院协会把发展战略管理与运行管理、资源和财政管理、人员管理及信息管理并列为大学校长培训的五大内容，制定战略规划成为美国大学校长的一个重要职能。美国许多大学实施战略管理，尤为突出大学校长的战略理念和构想，重视经费筹措和规划，积极开展院校研究，组建充满活力的教师队伍和管理团队，打造良好的学校声誉和教学质量。一批大学通过推行战略管理实现了跨越式发展，成功造就了世界一流大学，如斯坦福大学、卡内基梅隆大学、麻省理工学院等。斯坦福大学在“二战”之前发展并不突出，经常面临办学经费短缺的窘境。1944 年，学校制定了学术与科研的长期规划，实施“学术顶尖战略”，抓住与政府全面合作的机遇，推进与工业界合作的发展战略。在这三大发展战略指导和推动下，斯坦福大学脱颖而出，发展成为美国顶尖的研究型大学，造就了举世闻名的“硅谷”。审视美国大学战略管理成功经验，很大特点是注重大学校长的战略理念，在制定高等教育发展规划时能始终立足并把握自身优势和特色，既具有全球性的国际视野，又成功助推了经济社会发展。

2)英国大学战略管理及特点

英国政府极为重视高校发展战略的作用，将大学发展战略和规划作为英国高等教育决策的重要依据，并将其上升为国家整体发展战略的一部分。为获得更多的资金支持、扩大学校资金来源，英国大学开始了激烈的竞争，高校的自主意识和战略意识不断提升。大学管理者借鉴企业管理中的战略管理理念和方法，在高校管理中推行战略规划和管理，逐渐打破传统的、固守的管理理念和做法，以积极的态势应对日益复杂的外部环境，并参与国际高等教育竞争。英国大学把发展战略与规划研究作为学校决策的基础和依据，积极推行战略管理，其战略研究重点放在两个方面：一是研判外部环境，主要对环境变量、市场趋向和竞争形势进行研究；二是分析内部环境，主要对自身管理能力与水平、学校应采取的战略和策略进行研究。

通过实施战略管理，英国一些大学如普利茅斯大学、华威大学、卡迪夫大学等迅速崛起，并成为许多学者考察和研究的典型范例。比如华威大学在 1965 年成立之初就确立了“将企业家精神融入办学思想中”的发展战略，通过加强与企业合作，一方面直接扩大了学校资金来源，另一方面激发了学校教师的创新精神，不断推动学科专业结构调整和学术水平的提高，学校发展形成了良性循环。20 世纪末，华威大学跻身英国一流高校，实现了跨越式发展[6]。

【专栏 3-3】 21 世纪以来牛津大学的战略管理

21 世纪以来，在国际与国内竞争日益激烈的背景之下，牛津大学先后发布《2005—2009 年整体规划》《2009—2013 年战略计划》《2013—2018 年战略计划》，以期回应时代给高等教育带来的全新挑战。

牛津大学于 2004 年 7 月初发布《2005—2009 年整体规划》，随后实施工作步入正轨。战略执行过程中，富有成效地完成了很多预期目标，但是《2005—2009 年战略计划成果》表明，计划中一些方面的实施效果并不尽如人意，具体体现在：建立新渠道扩充捐赠资金及研究预算；坚持办学特色，提高区域化、国家化与国际化程度；重建本科生入学、市场和雇佣机制；建设基础设施为教职工提供支持；建立信息基础设施；提升牛津大学的社区影响力。籍此，牛津大学于 2009 年发布《2009—2013 年战略计划》对以上 6 个方面工作做了进一步改进。

之后，牛津大学于 2013 年发布了《2013—2018 年战略计划》，以发展愿景为出发点，主要围绕优先发展战略和核心发展战略两个主要抓手，以实现战略规划的辅助策略为支撑，制定了该阶段的发展目标。在《2018—2023 年战略计划》筹划过程中，这一战略计划的实践经验得到了充分借鉴。

2018 年 10 月，牛津大学正式发布《2018—2023 年战略计划》，设定了牛津大学未来 5 年的优先发展框架，以巩固其在世界高等教育竞争中的领先地位。该战略以加强人才培养和促进科学研究为核心使命，制定了教育教学、科学研究、人才队伍建设、社会参与和伙伴关系、大学资金与资源五个方面的战略重点和行动举措，为牛津大学的下一步发展指明了方向[7]。

2019 年 8 月，牛津大学规划和理事会秘书处主任 Mike Glover 在讨论新一轮大学计划时指出：先前的战略计划文件并未明确如何执行这些文件。因此在制订新计划时，需要更加清楚地规划应采取的行动。未来牛津大学会在相关大学委员会的监督下将战略计划实施的责任分配给特定人员。

2. 国外高校战略管理的经验

1)规划思想的顶层设计

美国和英国大学高校的战略规划是学校领导办学理念、教育思想的集中体现。一般校长首先提出一个明确的中长期办学目标与总体思路，然后其他人员根据中长期办学目标与总体思路完成相应的规划工作。

2)规划目标的可考核性

学校对自己的总体实力、学科专业状况、人力资源状况、财政与资源状况等进行系统分析，与国内外竞争者、拟赶超者进行定量比较，然后才确立有针对性的奋斗目标，并使这些目标普遍量化，易于在实际操作中予以考核。

3)规划的分解落实

美国和英国大学将学校的战略目标分解成有针对性的、可操作的、可测量的、可行的和及时的活动、目标与任务，而且要求校内学术和行政单位乃至个人结合学校规划和常规工作制订自己的实施计划。

4)规划实施监控的制度化

美国和英国大学规划实施的监控在多个层面上进行，对所有战略规划、专项规划、行动计划的实施都进行监控。当监控报告指出值得注意的问题时，必须同时建议解决问题的方案，供决策者参考。

二、我国高校的战略管理

1. 我国高校战略管理的发展历程

(1)民国时期大学规划意识的萌芽与大学的个性化发展。一批优秀大学校长通过对大学发展目标的重设、组织的变革及新文化的重塑，最终促进了大学的发展，大学规划意识非常明显。

(2)新中国成立初期大学计划的膨胀与大学的一体化发展。在计划经济管理体制下，制订计划成为大学管理的主要工作。大学的发展过程就是一个按照既定计划行动的过程，其发展目标与途径均由教育行政主管理部门规定。

(3)1976 年后大学战略规划的出现与大学发展。为了建设社会主义现代化强国且基于高校办学自主权扩大等原因，战略规划开始在大学管理中发挥积极作用。高校战略规划普遍与实现“社会主义现代化”直接关联。

(4)“211 工程”背景下大学战略规划的探索与大学的高水平发展。规划主体逐步转向大学，大学发展的特色性逐步显现，围绕“211 工程”建设制订的大学规划兼具长期计划、系统规划与战略规划的特征，促使很多大学在学科发展、学科管理和人才培养模式上发生了重大转变。

(5)新时期大学发展的新机遇及对战略管理认识的深化。伴随高等教育办学自主权的逐步回归和高等教育大众化、市场化和国际化的推进，战略管理开始走进大学管理者的视野，大多数大学开始尝试运用战略规划和战略管理的方式来指导大学的发展。

【专栏 3-4】 中国地质大学(武汉)的战略管理

中国地质大学(武汉)秉承“艰苦朴素、求真务实”的校训精神，坚持“谋求人类与自然和谐发展”的价值观，着力营造学术民主、独立思考、自由探索的文化氛围，努力构建独特而优越的教学和研究环境；矢志成为地球科学领域世界一流大学，努力为解决我国和人类社会面临的资源环境问题提供高水平的人才和科技支撑。

“十二五”以来，中国地质大学(武汉)启动实施“三步走”发展战略：第一步(2011—2020 年)，实现阶段性办学目标，建成地球科学一流、多学科协调发展的高水平大学。办学规模稳定，办学结构合理，人才培养质量大大提高；科技创新和社会服务能力显著增强；优势学科在国际学术界产生重要影响且 ESI 十年论文引用率在全球排名进入前 10%，地学相关学科达到国内高水平，其他学科达到与学校国内外排名相适应的水平；生态型校园建设初见成效，办学资源短缺瓶颈基本打破，资源配置与管理机制进一步优化。第二步(2021—2030 年)，建成地球科学领域国际知名的研究型大学。办学实力进一步增强，生均办学条件、人均科技产出处于国内高校前列，人才培养质量在国内外享有良好声誉，优势与特色学科突出、其他学科整体水平进一步提升，基本具备建设地球科学领域世界一流大学所需的师资、学科、大学文化和办学基础条件。第三步(2031—2052 年)，基本实现地球科学领域世界一流大学的长远办学目标。

2018 年 1 月，学校第十二次党代会明确，学校已实现第一步目标，开启了建设地球科学领域国际知名研究型大学的新征程。《地球科学领域国际知名研究型大学建设战略规划》提出，坚持扎根中国大地，为党育人，为国育才，坚持追求学术卓越，推动人与自然和谐发展，汇聚师生智慧，海纳各方建议，以“美丽中国　宜居地球：迈向 2030”为战略主题，明确了新阶段的办学使命、奋斗目标、指导原则和战略重点，绘制了建设地球科学领域国际知名研究型大学的发展蓝图[8]。

2. 我国高校战略管理的现实困境

第一，高校战略管理理念认知存在偏差。目前我国高校战略规划还带有浓重的“行政化”痕迹，很多战略规划的调研和推进没有关注高校发展的前沿问题，没有与高校的社会服务功能、对市场环境的认识紧密结合，战略推进的体制机制十分僵化。

第二，高校推进战略管理的内源动力不足。长期以来，我国高校传统管理体制对战略管理的体制性抵制，导致高校对战略管理缺乏体制性内源动力，而体制性自上而下的动力正是现代高校战略管理的核心推动力之一。

第三，高校战略管理能力较为缺失。高校办学长期依附政府行政指令办学，高校自身缺乏战略主动性，导致高校战略管理能力处于整体缺失状态，难以发挥战略管理对学校发展的重要推动作用。

三、新时代我国高校战略管理的新要求

1. 当前我国高校战略管理存在的问题

1)战略规划不科学

目前我国很多学校在新时代下的战略管理规划科学程度并不高,很多学校的战略管理规划属于被动进行的,是因为受到教育行政部门的下发指令进行的战略管理规划,这也是导致规划不够科学的主要原因。学校主观上没有了解到战略管理规划过程的重要性,就会导致战略规划科学性不高,从而参与的人员也无法更加积极,缺少广泛教职工的主动参与,很多规划者并不专业,仅仅是领导一人之言,这是导致规划不科学的重要因素,从而使新时代下学校战略管理境遇不够明朗。

2)战略管理意识弱

现阶段,学校的战略管理在实施的过程中存在着管理意识薄弱的问题,因为管理意识差,无法有效执行战略管理,导致战略管理效果并不明显。管理意识薄弱对于战略管理的影响比较大,如果管理意识薄弱,相当于战略管理的主要过程没有得到执行,学校的管理人员也没有把战略管理当做学校工作的重心。管理人员缺乏管理理念,使战略管理流于形式,没有很好地对管理目标进行前瞻性的探寻,这也会导致管理的连续性缺失,最终无法有效地执行战略管理工作。此外,领导的任免对于战略管理思维的延续与管理行为的执行都是极为不利的。以上是目前我国学校战略管理水平低的主要原因。

3)战略管理人才缺乏

我国很多学校在战略管理实行的过程中缺乏专业的人才,这导致目前很多学校的管理水平并不高。虽然一些学校成立了战略管理的部门,但是因为人才的缺失,导致实际各部门发挥的作用并不明显。管理人才的薄弱是战略管理成果不显著的主要原因之一。我国目前实现战略管理取得良好结果的学校并不多,很多学校在具体管理过程中也没有可以具体参照的成功案例,无法吸取有效的经验与教训。同时,很多学校的战略管理人员没有足够的经验,理论知识掌握得并不扎实。管理过程中信息透明程度比较低,导致对于战略管理的研究不够彻底与深入,很多学校也不能够根据自身情况来进行分析。战略管理专业人才的缺失成为新时代学校战略管理工作开展过程中的瓶颈。

4)高校的战略管理缺乏内部支持

高校的战略管理工作必将会改变高校原有的管理格局,对其原有格局进行变革和创新。这一举动有时会影响到高校相关利益者的利益,遭到一定的抵制,使战略管理工作难以推进。同时,政府部门对于高校管理者的考核较为严格,作为高校的管理者,面对较大的考核压力,会更加注重高校眼前的发展,希望在短期内提升管理的质量,作出成绩。高校管理者的这种思想与战略管理下注重长远和未来发展的思想不符。站在高校管理者的角度,也会考虑到战略管理的风险,相较于眼前比较稳妥的管理方式,很多高等院校都缺乏变革与创新的勇气,更注重眼前的稳妥与安逸。因此,战略管理在很多高校中并未得到有效推进。

2. 新时代我国高校发展的路径

1)增强与高校内涵式发展的联动性

在过去的外延式发展阶段,学校主要依靠经验管理和指令管理实现正常运转。这一运转只适用于高校初创期的发展要求,在高校内外部环境都面临着重大变革的当今时代,则远远满足不了高校长远发展的要求。

因此,在高校迈入内涵式发展阶段的当下,学校需要适应经济社会转型对高校质量发展的迫切要求,适应高等教育国际化竞争下对高校发展带来的新挑战。战略管理要促进学校内涵式发展、高质量发展、国际化发展。

2)提升高校管理者的战略领导力

战略领导力是决定高校战略管理效益的核心要素,提升各层级管理者的领导管理能力,优化组织管理的运行效益,引领未来的跨越式发展。大学校长要具有创新的战略思维,善于用战略家的眼光扫描外部环境,识别影响学校发展的不可控因素,规避外部风险;正确判断学校的发展趋势,寻求学校持续发展、跨越发展的机遇与空间;找准办学定位,作出战略选择,充分发挥学校优势和特色,并提出科学、明晰、富有号召力和凝聚力的战略目标及战略路径。

3)提高战略规划的科学性

战略规划的科学性关系战略规划质量和战略管理水平,克服战略规划编制的“体制性内源力不足”问题,充分发挥新兴信息技术(大数据、云计算等)的支持作用。虽然计划经济时代已成为过去,但高校按上级教育行政主管部门的指令和计划办事的惯性仍未彻底消除,规划的路径应与学校实际发展能力相匹配。

4)提升战略实施的有效性

增强学校师生对学校战略的认同感和支持学校发展的责任感,将战略评估引入管理过程中。战略目标难以实现,与缺少评估和监控有直接关系。把评估与监控作为战略管理的一个内在制度,有利于学校从整体上掌握战略规划所面临的基础环境、实施进度和实施效果,及时提供战略动态调整的决策依据,保证高校发展战略规划的顺利落实。

课后习题

1. 为什么说高校发展战略问题是高校发展的根本问题?

2. 不同层次的高校制定战略规划思路不同的原因是什么? 转型与定位升级中的高校应当如何制定自己的发展战略?

3. 21 世纪以来,牛津大学的战略发展规划有哪些特点和独到之处?

4. 假设你是某大学的发展战略研究与规划者,你制定的高校发展战略主要包含哪些部分? 这些部分又涵盖了哪些具体内容?

5. 你怎样看待现代高校战略管理的发展趋势?

6. 新时代我国高校战略发展面临哪些新形势与新要求?

本章主要参考文献

[1]刘献君.论高校战略管理[J].高等教育研究,2006(2):1-7.

[2]Fidler B. Effective Local Management of Schools[M]. London:Longman,1989.

[3]刘根东,郭必裕.高校战略管理的基本特征及实施策略[J].中国高教研究,2009(5):15-17+74.

[4]别敦荣.大学战略规划的若干基本问题[J].河北师范大学学报(教育科学版),2020,22(1):1-11.

[5]马陆亭.我国本科院校层次结构研究:结构状况,发展战略,管理模式[J].科技导报,1998(6):22-25.

[6]马陆亭,陈霞玲.欧美创业型大学的典型与借鉴[J].中国高等教育,2013(Z2):77-79.

[7]田家玮,侯志军.英国牛津大学《2018—2023 年战略计划》述评[J].世界教育信息,2021,34(06):57-64.

[8]美丽中国 宜居地球:迈向 2030 地球科学领域国际知名研究型大学建设战略规划[EB/OL]. https://www.cug.edu.cn/xxgk_/fzzl.htm.

延伸阅读

亨利·罗索夫斯基.美国校园文化:学生·教授·管理[M].谢宗山,译.济南:山东人民出版社,1996.

丹尼尔·若雷,赫伯特·谢尔曼.从战略到变革:高校战略规划实施[M].周艳,赵炬明,译.南宁:广西师范大学出版社,2006.

刘献君.高等学校战略管理[M].北京:人民出版社,2008.

姚启和.高等教育管理学[M].武汉:华中科技大学出版社,2000.

刘献君,陈敏.院校研究与现代大学管理[M].青岛:中国海洋大学出版社,2006.

柏昌利.高等教育管理导论[M].西安:西安电子科技大学出版社,2006.

朱秀英.高等学校管理创新研究[M].北京:中国社会科学出版社,2013.

程星.世界一流大学的管理之道:大学管理决策与高等教育研究[M].北京:北京大学出版社,2011.

刘献君.论高校战略管理[J].高等教育研究,2006,27(2):1-7.

魏海苓.美国高校战略管理的历史演进及启示[J].清华大学教育研究,2006,27(5):64-68.

徐海涛.从战略规划走向战略管理:院校研究的作用[J].高等教育研究,2010,31(12):61-67.

宋永华,伍宸,朱雪莉.世界一流大学建设战略规划制定:英美顶尖大学的经验和启示[J].高等教育研究,2017,38(10):100-109.

刘强.论战略管理与高校内涵式发展[J].黑龙江高教研究,2019,37(6):6-11.

别敦荣.大学战略规划的若干基本问题[J].河北师范大学学报(教育科学版),2020,22(1):1-11.

第四章　高校本科教学改革及教学管理专题

学习目标

1. 掌握本科教学的相关概念与理论。
2. 了解国内外大学本科教育改革的趋势与特点。
3. 掌握高校教学管理工作的主要内容。

第一节　高校本科教育教学改革概述

一、本科教学

1. 本科教育的内涵

“本科”一词最早在1912年被使用，中华民国教育部在颁布的《大学令》中明确规定大学预科生修业合格可以升入本科。所以，“本科”一词出现是针对“预科”而言并与预科做了教育阶段与层次上的划分。

20世纪初，清朝政府颁布实施“癸卯学制”，建立分科大学学习制度。从清末到民国初期，大学本科都是用“分科大学”一词来表示的。至1919年，著名教育家北京大学校长蔡元培先生在推进大学改革时把“分科大学”及大学“分科”的“分科”一词更新为大学“本科”，至此“本科”一词被接受并广泛使用。

“本科”英文为“undergraduate”，意指本科未毕业，和“graduate”毕业生有明显的时间与阶段的分界线。在联合国教科文组织《国际教育标准分类》中，“本科”属于第三级，主要是相对于“专科”“研究生”而言的，是高等教育中间层次的教育。国外大学本科的修业年限一般规定为3～5年，但随着学分制的普遍推行，本科修业年限的限制已日益模糊。

在我国，目前高等学历教育分为3个学历层次，它们分别为专科、本科、研究生，其中研究生根据学位分为硕士研究生和博士研究生。虽然我国专科教育的培养规模在扩大，研究生教育扩招，但本科教育规模仍然较大。根据教育部颁布的《2020年全国教育事业发展统计公报》，2020年全国普通本科招生443.12万人，专科(524.34万人)首次超过本科招生，研究生招生110.66万人，本科招生人数在普通本专科招生总人数中的占比接近48%。我国大学本科修业年限一般为4年，一些特殊的本科专业如医学类专业则最低需要5年修业年限。近年来，各大学也不断地开展本科教学改革，多数大学本科专业教育在实施弹性学制。

2. 教学与教学改革的内涵

1)教学的内涵

《商书·兑命》记载,早在3500年前殷商时的宰相傅兑中就提出了"教学半"。其中,"教"作为动词,意思为教导,使觉悟;"学"为"学习"的意思。"教学半"具体是指"教人乃益己学之半"[1],即教师的教学与学习是同等重要的,在教学的同时,教师也会获得学习上的收获。

16世纪的西方,最早提出"教学"一词的为德国教育家拉特克(1571—1635年)和捷克教育家夸美纽斯。1632年夸美纽斯在《大教学论》一书中提出了"泛智教育思想",认为教学是"把一切事物教给一切人类的全部艺术"。[2]1806年,赫尔巴特出版了《普通教育学》,提出了"教育性教学"的概念,并尝试将心理学的相关研究成果应用于教学过程中,形成了著名的教学形式阶段理论。

此后,众多学者对教学进行了研究和界定。如美国学者布鲁纳认为,教学不是教知识而是教知识结构,要让学生去发现、解决问题从而激发学生的思维。布鲁姆推出"掌握教学"理论,认为只要提供足够的时间和帮助,任何学生都可以掌握教学过程中要求他们掌握的全部内容。我国著名学者王策三在出版的《教学论稿》中认为,所谓教学,乃是教师教、学生学的统一活动;在这个活动中,学生掌握一定的知识和技能,同时身心获得一定的发展,形成一定的思想品德[3]。美国教育学家Smith把西方学者关于教学的定义作了一个初步的归纳,主要包括五大类定义,即描述性定义、成功式定义、意向式定义、规范式定义、科学式定义。

由上可见,学者们从不同角度对教学进行了解释。这一方面丰富了教学的内涵,拓展了人们对于教学的认识;另一方面,也说明随着社会发展和科技进步,人们关于教学的研究在不断深入,特别是心理学等学科的发展对于教学研究的促进,使得教学的本质越来越为人们所清晰认知,也为人才培养实践工作提供了良好的理论指导与支持,而对教学进行概念界定并做梳理和分析就显得更加重要了。

2)教学改革的内涵

《教育大辞典》指出,教学改革旨在促进教育进步,是为提高教学质量而进行的教学内容、方法、制度等方面的改革。

教学改革的内涵可以从3个层面进行考虑。宏观层面的教学改革等同教育改革,是指包括一个国家教育制度等在内的改革;中观层面的教学改革是指学校的教学改革,包括学校教育教学制度、教学体系、教学模式等方面的改革;微观层面的教学改革一般是指教师以某种新理念为指导,在本专业或者主讲课程教学中,拟定改革方案,在教学理念、教学内容、教学方法等方面进行探索和改革的实践活动。本章主要从宏观层面和中观层面探讨教学改革。

3. 相关教学理论

《学记》是世界上最早对教育和教学问题进行阐述的论著。《学记》关于教育教学问题的探索既系统又深入,它精辟地阐述了教育的目的和任务,即建国君民、教学为先;提出了完善的教学制度,如比年(隔一年)入学,中年考校。《学记》指出了一年视离经辨志;三年视敬业乐群;五年视博习亲师;七年视论学取友,谓之小成。九年知类通达,强立(坚强的意志)而不反,谓之大成。《学记》也指出了时教必有正业,退息必有居学的系列教学内容;说明了教学相长的教学方法和课堂教学秩序的严肃性，更说明了教师的地位和师生之间的关系。《学记》全文共20节，仅1229个字，但是内容丰富、精辟、深刻，对我国先秦时期的教学经验和教学实践进行了高度的理论总结。

古希腊哲学家苏格拉底和柏拉图在《美诺篇》中也提出了“知识即道德”的教学思想，这种思想认为教学的目的是形成人的道德，教人道德与教人智慧是同一过程。他们把真与善完全统一起来，认为真正的知识必然与至高的道德范畴是完全一致的。他们把世界分为理念世界与现象世界，认为绝对的、普遍的善（即善的概念）的知识，才是美德。苏格拉底还提出著名的产婆术，认为教育者要做新思想的产婆。

近现代以来，随着行为科学和心理科学的不断发展，教学理论也获得了长足的进步。20世纪初，美国心理学家华生研究行为科学，提出刺激反应理论，把刺激-反应(S-R)作为行为的基本单位，认为教学的作用在于强化它们之间的联结。但是华生基于动物试验提出的刺激-反应理论遭到众多的批评，认知心理学家认为刺激-反应理论忽视了人的主观能动性，纵然环境给予个体刺激，但这些刺激要通过个体的关注或者加工才能发挥作用。他们提出学习者有其内部心理结构，教学要促进学习者心理结构的形成或者改变。他们强调学生的知识学习要掌握学科的知识结构，而知识结构则主要是由基本概念和基本原理构成的。美国教育心理学家布鲁纳和奥苏伯尔等人提出了认知教学理论，其中布鲁纳的认知结构理论较为广泛地被人们接受并应用。

除了以上学者所提出的教学理论外，比较有影响的教学理论还有德国教育学家赫尔巴特提出的教学形式阶段理论、美国教育学家杜威的儿童社会活动中心理论、苏联教育学家赞可夫提出的发展教学理论、德国学者瓦根舍的因范例主义教学论、美国兴起的人本主义和建构主义教学理论，以及以皮纳和小多尔为代表的后现代主义教学理论。

其中，20世纪后半叶，人本主义作为心理学的第三势力崛起，特别强调教学中人的存在的价值及意义。人本主义认为，教学就在于为学习者提供机会找到自己独特的品质和潜能，真正使学生成为一个全面发展的人。美国人本主义心理学家罗杰斯在此基础上提出非指导性教学，即教学活动应把学生放在居中的位置，教师的角色要不断变化。要把学生的“自我”看作教学的根本要求，在课堂中创设一种自由自主的学习气氛；要围绕着发展个人的和小组的目标而进行教学。

众多的教学理论在现代学校的教育教学工作中都在不断得到应用，人们在应用这些理论的同时，也不断进行新的探索并丰富这些理论，从而使这些理论不断走向新的发展。

二、新时代本科教育教学改革的新使命

1. 立德树人，为党育人、为国育才

如前所述，在2020年以前，本科教育一直在我国高等教育结构中处于主体地位，招生规模和受教育人数一直占最大比例。本科教育在大学教育中处于重要地位，是高等教育的立命之本、发展之本。本科教育也是青年学生成长成才的关键阶段，是国际与国内高等教育改革的热点。2018年6月21日，教育部专门召开了新时代全国高等学校本科教育工作会议，会议要求学习贯彻习近平新时代中国特色社会主义思想和党的十九大精神，推进“以本为本”“四

个回归”，建设高水平的本科教育，培养堪当民族复兴大任的时代新人。前教育部部长陈宝生指出本科教育的逻辑体系为：培养德智体美全面发展的社会主义建设者和接班人是根本任务；立德树人的成效是检验学校一切工作的根本标准，师德师风是评价教师队伍建设的第一标准；坚持办学正确政治方向，建设高素质教师队伍，形成高水平人才培养体系是三项基础工作；并对青年学生明确提出“四点希望”，希望学生成为承担民族复兴大任的人才。

新时代全国高校本科教育会议后，教育部还出台了系列教育改革举措，如“新时代高教四十条”“六卓越一拔尖”计划2.0、一流专业建设等，为提高本科人才培养质量做了充分的顶层设计和持续深入探索，为党育人、为国育才有了明确的本科教育路径和制度保障。

2. 协同育人，打造德智体美劳全面发展的人才

加快建设高水平本科教育，培养大批有理想、有本领、有担当的高素质专门人才，必须坚持协同育人。首先，扎根中国大地办大学，本科教育一方面要坚持国家教育方针政策，另一方面要坚持服务国家战略，要面向国民经济主战场，面向行业和区域发展，要完善招生—培养—就业—用户反馈的人才培养闭环，要对接用户需求协同校内外人才培养，优化大学专业布局，实现专业布局的优化。以“新工科、新农科、新医科、新文科”建设为引领，调整优化专业布局，促进人才培养与新兴产业培育、传统产业改造的紧密对接及深度融合；大力发展对应新兴产业的跨学科专业，加强对传统优势工科专业的改造升级，培养适应国家经济政治发展需要的高素质人才。其次，本科教育还必须扎根国内、面向国外，协同国内外两个人才培养的路径。《国家中长期教育改革和发展规划纲要(2010—2020年)》明确指出，要“促进我国教育改革发展，提升我国教育的国际地位、影响力和竞争力。适应国家经济社会对外开放的要求，培养大批具有国际视野、通晓国际规则、能够参与国际事务和国际竞争的国际化人才”。在本科教育教学改革中，要积极引入国外先进的办学理念、管理模式和优质教学资源；在国际化人才培养中，既要鼓励大批学生去国外教育先进国家深造，又要更多地吸引境外学生来我国大学学习；要建立一整套既适应教育国际化发展，又符合我国社会发展需要的科学的人才培养方案，从而形成教育国际化和国际教育本土化相互支撑的本科人才开放式培养体系。最后，“科教融合、学科融合”协同育人需大力推进，强化科研育人功能，充分发挥科研平台育人功能，推动学院引导学生早进课题、早进实验室、早进团队，激发学生的学术志趣；打破学科专业壁垒，推进多学科交叉、渗透和融合，通过多门学科资源整合，全面培养和训练学生的跨学科思维能力和综合素养。

3. 一流本科，积极推进“双一流”建设战略

2015年10月，国务院印发《统筹推进世界一流大学和一流学科建设总体方案》(〔2015〕64号)(以下简称《总体方案》)，要求按照“四个全面”战略布局和党中央、国务院决策部署，坚持以中国特色、世界一流为核心，以立德树人为根本，以支撑创新驱动发展战略、服务经济社会发展为导向，坚持“以一流为目标、以学科为基础、以绩效为杠杆、以改革为动力”的基本原则，加快建成一批世界一流大学和一流学科。《总体方案》明确要“坚持立德树人，突出人才培养的核心地位，着力培养具有历史使命感和社会责任心，富有创新精神和实践能力的各类创新型、应用型、复合型优秀人才”。一流本科教育是“双一流”建设的首要任务和重要基础，高教大计，本科为本；本科不牢，地动山摇。“双一流”大学建设必须聚焦人才培养，首先，在教学中“守好一段渠”“种好责任田”，使得“课课有思政，人人讲育人”。其次，作为提升高等教育质量的基础工程，大学要大力推进通专融合，为学生成长成才创造更为宽广的空间；突出创新意识和能力的培养，将创新创业教育融入各专业人才培养；要根据办学传统、学科专业特色等，服务地方经济。最后，坚持使本科教育成为高等教育加速发展的重要载体。“持续推进现代信息技术与教育教学深度融合，是抢抓新一轮世界科技革命和产业变革机遇的‘先手棋’，是实现高等教育发展由‘跟跑’‘并跑’到‘领跑’的‘加速器’。”[4]

第二节 国内外高校本科教育教学改革

自中世纪大学出现以来，大学的角色与功能发生了诸多变化，因而大学的本科教育教学改革也呈现新特征。以下主要介绍20世纪以来欧洲与美国及中国大学本科教育教学改革的情况。

一、欧洲博洛尼亚进程与大学本科教育教学改革

1.《博洛尼亚宣言》推进欧洲高等教育改革进程

1999年6月，欧洲29个国家负责高等教育的部长在意大利最古老的大学——博洛尼亚大学，签署了《博洛尼亚宣言》，目标是：消除欧洲国家之间学生流动的障碍；提高欧洲高等教育在全世界范围内的吸引力；确定欧洲范围内高等教育系统的共同框架，并在这个框架之内建立本科和研究生两个阶段的高等教育机构。主要内容包括：建立欧洲统一的学位体系，其中，将本科教育从研究生教育中独立出来，形成学士、硕士和博士三阶段学位体系；建立欧洲学分转移和累积系统（European Credit Transfer System，ECTS），一个学分统一为25～30小时的学习时间，并明确了其中的上课时间、课外作业和社会实践时间，以及老师辅导时间与考试时间。欧盟各公立大学的学生和教师都可以到其他欧盟大学学习或任教，促进学术人员的流动，促进欧洲范围内签约国的高等教育机构之间的合作。另外，建立了统一的欧洲高等教育质量体系，形成了大学教育质量可比较的高等教育质量保障体系。

2.《博洛尼亚宣言》引发本科教育巨大变化

1）本科教育地位确立

在博洛尼亚进程改革之前，欧洲国家学制和学位制度并不统一。在强调“欧洲维度的教育”后，一些国家的学制和学位体系发生深刻变化，最突出的特点便是本科教育地位的确立。以德国为例，它一直采用的学位制度是硕士和博士两级学位制度。第一级学位有理工硕士、文学硕士。按照教学计划及相关要求，一般4年完成学业，但因课业难度较大，拿到学位有时需要5年以上的时间。此外，德国实施二级学位体系，与其他国家实施的“学士-硕士-博士”三级学位体系难以兼容，导致其毕业学生的成绩和学位很难被其他国家认同。博洛尼亚进程启动后，德国的大学进行了相应的学位制度改革，在2012年左右80%以上的大学实行了国际上通用的“学士-硕士-博士”三级学位，本科教育从两级学位体系中获得了独立地位；在修业

年限上，德国的大学也作出相应变革，实行“3-5-8”的模式。此外，德国的大学在引入新的学习制度之后，降低了学生的学习压力，减轻了学生学习负担过重的问题。又如，意大利于1999年开始对高等教育系统进行彻底而深入的改革，改革采取“重组学位课程、建立‘3+2’两级学位体系”[5]等措施，增强了意大利高等教育系统的吸引力和竞争力。

2)促进本科生的开放与流动

由于欧洲学分转移和累积系统的研发和实施，欧洲国家之间学生的跨国学习和跨国交流成为一个越来越普遍的现象。

欧洲学分转移和累积系统主要包含了以下3点：学习协议、信息平台和成绩评估。引入ECTS以后，欧洲国家的大学生不仅可以在国内获得学分，在国外可以获得同样的学分。学生选择大学的余地和空间更大，可以选择教育质量更好的大学进行学习。

当然，欧洲学分转移和累积系统的实施需要花费大量的人力与物力，如转换学分、学分认证、对流动学生的资助等都无疑给高校的管理工作带来较大的工作量和经济压力，因而在一些国家中，学分转换系统并未能在大学中得到彻底使用。但是，著名的“苏格拉底计划”(SOCRATES)及其子计划的实施相对比较成功，计划帮助欧洲接受本科教育的学生前往其他欧盟国家学习3～12个月，学成回国后其学习成绩根据欧洲学分体系得到承认。这两个计划所依托的实施平台就是欧洲学分转移和累积系统。

3)促进本科教育的国际合作

《博洛尼亚宣言》在欧盟范围内极大地推进了大学之间本科教育的国际合作，具体表现在合作办学、共同颁发文凭等方面。欧盟各公立大学的学生和教师都可以到其他欧盟大学学习或任教，所以这类学习或任教都能得到学生和教师所在大学的认可。教师培训则包括教师交流、联合备课、强化集训计划、专题联网等。

2001年5月，欧洲29国高等教育部长会议在捷克举行，会议要求各国大学联合提供能够授予相互认可学位的高等教育课程。2002年10月发布《苏格拉底—伊拉斯谟(大)学生宪章》，明确规定了流动的大学生的权利与义务。2019年11月，在首届“欧洲大学”会议上，17所欧洲的大学代表围绕加快欧洲高等教育机构合作转型以确保高等教育质量、包容性和国际竞争力等话题展开讨论。在以上形成的政策框架中，本科教育的国际合作不断加强、深入。

4)推动了高等教育质量保障体系的建立

2003年9月，在德国柏林召开的柏林会议上，各国高等教育部部长强调要进一步提高欧洲高等教育的可比较与相容性。2005年，欧洲高等教育质量保证协会(ENQA)与欧洲学生联盟(ESU)、欧洲高等教育机构协会(EURASHE)和欧洲大学协会(EUA)通力合作，制定了《欧洲高等教育区质量保障标准与指南》，通过这个指南，欧洲力图建立通用的质量评估标准和相应的质量保障机构[6]。2015年，这一质量保障标准与指南又进行了细化，强调“以学生为中心”的理念，强调各质量评估机构工作的独立、专业和完整，并要求提升各评估机构的工作水平。质量保障标准主要包括欧洲高校内部质量保障标准、欧洲高等教育外部质量保障标准和欧洲高等教育质量保障机构本身评估的标准。统一的高等教育质量保障体系的建立，能够促进高等教育质量较低的大学进行改进，提高其教育质量。

二、以美国为主的研究型本科教育教学改革

1. 美国研究型大学本科教育教学改革的背景

自20世纪以来，美国相关研究机构对什么样的大学是研究型大学、研究型大学发展中存在的问题进行了认真探索。20世纪80年代以来，美国研究型大学中本科教育质量也成为公众的重要关注点，其中卡内基教学促进基金会的研究引发广泛讨论。1987年卡内基教学促进基金会主席博耶撰写了《学院：美国本科生的就读经验》，1998年4月，卡内基教学促进基金会又发表了题为《重建本科教育：美国研究型大学发展蓝图》（也被称作《博耶报告》）的报告，这些研究报告详尽地分析了美国研究型大学中存在的矛盾及问题，特别是认为研究型大学中的本科教育质量不能令人满意，与研究型大学的发展地位不太相称。

1）美国社会对于高等教育改革的迫切期待

20世纪六七十年代以来，美国社会面临一系列的危机与挑战，其中包括经济危机的爆发、日本和德国等国家科技的崛起、国际贸易逆差的扩大等。这些给美国社会带来巨大冲击，并让美国政府及民众都在思考用什么样的路径破解困境，积极寻找对策。在此背景下，美国政府和社会各界都把高等教育作为解决这一系列问题的根本途径，寄希望于通过高等教育改革，培养高素质的人才，满足社会经济政治发展的需要。

2）研究型大学重科研轻教学倾向亟待扭转

1900年，美国包括哈佛大学、耶鲁大学等在内的12所高水平大学在芝加哥召开会议，成立了美国大学协会（AAU）。这些大学都拥有雄厚的师资力量、高水平的科研和学术水平、藏书丰富的图书馆等。后来，进入协会的大学不断增加。协会虽然是一个独立的非官方组织，但它对大学进行严格的学术水平划分，极大地影响了美国研究型大学的学术发展。自协会成立并不断发展后，美国的大学特别是研究型大学的科研工作得到了前所未有的加强，研究生教育也成为大学工作的重点，在此情况下，大学的人财物等资源向科研倾斜，甚至挤占了本科教育的经费，重科研轻本科教学的倾向逐渐严重，并引发民众的广泛质疑；同时，随着高等教育的大众化，高等教育质量有一定程度的下降，高校发展同质化趋势也比较明显。因此，增强本科教育的活力与创新性，对本科教育进行改革的呼声也日益高涨。

3）研究型大学教师教学投入不足

在大学强烈重视科研的情况下，大学教师对科研的追逐也越演越烈，科研方向和领域也比较狭窄。“publish or perish”成为大学教师职业发展的准则。教师的晋升、薪酬、学术职业的流动等都与科研产出形成了正比关系。为了个人学术职业的发展，研究型大学的教师逐渐将本科教育教学放在次要的地位，将个人的主要时间和精力放在科研和研究生教育工作中。而且随着大学压缩本科教育的成本，越来越多的大学本科课堂采用大班授课的方式，因而授课教师难以有效掌握学生的学习情况，也难以进行有针对性的个性化教学；自大学选课制实施以来，学生选修课程也出现了一些混乱的情况，如学生偏向于选择较容易、较为初级的课程，教师在指导和管理本科生学习方面也存在缺位，从而研究型大学的本科教学质量问题日趋严重。

2. 本科教育教学改革

1)《博耶报告》与美国研究型大学的本科教育教学改革

针对美国研究型大学本科教育教学中出现的问题，1998 年卡内基教学促进基金会发布的《博耶报告》提出了基于研究的学习等 10 项改进本科教育教学的建议。《博耶报告》发表 3 年后，2001 年 5 月，该基金会发表了《重建本科教育——博耶报告三年回顾》，再次提出：确立以研究为基础的学习(包括本科生和研究生一起探讨与学习，培养研究生为学徒教师)、新生研讨课(通过小群体开展交流学习，同时通过补习加强正式课程)、交流技能与课程学习相结合(以新形式进行新生写作课教学)、以顶峰体验课程结束本科学习(高年级课程要对之前的学习进行总结与提高)、改革教师奖励制度(鼓励教学与科研的结合、对成功进行课堂教学的教师进行奖励)。《博耶报告》反映了美国本科教育改革的整体特点，表明美国研究型大学逐步重视本科教育的基础性地位，重视教学与科研工作的结合，积极改善教师在教学中的地位。《博耶报告》发表后，美国著名的研究型大学纷纷进行改革，大学教学的支持政策与支持环境得到了明显改善，而且《博耶报告》关于本科教育改革的思想与改革举措逐步影响了其他国家和地区的大学本科教育。除了推进研究型大学本科教育改革外，《博耶报告》还提出了“教学学术”的概念，认为学术除了指专业的科学研究之外，还应该包括探究、整合、应用知识与传播知识的学术，可以将传播知识的学术称为教学的学术[7]。

2)各个高校的改革

在本科教育风起云涌的时候，一些国外研究型大学提出了一系列改革举措(表 4.1)。

表 4.1　国外高校人才培养改革举措一览表

学校	培养目标	课程设置	教学制度	教学方式
哈佛大学	培养有教养的人	涵盖七大学科的主要核心课程＋自由选修课＋专业课程	学分制、导师制	演讲、讨论、实验、案例研究、模拟法庭
普林斯顿大学	培养全方位的人	学科交叉 通识课＋选修课＋专业核心课	学分制、导师制	演讲、导修、讨论、实验
牛津大学	培养未来社会各界精英与良好公民	基础课程＋核心课程＋专业课程	导师制＋讲授制＋学分制	一对一讲授、研讨、实验
剑桥大学	培养个性全面和谐发展的人	模块化、不设具体书目	导师制	一对一讲授、研讨、实验
东京大学	具有国际性和开拓者精神的各领域领军人才	通识课程＋本科课程＋选修课	学分制、导师制	讲义、演习、研究讨论课

如表4.1所示，通过对国外一流大学的人才培养目标、人才培养方案和人才培养路径作归纳，可以看出，国外研究型大学本科人才培养改革有如下共性特点。

(1)培养目标以培养全面发展的人为主：从上面的概括中我们不难发现，国外高校多从学生出发，致力于培养学生全面发展。培养有教养的人、培养全方位的人、培养未来社会各界精英与良好公民、培养个性全面和谐发展的人，都是以培养全面发展的人为目标。培养目标决定了将以何种体系去培养学生，如何构建培养体系、专业设置、课程设置，使用何种教学方法、教学管理制度等。

(2)注重通识教育课程设置：国外高校在课程设置上多注重学科交叉，同时加强对通识课的教育也是一个趋势。随着创新人才的提出，国外高校开始注重在课程设置上促进学科交叉，具体表现在国外高校减少专业必修课，增加专业选修课和自由选修课等，进一步优化课程结构，满足学生的学习需要。

(3)教学方式以探究式学习为主：国外高校重视和采用探究式教学来培养学生创新能力，具体来说上述概括到的5个具有代表性的高校都有进行小班教学、小型研讨班，围绕老师给定的主题查阅相关资料，听导师的辅导课，将学生分为小组，每组开展学习合作。这锻炼学生查阅文献的能力，也培养了学生合作的能力。

(4)注重学分制与导师制的实行：国外具代表性的高校多采用导师制与完全学分制，目前发源于英国牛津大学的导师制在国外高校中已非常普遍，主要表现在导师全程参与到本科阶段学生创新能力的培养，实行完全学分制，即学生在规定时间内完成相应的学分，而非根据相应的学年来进行学分的修习。

三、我国大学本科教育教学改革

改革开放以来，我国高等教育改革已经经历了40多年的发展历程，在这一进程中，高等教育取得了斐然的办学成就，本科教育改革也深入发展。

1)恢复发展时期(1978—1985年)

1978年是改革开放的开始之年。十一届三中全会作出了把党和国家的工作重点转移到社会主义建设上的战略决策，确立了以经济建设为中心的基本国策。同年4月，邓小平同志在全国教育工作会议上提出了“三个面向”“科教兴国”和“人才强国”等战略思想，为高等教育改革规划了行动纲领。国家于1983年还专门发布了《关于加速发展高等教育的报告》。随后高等教育迅猛发展，全国高等教育院校总数从1978年的598所急增到1985年的1016所，国家对高等教育的投入加大，高等教育的制度与各类标准、规范也不断建立。这一时期的本科教育也不断通过新增全日制本科院校、广播电视大学、函授大学、夜大学等形式扩大招生规模，并新增国家经济社会发展急需的专业。国家还努力增加了世界银行贷款中大学建设的贷款额，在扩大专业规模和招生规模的同时积极改善办学条件。

2)积极探索期(1986—1998年)

1985年国家颁布《中共中央关于教育体制改革的决定》(以下简称《决定》)，明确规定高等教育的任务为培养高级专门人才和发展科学技术文化。除此之外，《决定》还强调改革教学内容、教学方法、教学制度等，要求向先进国家高等教育学习。对于本科教育而言，《决定》明确指出不少课程内容陈旧，教学方法死板，实践环节不被重视，专业设置过于狭窄，不同程度地脱离了经济和社会发展的需要，落后于当代科学文化的发展。要改革高等学校的招生计划和毕业生分配制度，扩大高等学校办学自主权，高校有权调整专业的服务方向，制订教学计划和教学大纲，编写和选用教材；有权接受委托或与外单位合作，进行科学研究和技术开发，建立教学、科研、生产联合体；要针对现存的弊端，积极进行教学改革的各种试验，例如改变专业过于狭窄的状况，精简和更新教学内容，增加实践环节，减少必修课，增加选修课，实行学分制和双学位制，增加自学时间和课外学习活动，有指导地开展勤工助学活动等。

在《决定》的指导下，教育部专门组织力量对全国本科专业目录中存在的问题进行研究和讨论，在此基础上形成了《普通高等学校社会科学本科专业目录》(1987 版)。这一版的专业目录与原有专业目录相比，较好地扩展了学生知识面和对就业单位的适应性。1995 年 7 月国务院转发《关于深化高等教育体制改革的若干意见》，积极创造条件，促进部分学科互补或对一些规模较小、科类单一、设置重复的学校进行合并。合并学校的目的在于优化某一地区或全国高等教育的结构和布局，合理使用有限的教育资源与经费，提高教育质量和办学效益。1994 年开始实施“高等教育面向 21 世纪教学内容和课程体系改革计划”。这一时期，文化素质教育思想、人文教育思想、通识教育思想深刻地影响了大学本科教育，大学本科教育从培养较窄专业口径人才到基础宽厚、适应面广的复合型人才，从狭隘的专业教育到知识、能力、素质协调发展的素质教育，本科教育的社会适应性在不断地增加。

3)深入改革期(1999—2009 年)

1998 年《面向 21 世纪教育振兴行动计划》颁发，提出实施“跨世纪素质教育工程”，提高国民素质；实施“高层次创造性人才工程”，加强高等学校科研工作，积极参与国家创新体系建设。次年 1 月，启动“985 工程”；6 月，发布《关于深化教育改革全面推进素质教育的决定》，明确了高校扩招的决定，高等教育的规模开始扩张。2001 年，教育部发布《关于“十五”期间普通高等教育教材建设与改革的意见》，强调教材在教学改革和人才培养中的重要地位。2007 年初，教育部、财政部关于实施“高等学校本科教学质量与教学改革工程”，开始推进高等教育质量建设。同年 2 月，教育部颁布《关于进一步深化本科教学改革全面提高教学质量的若干意见》，要求正确处理规模、结构、质量和效益之间的关系，树立科学的质量观，促进学生德智体美全面发展。

这一时期，我国高等教育由“精英教育”迈入“大众化”教育阶段，本科教育的扩张在这一时期表现得尤其明显。1999 年全国普通高校本科毕业(结业)440 935 人，2009 年达到 2 455 359人。在本科教育规模扩张的同时，国家牢牢把住质量关，本科教育的规模、结构、质量、效益协调发展。

4)质量提升期(2010 年至今)

2010 年 7 月颁布的《国家中长期教育改革与发展规划纲要(2010—2020 年)》，确定了高等教育改革的指导思想、战略目标、总体任务和重大政策措施，对高等教育的规模、结构、质量等提出了具体要求。2015 年 8 月《统筹推进世界一流大学和一流学科建设总体方案》明确了建设世界一流大学的目标和实施路径，明确了一流的大学应有一流的本科。2018 年 6 月 21 日，改革开放以来第一次全国本科教育大会在成都举行。会议以坚持“以本为本”、推进“四个回归”、加快建设一流本科教育、全面提高人才培养能力为主题，高扬人才培养主旋律，把本科教育放在前所未有的战略高度，吹响了建设中国特色世界一流本科教育的集结号。同年 10

月，全国教育大会召开，习近平总书记发表重要讲话，围绕落实立德树人根本任务，进一步加强了党对高等教育工作的领导，全面加强了高校党建、思想政治教育、意识形态领导等方面的工作，使高等教育坚持了社会主义办学方向。

这一时期，本科教育得到了进一步重视，振兴本科不再是口号，已经成为一种高等教育改革方向。教育部实施课程思政方案，推进本科“双万计划”、创新创业教育，建设“珠峰”和“高地”，推动课堂革命。各高校积极推进本科教学改革，坚持立德树人根本任务，真正地让学生忙了起来，让教学活了起来，让管理严了起来。

第三节　高校本科教学管理实践

一、教学管理

什么是教学管理？早于1998年，教育部就印发了《高等学校教学管理要点》，对教学工作的地位，教学管理的内容、任务、方法、支持保障、制度改革等诸多方面进行了阐述与要求，并提出教学管理与教育研究要紧密结合教学改革的实际。自20世纪末期以来，国内诸多学者对教学管理进行了深入研究。

卢鸿德在《高等学校教学管理理论与实务》中提出，教学管理是学校管理者遵循管理规律和教学规律，科学地组织、协调和使用教学系统内部的人力、物力、财力、时间、信息等因素，确保教学工作有序、高效运转的决策和实施[8]。卢鸿德特别强调教学管理的组织与协调作用。范国睿也持相同观点，他在《学校管理的理论与实务》中明确指出，教学管理是学校领导者和教学管理人员根据教育方针、教学计划、教学大纲的要求和学校教育教学规律，为完成教学任务、提高教学质量，运用现代管理的理论、方法和原则，通过计划、组织、指挥、协调、评价、反馈等一系列管理手段，科学地组织、协调和使用学校教学系统中的人力、物力、财力、时间、信息等因素，以推动学校教学工作有序、高效地运行，达成教学目标的过程[9]。

刘茗则认为，教学管理是学校管理者根据教学方针、教学计划、教学大纲的要求，根据教学工作的规律，运用现代科学管理的理论、方法和原则，通过计划、组织、检查、总结等管理环节，对教学的各个方面、各个要素、各个环节进行合理组合，推动教学工作正常、高效地运转[10]。他强调教学管理是对教学要素和环节等进行合理组织。

还有学者从教学管理实现教学目标、发挥功能任务等方面进行了解释。从目前的相关研究来看，教学管理有两个层面的解释，微观层的解释认为教学管理是学校内部的管理；宏观层面的教学管理是指教育行政机关等管理部门对各级各类学校及其他教育机构教学的指导、组织、管理。本章所指的教学管理主要是指本科教学管理，即为实现本科人才培养目标，高校通过制度、举措和方法等维持好的教学秩序，推进高质量的教学的组织活动。

二、本科教学管理的基本内容

教育部《高等学校教学管理要点》(1998年33号文)指出，高校工作的重心之一就是搞好教学，而教学管理又是搞好高校教学工作的重要基础性内容。教学管理的任务有很多项，主要任务就是紧紧围绕本科人才培养目标，以立德树人为根本，通过专业培养方案和教学制度的制订与实施，实现高校人才培养目标，达到培养德智体美劳全面发展的社会主义建设者和接班人的预期教育目的。教学管理的基本内容如下。

（1）人才培养方案与教学计划管理。高校的本科教学管理工作要积极研判国内外高等教育发展形势，分析国家战略发展对于人才培养的要求，分析社会各行各业对于人才的需求，在此基础上，引导和要求全校各专业制订本科人才培养方案及教学计划，并通过科学合理的方式实施，保证学校人才培养工作有计划、有步骤、有条不紊地运转。

（2）创新现代化的教学管理制度。探索建立现代教学管理制度是教学管理工作的核心，教学管理就是要在“适应学生个性发展需要及促进教学质量提高”的理念下，不断改革管、卡、压的教学思想、管理思想与培养模式，要“以学生为中心”，通过制度建设“把选择权还给学生”，把“学习的主动权交给学生”。

（3）组织开展教学研究活动。高校教学管理部门要主动适应时代发展对人才培养的需求，通过专业建设与改革，不断探索多样化的本科人才培养模式。同时以教改立项等多种途径鼓励教师开展教学内容与教学方法的改革，及时将科研最新成果引入教学内容，注重培养学生自学能力和综合运用能力，引导学生主动、有效学习。

（4）建立和健全学校教学管理运行机制。明确职责范围，发挥管理机构及校院两级教学管理人员的作用，保持有效、高水平的教学管理运行机制。通过教务管理系统和校园网，使教学管理人员、教师和学生能有效地实现教学信息资源共享与数据的集成，所有教学管理人员能自如完成大量的日常教学管理工作，教师更好地了解自己所承担的教学任务并处理相关事务，学生也获得了更多的信息和自主学习的空间。

（5）加强教师的教学质量和学生的学习质量管理。一所高校教学质量自我约束和自我完善机制完善程度的标志是教学质量监控体系的建立。其中重要手段就是要从严治教，根据新时代人才培养的要求和规律，不断完善校、院、系三级，校领导、职能部门、院（系）领导、教师、学生共同参与的教学质量监控体系，使之形成教学质量监控的网络，全方位监督、全过程监控。加强教学质量监控的组织机构建设。

（6）加强教学基本建设。注重教学条件的支撑作用，多渠道筹措资金投入到教学中，逐年增加教学经费，进行教学仪器设备添置、更新及实验室环境改造，及时更新教学设施，建设实验实习基地，加强教学硬件建设。同时，一流本科建设还需要在专业建设、课程建设、教材建设、学风建设等方面下功夫，注重资源的合理配置，提高设施与条件的利用率。

（7）加强教务行政管理队伍建设工作。教学管理人员在有效地配置教育资源，组织、管理领导工作方面，与教师共同担负着教育教学与人才培养的重要使命。教学管理需要改革进取、团结奋斗的高素质教学管理队伍。教学管理人员需要不断学习、培训，提升综合素质，以“奉献”“育人”为宗旨，把投身教学管理工作、搞好教学管理，耐心细致地为广大教师和学生服务作为自己的职责和使命。

作为高校整个管理系统中的重要组成部分，本科教学管理覆盖面大，影响范围广，涉及层面深。这就要求教学管理要宽严相济，在严格制度的基础上给予教师与学生搞好教与学的权利，保证教学工作顺利、稳定地运行。

三、教学管理的基本模式

1. 国外高校教学管理基本模式

在众多教学管理模式中比较有代表性的是欧美模式和苏联模式。欧美国家如英国，英国高校教学管理有自己特定的历史和运作方式。英国高校教学管理长期采用学系制或教研室制，由系主任或者教研组组长实施教学管理。21 世纪以来，英国高校教学管理逐渐演变为以学院为管理主体的二级运营模式，学院自行负责本院的教学、科研与经费等，但由教学管理部门负责各项教学与学习事项，它贯穿在校长、主任、组长、教师、学生这样的管理和被管理中。苏联采用的则是在校长领导下的科层制教学管理模式，由学校的专门管理部门制订计划，然后层层下达任务，最后由个体来落实。它强调的是计划性和规范性，但在一定程度上也缺乏灵活性与个性。

如果细化教学管理模式，还可以有不同的模式划分。按理论基础分，教学管理模式可划分为经验型、行政型(脱胎于公共事务管理)、科学型(以科学管理理论为基础，如西蒙的决策理论等)；按不同国家实施教学管理的情况来分，可以分为科层型(德国)、学术部落型(英国)、市场型(美国)；以教学管理实施状况或者制度来分，可以分为学年制、学分制、学年学分制；按照高等教育发展阶段和大学功能的递增分，又可以分为中世纪大学的教学管理模式、近代大学的以柏林大学“讲座制”为代表的教学管理模式和进入 20 世纪之后以美国的大学为代表的自由选择式管理模式。

2. 我国高校教学管理基本模式

教学管理模式是与一个国家的政治体制相关联的，长期以来我国的教学模式受苏联的影响较大。但是改革开放以来，在向苏联和西方学习的基础上，我国由高等教育大国不断走向高等教育强国，教学管理的体制和模式也不断变革，形成了我国高校比较独特的行政管理与学术管理并行的“二元制”教学管理模式。

在我国高校，校长和分管教学工作副校长全面领导教育教学改革和教学教务管理工作，教务处(部)或者本科生院是教学管理职能部门和决策执行机构，担负着教学管理的组织、协调、监控等任务，主要行使行政权力；二级学院是教学和教学管理的实体，具体实施教学管理；教研室(系)为教学基层组织，属于教学管理的执行层。一般分管教学工作的副校长是全权负责本科教学管理的责任人，教务处(部)或者本科生院作为职能部门在分管教学工作的副校长领导下对全校各学院的本科教学工作进行指导、协调与管理。主管教学工作的副校长在管理全校本科教学工作的同时需要服从高校党委和行政的领导。同时，本科教学工作指导委员会(简称“教指委”)主任一般由高校学术委员会的副主任担任，教指委主任及其成员对本科教学的学术工作负责，并在教务处(部)或者本科生院的协助下，对本科教学开展一系列的研究、咨询、指导、评价与评议等工作。教指委主任既向分管教学工作的副校长汇报工作，也向校学术委员会主任汇报工作。

学术管理与行政管理的有机结合，相互支持与相互配合，较好地构建了我国高校本科教学管理的现代化制度。

四、教学管理的组织结构

1. 行政管理组织结构

当前,我国高校教学行政管理组织结构一般如下。

1)校务会、校长及副校长——学校层面的教学管理

校务会一般是指大学的校务委员会会议。会议由校长主持,学校各部门负责人与相关校内单位人员参加的例行工作会议,它主要对学校的发展建设、中心任务及其他重要行政工作作出决策。在校务会层面,学校要讨论决定有关本科教学及教学管理的指导思想、中长期规划、重大改革举措等。通过集体决策、按分工和职责组织实施,校长及副校长行使本科教学管理的决策权。2018 年新时代全国高等学校本科教育工作会议召开后,校长作为第一负责人紧抓本科教学质量建设,定期召开全校性教育教学工作会议,并在校务会上设立本科教学与教学管理讨论专题。

2)校级教学管理职能部门——本科生院或者教务处(部)

教务处(部)作为学校专门的教学管理的职能部门,对全校的教学工作起着计划、组织、协调、监控等作用。在学校领导下,主要从事本科专业设置与建设,全校专业人才培养方案及教学计划制订,组织全校的教学改革,对全校教学工作进行规划、组织、协调与督导,进行教学制度建设、教学管理队伍建设、教学质量建设等。近年来,随着本科教育教学工作的推进与发展,从各校实际情况来看,设立本科生院已经成为一种趋势,工作内容涵盖规划、招生、培养、教改、教务、实验管理等各方面,本科教学管理任务重且业务范围广。

3)学院教学管理机构

学院是人才培养的主体。高校二级学院除了院长对本院的行政和业务工作统一把关外,学院书记需要对教学管理的相关工作进行政治把关。学院一般设立教学副院长,是学院教学与教学管理工作的直接责任人,具体负责落实专业建设、设置课程、制订教学大纲、编写和选用教材、分配教学任务和组织专业教学内容、方法改革等工作任务。多数学院教学管理工作者都是学者,在从事本科教学管理的同时承担教学与科研工作。同时,根据学院学生数量,一般学院还设置有 1~2 名教学秘书,具体负责学院本科教学管理运行。

4)教研室(系)

教研室(系)是由同一学科专业或几个相近学科专业的教师组织在一起,对本教研室(系)教学各环节进行计划、组织和管理,开展教学研究与改革的基层组织。学校和学院的各项教学任务与教学管理工作都要通过教研室(系)完成,并通过教研室(系)落实到每一位教师身上。因此,教研室(系)是学校教学管理的基础。

除了教研室(系)外,基层教学组织还包括研究所、课程组、教学团队、实验中心、实训中心、工作坊等,是直接承担教学计划、实施教学改革以及开展教研活动的教学管理组织。目前,基层教学人员急需“教育学”“心理学”“教育管理学”等方面的理论知识和管理技术的系统学习。

2. 学术管理组织结构

我国高校普遍存在的教学学术管理组织结构一般如下。

（1）教学工作指导委员会主任及教学工作指导委员会（以下简称教指委）。高校在校学术委员会中一般下设教学工作指导委员会这一专门委员会，委员会主任一般由学术委员会中教学学术水平高的副主任委员担任，成员由富有教学经验和较高学术水平的教授担任，每届任期3～4年。教指委主任对教指委的工作负有主要责任，教指委是在校学术委员会主任和教指委主任领导下，根据学校学术委员会章程中的规定，对学校人才培养和教学改革工作负有指导、咨询、规划和审议等职责。

（2）教学督导组。教学督导组一般由教学经验丰富的在职老教师和刚退休的教授组成。配合教务处（部）或本科生院有组织地开展本科教学的检查、评价、调研、指导等工作。教学督导员一般每两年聘任一次，要求热爱教育事业，熟悉党和国家的教育方针、政策、法规以及学校的有关规章制度，关心学校事业发展。督导组要进行学期总结和年度总结，对提高本科教学质量提出改进意见，接受校学术委员会和校教务处（部）或本科生院等部门的双重领导，不仅是教学质量监控体系的重要一环，而且在建言献策推进学校的本科教学等方面发挥重要作用。

五、以生为本的本科教学管理改革

1. 当前高校教学管理制度中存在的问题

1）教学管理理念较滞后

理念是行动的先导。当代社会是一个复杂多变的社会，国内外高等教育的发展日新月异，教育对象需求多样化，这些给高校本科教育管理带来高度复杂性和高度不确定性。当下，我国一些高校还被传统教学管理理念所影响，存在以“分数”论成败、用“考试”管学生的普遍做法。教学管理体制与机制相对比较僵化，满足不了学生多样化成长成才的需求。因此，高校本科教学管理急需与时俱进，在调查研究的基础上，提出新理念、开拓新思路、运用新方法，以创新促管理。

2）教学管理弹性不足

当前高校学生教学管理是一种自上而下式的管理模式，强调效率与统一性，同时也带来了管理弹性不足的特征。此外，高校教学管理日趋繁琐细致，对教学管理制度不断地细化和标准化，让教学管理能够落到实处，但标准化、程序化和同质化的基本服务，使得本科教学管理缺少创新性和独特性，不能因材施教，也会限制教师的创新探索和学生个性发展。长此以往，这些制度最后成了教学管理发展的阻碍。

3）教学管理改革的动力不足

高校本科教学管理改革动力不足的现象比较普遍，比如教学管理人员热衷于按旧的传统工作，排斥新事物、新技术、新理念，缺乏与学生的互动和平等交流，忽视学生的合理诉求，奉行“不出事逻辑”。教学管理改革重视对教师的管理、忽视对学生的管理。一些教授从事本科教学，特别是基础课教学的比率偏低；本科教学投入不足；实验室等条件不能满足本科教学需要；教学方法和教学手段与信息化社会不太适应等。

2. 以学习者为中心的教学管理改革

“百年大计，教育为本；教育大计，教师为本”“学校教育，学生为本”。本科教学管理改革就是要树立以生为本的理念。以生为本的教育管理理念要求管理者以学生的全面成长成才为根本目标，把学生看作高校发展之本，认真研究和遵循大学生的成长规律，尤其是学习的特点与规律，以培养和发挥学生学习的积极性、主动性与创造性，加强教学管理制度改革，帮助学生全面提升综合素质。

1）明确以学生为本的教学管理理念

以学生为本的教学管理理念，首先是对学生的关注，既要关注群体也要关注个体；既要关注教育对象的内在发展需求，也要关注社会发展对人才培养的未来需求。要遵循教书育人规律，遵循学生成长规律，以学生为主体，以教师为主导，创新育人模式，培育和践行社会主义核心价值观，不断提高学生的思想水平、政治觉悟、道德品质、文化素养，让学生成为德才兼备、全面发展的人才。可以说，提倡以学生为本的教学管理理念正是贯彻落实以人为本教育思想的生动体现。

2）提升教学学术管理水平

教学管理需进一步提升学术管理水平，以教学学术为引领，提升管理的专业化和现代化水平，激发教师教育教学活力，正视教师教学的多重动机驱动，向积极承担教育改革发展任务、支持教学管理方式改革及为学生综合素质提高付出努力的一线教师、骨干教师和取得突出成绩的教师倾斜。更加注重创建基于问题探讨式学习与师生互动的课堂教学氛围，激发学生本身的创造性能力。在教学管理决策中，在规章制度的基础上，加强师生教与学活动的自我管理，加强教学学术规范的制定与指导，充分发挥教学单位在本科教学与教学管理的主体作用；通过在统一性与多样化、民主与集中、执行的严格与灵活等方面的有效作为，为教师创造有效教学环境，为学生创造更多的学习选择机会和更广阔的发展空间。

3）推进教学管理体系综合改革

以学生为中心推进教学管理改革，就是要以此为抓手进行制度设计和教学体系整体优化。从学生全面发展出发，借鉴其他学校的先进经验，联系本校实际情况，突出特色风格，以打造适合本校发展的教学管理体系。

在教学管理体系改革中，公平公正地对待学生多样化成长成才需要，培养学生不断探索、创新进取的精神和能力，促进学生身心全面发展。一是培养学生成人，使得学生成为有理想、有信念的人，拥有正确的世界观和人生观，养成良好的道德品质；二是成才，即学生要具备专业才能，并具备综合素质，成为对社会有用、为国家繁荣富强努力奋斗的时代新人，能以自己的素质与能力来推动社会发展。

4）拓展教学管理途径与方法

创新改革教学管理方式，就是要改变现有教学管理中学生角色缺失的现象。立足学生成长成才的需要，提出个性化的培养方案，充分听取学生的意见与建议，让学生参与到管理决策和执行过程。同时，教学管理要结合经济社会发展，创新工作方法和方式，让学生对教育信息具有及时、充分、便捷的知情权、选择权和监督权。充分利用现代化信息技术，在信息畅达、制度健全、权责明确的基础上，简化办事手续和流程，实现教学管理工作要求下达、学生事务办理等一站式服务，建立不同维度和空间的学生学习与支持服务体系。充分调动各种教学资源，重视第二课堂对创建和谐的教育环境的重要作用，给学生提供一个和谐的学习氛围。提高学生课堂学习和课外学习的协同性。建立教学管理科学评价机制，多元化、综合化改良评价机制。

课后习题

1. 什么是本科教学？什么是本科教学管理？

2.《博洛尼亚宣言》有什么重要意义？

3. 我国高校本科教学改革有什么特点？

4. 我国高校的教学管理有哪些特点？如何以学生为本加强教学管理改革？

本章主要参考文献

[1]孔颖达. 礼记正义[M]. 上海：上海古籍出版社，2008.

[2]夸美纽斯. 大教学论[M]. 傅任敢，译. 北京：教育科学出版社，1999.

[3]王策三. 教学论稿[M]. 北京：人民教育出版社，2005.

[4]一流本科怎样建成（教育奋进之笔）[EB/OL].（2018-06-28）. https://www.sohu.com/a/238182709_114731.

[5]傅朝晖. 博洛尼亚进程中意大利高等教育质量保障体系改革[J]. 黑龙江高教研究，2008(3)：52-55.

[6]毕家驹. 欧洲高等教育区的学位标准和质量保证准则[J]. 高教发展与评估，2006，，22(5)：53-56+60.

[7]杨超，徐凤. 教学学术视野下的大学教师专业发展及其路径[J]. 现代教育科学，2012(1)：1-4.

[8]卢鸿德. 高等学校教学管理理论与实务[M]. 沈阳：辽宁大学出版社，1991.

[9]范国睿. 学校管理的理论与实务[M]. 上海：华东师范大学出版社，2003.

[10]刘茗. 当代教学管理引论[M]. 北京：教育科学出版社，1997.

延伸阅读

本书编写组. 习近平总书记教育重要论述讲义[M]. 北京：高等教育出版社，2020.

朱庆之. 本科教育改革的新理念及实践[J]. 中国高等教育，2002(5)：17-19.

张济正. 学校管理学[M]. 上海：华东师范大学出版社，1990.

刘海燕，常桐善. 能力、整合、自由：斯坦福大学 21 世纪本科教育改革[J]. 清华大学教育研究，2015，36(4)：30-35+70.

邬大光，别敦荣，赵婷婷，等. 高等学校《本科教育教学质量报告》透视（笔谈）[J]. 高等教育研究，2012，33(2)：41-57.

哈瑞·刘易斯. 失去灵魂的卓越[M]. 侯定凯，译. 上海：华东师范大学出版社，2007.

王策三. 教学论稿[M]. 北京：人民教育出版社，2005.

夸美纽斯. 大教学论[M]. 傅任敢，译. 北京：教育科学出版社，1999.

郭志明. 博耶论教育[M]. 太原：山西人民出版社，2019.

钱颖一. 论大学本科教育改革[J]. 清华大学教育研究，2011，32(1)：1-8+19.

第五章　高校研究生教育管理专题

学习目标

1. 了解高校研究生教育管理的基本内容和发展现状
2. 认识新时代高校研究生教育面临的挑战与要求
3. 明确高校研究生教育管理的指导思想与原则
4. 明确高校研究生教育管理改革的主要方向

中共中央总书记、国家主席、中央军委主席习近平就研究生教育工作作出重要指示，中国特色社会主义进入新时代，即将在决胜全面建成小康社会、决战脱贫攻坚的基础上迈向建设社会主义现代化国家新征程，党和国家事业发展迫切需要培养造就大批德才兼备的高层次人才。习近平强调，研究生教育在培养创新人才、提高创新能力、服务经济社会发展、推进国家治理体系和治理能力现代化方面具有重要作用。各级党委和政府要高度重视研究生教育，推动研究生教育适应党和国家事业发展需要，坚持“四为”方针，瞄准科技前沿和关键领域，深入推进学科专业调整，提升导师队伍水平，完善人才培养体系，加快培养国家急需的高层次人才，为坚持和发展中国特色社会主义、实现中华民族伟大复兴的中国梦作出贡献。

研究生教育位于国民教育的顶端，承担着高端人才供给和科学技术创新的重要使命，是新思想、新知识生产的重要源头，是知识经济的主要驱动力，是培养拔尖创新人才的关键载体，是我国建设创新型国家的重要力量，是人才强国战略的重要支撑。研究生教育肩负着高层次人才培养和创新创造的重要使命，是国家发展、社会进步的重要基石，是应对全球人才竞争的基础布局。纵观世界高等教育格局，发达国家和世界高水平研究型大学几乎无一例外地将研究生教育作为提升自身实力和国际竞争力的重要抓手。我国研究生教育已迈进新时代，踏上新征程，面临新任务，需要研究生教育管理者敏锐地把握新趋势，自觉地担当新使命，恰当地回应新需求。

第一节　我国研究生教育管理的内涵与发展

一、研究生教育管理的概念与内涵

1. 改革开放后学位与研究生教育的发展

研究生教育是学生本科毕业之后继续进行深造和学习的一种教育形式，又可分为硕士研究生教育和博士研究生教育。考生参加国家统一组织的硕士生入学考试(含应届本科毕业生的推荐免试和部分高等学校经教育部批准自行组织的单独入学考试),被录取后,在毕业时,若课程学习和论文答辩均符合学位条例的规定,可获硕士生毕业证书和硕士学位证书。研究生学历教育分为普通研究生(双证,包含全日制研究生及非全日制研究生)、传统在职研究生(单证在职研究生)。

1978 年 1 月,教育部下发《关于高等学校 1978 年研究生招生工作安排意见》,研究生教育恢复招生,当年录取研究生 10 708 人。1980 年,第五届全国人民代表大会常务委员会第十三次会议审议通过《中华人民共和国学位条例》[1]。

改革开放以来,中国研究生教育经历了"坚持标准、严格要求""保证质量、稳步发展""坚持方向、稳定规模""立足国内、适度发展""按需建设、积极发展""科教结合、支撑创新"的发展过程。

硕士生招考方式走出了一条以全国统一考试方式为主、推荐免试与单独考试为辅、三者并行的特色之路。博士生招考方式在保持了公开性质的普通招考方式不变的情况下,先后增加了提前攻博、硕博连读、直接攻博、"申请一考核"等多种形式。

硕士生培养模式从最初的纯学术型、补充师资的培养模式,历经应用型人才、联合培养、专业学位、创新型人才、分类培养等。博士生培养模式从纯学术型的培养模式逐步转变为基于学术与专业学位并存的、多元化培养模式;从分段式培养逐步转变为分段式和贯通式培养相结合;由注重科研训练和论文写作逐步转变为对科研课题、论文课程的全面要求;由单一导师指导的师徒制转变为鼓励导师负责的集体培养并重;由校内导师指导逐步转变为校所、中外等多导师联合培养的集体指导模式;由二级学科培养逐步转变为一级学科培养。

从历史地位看,研究生教育对实现国家战略、促进现代化强国建设具有重大意义。近代以来,大部分重大科学发现和知识创新都是由研究型大学推动的,研究生教育在世界重大变革和科技创新中发挥了重要作用。

从肩负的使命看,研究生教育是我国实现创新驱动发展、促进经济提质增效升级的重要支撑。研究生教育作为教育、科技的最佳结合,是拔尖创新人才培养的主要途径,必须主动服务国家需求,为推动经济保持中高速增长、迈进中高端,为实施创新驱动发展战略培养数量更多、质量更高的优秀人才。

从面临的主要问题看,提高质量、内涵发展是新时期研究生教育的核心任务。研究生教育肩负着高层次人才培养和创新创造的重要使命,是国家发展、社会进步的重要基石。

当前,我国研究生教育正在经历从大到强的转变,国内经济社会发展面临转型升级、高质量发展的挑战,人民群众对研究生教育的需求也更加多样化;国际上大国竞争日益激烈,研究生教育的战略性、重要性更加凸显,准确识变、科学应变、主动求变更为迫切[2]。

2. 研究生教育管理的内涵

研究生教育管理是指人们依据研究生教育的目的和发展规律,有意识地调节研究生教育组织协调内外各种关系和资源,以便达到既定研究生教育组织协调目的的过程[3]。

研究生教育的主要任务是培养造就大批德才兼备的高层次人才。研究生教育管理工作的目的是推动研究生教育优化、研究生人才培养和科学研究不断发展。研究生的教育管理直接影响到研究生的培养质量。

在具体内容上，我国研究生教育管理主要包括学位点建设、研究生招生、研究生培养、研究生学位、研究生思想政治教育、研究生事务管理、研究生教育质量监控等。

研究生教育质量受多重因素制约，资金投入、学科建设、课程设置、论文答辩、学位授予、招生质量、导师素质等诸多因素都会影响到研究生的培养质量。在诸多影响因素中，管理工作贯穿始终。因此，研究生教育管理是在研究生教育的基础上展开的管理理论与管理实践活动。从管理理论角度看，研究生教育过程就是对研究生教育进行管理实施的过程；从管理内容角度看，包括招生管理、教学管理、思想政治教育管理、学位授予工作管理、教育行政组织的管理等。若没有各方面的具体管理，研究生教育就无法顺利进行，高层次专门人才的培养就如同天方夜谭。

二、改革开放以来我国研究生教育管理取得的成就

自恢复研究生招生以来，中国的研究生教育不断加强自身能力建设，不断提升自身服务水平，为国家社会发展、经济建设、科技进步和国防安全等各项事业做出了重大贡献。我国研究生教育管理实现了体制创建、政策完善、组织健全等强制性制度变迁，形成了运转有序、执行有效、推进有力的制度体系，达成法制化、科学化和规范化。新时代研究生教育管理将推动研究生教育深化改革，促进研究生教育内涵式发展，助力研究生教育强国建设，跻身世界研究生教育强国之列。

1. 研究生教育管理体制方面

我国研究生教育管理体制有两大特色：一是纵向上实行中央政府、省级政府和培养单位组成的三级管理体制；二是横向上构成研究生教育管理与学位管理交融体制。

改革开放之初，我国处于社会主义计划经济体制时期，教育领域实行高度集中的管理体制。随着恢复研究生招生，我国研究生教育发展起步，亟须培养高层次专门人才。20 世纪 80 年代中期以后我国家开启了以省为主的高等教育宏观体制改革，取得了实质性进展，进而延伸至研究生教育领域。伴随省级研究生教育管理部门的完善，省级政府研究生教育统筹协调权随之扩大。2010 年，《国家中长期教育改革和发展规划纲要（2010—2020 年）》要求完善以省级政府为主管理高等教育的体制。2013 年，十八届三中全会通过《中共中央关于全面深化改革若干重大问题的决定》，提出扩大省级政府教育统筹权和学校办学自主权，省级政府成为中国特色研究生教育管理体制的关键层级。至此，我国研究生教育管理由两级管理走向三级管理体制，中央政府将行政管理权力有序让渡、分配至省级政府和培养单位，构建了以中央政府宏观管理、省级政府统筹管理、培养单位自主管理为基础进行权力配置和组织架构的制度安排，符合中国国情，体现中国特色，构筑中国模式。中央政府、省级政府使用立法、财政、规划、评估等主要管理方式，而培养单位采用经费、质量监控等管理手段。

自 20 世纪 90 年代起，省级学位委员会陆续建立，统筹管理区域学位与研究生教育工作。1995 年和 1997 年，国务院学位委员会先后出台《关于加强省级学位委员会建设的几点意见》《关于加强省级人民政府对学位与研究生教育工作统筹权的意见》，明确省级学位委员会有关学位工作、研究生教育管理的统筹职能和职责。

总体上来看，研究生教育管理与学位管理交融态势是我国特定历史阶段演化的制度产物，极大地适应了研究生教育管理体制的变革步伐，较快地推动了研究生培养体系、学位授予体系的建立和完善，有力保证了研究生教育培养质量。

2. 研究生教育管理政策方面

改革开放以来，我国研究生教育管理政策逐步健全，政策工具逐渐丰富，推进了我国研究生教育管理体制的改革与发展，构成了具有中国特色的研究生教育管理制度。总的来看，研究生教育政策工具主要有规范性文件、重点建设和宏观调控等。

研究生教育管理构建了以《中华人民共和国教育法》为根基、《中华人民共和国学位条例》和《中华人民共和国高等教育法》为核心的政策体系。《中华人民共和国教育法》(1995 年通过，2009 年、2015 年两次修订)第二十二条、第二十三条提出国家实行学业证书制度和学位制度，为我国研究生教育管理体制奠定了法理基础。《中华人民共和国学位条例》(1980 年通过，2004 年修订)是首部有关学位及其管理的基本法。《中华人民共和国高等教育法》(1998 年通过，2015 年和 2018 年修订)详细规范了研究生教育的基本标准，框定了研究生教育管理的基本制度。

20 世纪 80 年代期间，国家研究生招生以计划招生为主，逐步实行委托培养、定向招生、在职攻读、推免攻读等政策。20 世纪 90 年代开始，硕士研究生招生逐年增加专业学位类型，直至 21 世纪初期政策倾斜力度加大。进入 21 世纪后，研究生招生陆续出台各种专项计划政策，例如少数民族高层次骨干人才、攻读思想政治教育博士学位、退役大学生士兵攻读硕士等。另外，研究生招生管理实施了硕士生按照全日制和非全日制编制计划、省级硕士生计划统筹权试点、部分高校博士生计划动态调整试点等重大改革政策。

综上而言，招生政策作为研究生教育宏观调控的有力工具，切实推动了我国研究生教育的稳步发展和深化改革。

3. 研究生教育管理组织方面

管理组织是中国特色研究生教育管理体制的核心机构和运行中枢。改革开放以来，研究生教育管理组织系统基本健全，国家和省级研究生教育行政机构相对完备，研究生教育社会组织(含事业单位、学会组织等)日渐成熟。

恢复研究生招生之后，国家研究生教育行政组织及职能几经调整。初期，中央政府负责研究生教育工作的管理部门是教育部(1985—1998 年为国家教育委员会)，统一管理研究生的招生、培养、学位授予等事务。1991 年 2 月，国家教育委员会办公厅发文成立研究生工作办公室，归口管理全国研究生教育，并与国务院学位委员会办公室合署办公。其中，研究生招生由高校学生司管理。

2004 年，中央机构编制委员会批准教育部设立学位管理与研究生教育司，统管研究生教育的发展规划、研究生培养、学科建设等，同时负责国务院学位委员会办公室的日常工作，即由主管研究生教育工作的职能部门承担日常行政事务。

在省级层面，绝大部分省级教育管理部门设立了专门的研究生教育职能机构，机构设置多样化，覆盖学位与研究生教育管理处、科技或科研管理处(科技研究生处、科学研究处)、学位委员会办公室、高等教育处等(表5.1)。

表5.1 各省份研究生教育管理机构设置情况

研究生教育管理机构	省级政府教育管理部门	数量
学位管理与研究生教育处	江苏省教育厅、陕西省教育厅、重庆市教育委员会、广西壮族自治区教育厅、湖南省教育厅、湖北省教育厅、河南省教育厅、山东省教育厅、江西省教育厅、吉林省教育厅、辽宁省教育厅、内蒙古自治区教育厅、山西省教育厅	13
科技科研管理处	北京市教育委员会、浙江省教育厅、广东省教育厅、贵州省教育厅、云南省教育厅、四川省教育厅、安徽省教育厅、吉林省教育厅	8
高等教育处	上海市教育委员会、青海省教育厅、宁夏回族自治区教育厅、海南省教育厅、西藏自治区教育厅、福建省教育厅	6
学位委员会办公室	天津市教育委员会、新疆维吾尔自治区教育厅、甘肃省教育厅、河北省教育厅	4

注:数据来源于各省、自治区、直辖市教育管理部门网站。

此外,还涌现了一大批研究生教育的社会组织。研究生教育社会组织功能中最有代表性、影响力较大的是评估事务,本质上评估是专业化、服务性均较强的活动,同时也为研究生教育管理组织提供决策支持。从组织属性角度可将研究生教育社会组织分成三类:第一类是公益性的事业单位,受到教育管理部门的领导和监督;第二类属于具有群众性的学术团体组织,发挥研究咨询、服务咨政、对外交流等功能;第三类属于一定的学术领域、具有行业性的学术共同体组织,承担专业咨询、质量监督、学科发展指导等职责。

研究生教育的社会组织主要有教育部学位与研究生教育发展中心、中国学位与研究生教育学会、中国研究生院长联席会、专业学位教育指导委员会等。研究生教育重要期刊主要有《学位与研究生教育》《研究生教育研究》《中国研究生》。学校研究生教育研究机构主要有北京大学中国博士生教育研究中心、清华大学学位与研究生教育研究中心、上海交通大学研究生教育研究中心、北京理工大学研究生教育研究中心。

第二节 新时代研究生教育管理面临的问题和挑战

经过多年的发展,我国构建了比较完备的研究生教育体系,基本实现了高层次人才的自主培养,有力支撑了科技创新和国家战略发展。同时,我们也必须直面研究生教育改革发展中存在的一些新问题,做到切实解决。

一、我国现行研究生教育管理制度存在的主要问题

我国研究生教育还存在着一些需要解决的突出问题,总体来说主要表现在:对研究生教育规律的认识还不到位,有的学校还片面追求规模扩张,高质量、个性化培养不足;学科专业调整刚刚起步,对紧缺人才培养和“卡脖子”技术突破的支撑不够有力,学位授予改革有待持

续深化;一些导师责任没有压实、指导能力不够,师德师风建设有待进一步加强;研究生培养机制还不完善,分类培养体系建设有待持续深化,差异化、多渠道投入机制尚不健全,对重点学科、基础学科保障还不到位;法律法规滞后于实践发展,对分级管理和分类评价有影响。另外,一些单位内部质量管控不到位,存在着一定程度的学位"注水"现象。

1. 研究生教育发展与经济社会发展存在脱节

我国研究生教育发展与经济社会发展的脱节主要表现在3个方面:一是在培养规模上,研究生数量的快速增长,直接推动力并非来自劳动力市场,而是行政干预的结果。研究生规模在短期内迅速膨胀,随之带来了过度教育、文凭贬值等诸多问题。研究生教育的经济社会效益不仅没有充分发挥,还带来了严重的人力、物力资源浪费。二是在类型结构上,主要以学术型研究生为主,专业学位研究生发展仍存在培养方式不完善等滞后现象。无论规模还是专业,都无法满足产业结构升级对多层次、多种类高级技术型人才的需要。在专业学位研究生培养中,还存在培养目标与学术学位研究生同质化,培养过程存在培训化、商业化倾向,培养质量普遍不高。三是在学科和专业结构上,许多经济社会发展急需的学科专业及交叉学科、边缘学科不能及时设立,导致学科体系僵化、老化等问题,脱离了经济社会发展的实际需求。研究生教育与经济社会发展的脱节问题,在就业环节突出表现出来。近年来,高学历人才供大于求,研究生就业难的问题日益凸显,"读书无用论"等错误思潮有所抬头。

2. 入学选拔难以适应高层次人才培养需求

研究生入学考试是研究生教育质量保障的第一个环节。目前,我国研究生入学选拔制度存在诸多问题,主要表现在3个方面:一是行政权力过度干预研究生入学考试和招生,学术人员在确定选拔方式、制定考试标准等方面的作用得不到真正体现,不利于高校办学自主权的落实。二是研究生入学考试存在"重初试、轻复试""重笔试、轻面试"的倾向,导师在人才选拔中的作用有限。三是考试内容难以真正有效考核学术潜力、创造性等高层次人才必备的素质,特别是公共考试科目外语和政治理论占据了很大份量,加重了考生负担,挤占了专业学习的时间,不利于拔尖人才脱颖而出。当前,扩大高校和导师在研究生入学选拔环节的自主权,已经成为研究生考试制度改革的重要方向。但在扩大自主权的同时,如何建立有效监督和制约机制,确保研究生入学选拔的公平公正,至今尚未找到行之有效的办法。

3. 培养环节存在诸多问题

研究生培养是研究生教育质量保障最为关键的环节。该环节涉及培养目标、课程体系、教学方法、考核评价机制等诸多内容。目前,主要存在以下问题:一是培养目标单一,过分强调培养"坚实的理论基础、深厚的专业知识、从事科研的能力",研究生的理论素养与实践能力发展极不均衡,存在重理论轻实践的倾向,未能真正掌握工作岗位所需要的知识和技能。专业学位研究生培养,往往简单移植或套用学术研究生培养的目标,特色不鲜明。二是课程体系建设滞后,有的教师至今还沿用多年前的教材,学科前沿的成果未能及时引入教学。对人才的素质结构缺乏深入研究,课程设计缺乏系统性,学生虽然学习了许多支离破碎的知识,但难以融会贯通。三是教学方法落后。许多高校没有充分考虑研究生学习的特点,课堂讲授仍是最主要的教学方法。受主客观条件的限制，探究式学习没有得到真正重视，教学效果不理想。四是考核评价方式单一、僵化，不少学校简单以论文发表数量为考核依据，不利于学生创造力的挖掘。五是人才培养和科研的关系没有很好协调，许多导师的主要精力放在科研上，人才培养的中心地位没有真正确立。

4. 学位授权制度有待进一步完善

我国现行学位授权制度同时存在“放得过宽”和“管得过死”的问题。“放得过宽”主要表现为：《中华人民共和国学位条例》未规定高校学位授权的期限，尽管开展了学位点的定期评估工作，但离形成学位点真正“能上能下”的动态监督与调控机制还有一段距离。“管得过死”主要表现为：政府对学位授予权实行严格控制，高校难以根据办学规模扩展、层次结构调整的实际需求开展学科建设，办学自主权受到限制。这些问题产生了诸多负面影响，致使高校片面重视学位授权审核，忽视授权后办学质量的提升。特别要注意的是，在现行制度之下，高校能否获得学位授权与其资源获取机会存在密切关系，这就诱使高校争先提高办学层次，盲目追求院校升格，内涵发展往往得不到真正重视。另外，根据学位条例，高校一旦成为博士、硕士学位授权单位，便可进一步开展所有学科门类的博士、硕士生教育，导致部分高校在学科建设上存在“广种薄收”、求多求全的现象，有限的教育资源被分散到多个学科领域，难以形成合力、办出特色。

5. 对研究生教育的社会评价机制缺失

建立一套持续、公开、客观的研究生教育社会评价机制，有利于政府及时把握、引导研究生教育发展方向；有利于社会公众、学生家长对研究生教育施加有益影响；有利于大学对自身研究生教育质量持续改进。纵观美国研究生教育的发展，国家、社会、院校三级联动的研究生教育评价机制在规范研究生办学、促进培养质量提升方面功不可没。目前，我国尚未建立公开、写实，以数据为支撑的持续社会评价机制。一是缺乏一套社会公认的可以科学评价研究生教育质量、效益的指标体系，研究生教育评价的理论建构薄弱；二是缺乏持续采集研究生教育投入、过程和产出等相关数据的机制，研究生教育评价的数据支撑不充分；三是缺乏真实客观中立的第三方评价机构，实施评价的主体仍以政府机构或所辖事业单位为主，研究生教育评价的客观性难保障。以上问题导致政府对研究生教育的指导存在滞后性，社会舆论对研究生教育的监督缺乏客观性，高校发展研究生教育存在盲目性。

【专栏 5-1】 中美研究生教育培养模式的异同

1. 培养目标方面

美国硕士研究生主要分文理科学术硕士和专业硕士。文理科学术硕士的培养目标是：培养高校任教的教师，或为攻读博士学位做准备。专业硕士则侧重培养某一职业的人才。如哈佛大学高等教育方向的硕士研究生教育是通过让学生们调查政策、实践以及分析当代美国高等教育的问题，加强他们的分析和管理技巧，使学生在学院或大学从事行政职业，或在高等教育协会或机构从事政策和规划工作。

根据《中华人民共和国学位条例》，我国对硕士研究生的要求有：“在本门学科上掌握坚实的基础理论和系统的专门知识;具有从事科学研究工作或独立担任专门技术工作的能力”。简言之,对于硕士研究生学位的要求侧重于学术标准,针对从事科研工作或专门技术工作的人员,培养目标基本是教学和科研人员。

2. 培养制度方面

美国硕士生修业时间少数为一年和一年半,一般为两年,以学习专业课程为主。学校对课程的选修范围、内容、深度都有一定的规定。硕士生学习开始半年或一年不定指导教师和研究方向,只上基础课,系里设一位由教授兼任的研究生顾问,了解每个研究生的具体情况,然后对课程的选择、学习期限乃至选定导师等提出建议。半年或一年后硕士生可以自己选定一位教授作导师,导师与其他2～4名教师一起组成一个硕士生指导委员会,负责对这位硕士生的培养,开展课程考试,检查论文撰写情况,直到论文答辩。美国培养研究生的高等学校绝大多数设有研究生院,其组织形式大体上可以分为两类:一类是整个大学设立一个研究生院,各学院、各系的研究生,由研究生院依靠各学院、各系来管理,如麻省理工学院;另一类是在学院一级设立研究生院,全校没有统一的研究生院,如哈佛大学。

在我国,攻读硕士学位是一个相对独立的教育阶段,原则上修业时间为3年。在培养方案上课程学习与科学研究并重。课程学习时间一般不低于全部学习时间的三分之一,科学研究与撰写论文时间不少于一年。硕士研究生的课程实行学分制,研究生毕业的学分要求一般为25～40个学分,由研究生导师负责对硕士生的培养、指导、检查学习和论文设计及完成情况等。我国培养研究生的高等学校大多数都设有研究生院,但是研究生管理机构由政府、高校研究生院、事业单位共同负责,从中央的国务院学位办公室到各高校研究生院,齐抓共管,各有分工。

3. 培养评价方面

美国研究生教育的社会评价由专业协会、学术团体、新闻媒体、民间机构等组成,是评价的主导力量,直接发挥对研究生培养质量的评估、鉴定和监督,并得出权威性的结论。美国的高校有较大的自治权,基本都是自治机构,评估的权力集中在大学评议委员会,使得学校的研究生教育在发展的历程中迅速进行自我调整、自我完善并形成自己的特色。

我国研究生教育评价采用的是国际通用的方法,即分学科分专业领域进行评估。教育部的学位和研究生教育发展中心虽属于第三方评估机构,但仍由政府主导。一级学科的整体水平评估具有很强的行政色彩,而专业协会、学术团体发挥的作用低于预期值。自我评估主要是学校内部自行组织的,学者及教授所发挥的作用一定程度上较为有限。

思考:美国研究生培养模式对我国深化研究生教育改革有哪些启示?

二、新时代研究生教育管理的内在挑战

与教育的其他活动一样,研究生教育管理作为一种以人的培养为根本目标的活动,必须以经济社会对人才素质的要求和人的发展目标为依据。新时代研究生教育管理工作面临着来自时代经济、政治、文化等环境因素,以及研究生自身形势发展等多方面的挑战,产生了一些现实性问题。

1. 研究生的独特属性与教育管理统一规范的矛盾冲突

研究生作为一个特殊的教育群体,具有自身的独特性。首先是研究生群体的差异性与教育管理标准的统一性的冲突。研究生群体无论年龄分布、人员类别、生活方式、思想观念,还

是培养类型、培养目标都呈现出多样分散的特征，个体成长发展呈现显著的差异性。教育管理的目标和任务由国家社会发展需要决定，总体上趋于统一，不因教育对象的差异而改变。其次是研究生的自主性与教育管理的规范性的冲突。经历本科阶段学习之后，研究生认识和分析问题更加深刻，能够批判辩证地认识事物，具有一定的自我教育的能力，但研究生的教育管理不能只依靠研究生的自我教育，仍需要正向的规范影响，以防研究生由于价值选择、心理状况、个人情绪等主观因素做出错误判断。再次是研究生的片面自觉性与教育管理的互动性的冲突。研究生由于其丰富的学习生活经历，认知水平更为突出，相较于其他阶段的学生具有较高的主体自觉意识。但这种自觉性相对片面，部分研究生的自觉性往往局限于学业提升和满足个体需要，没有在教育管理中体现良好的自觉性和积极性，而教育管理要想更好地实现其教育功能，需要建立在双向互动的基础上，研究生自觉性的不足影响和制约了教育管理的实效。

2. 研究生教育管理队伍质与量的发展与研究生扩招需求的不协调

近年来，我国研究生招生规模大幅度提升。根据教育部的官方信息，2020 年研究生招生人数比 2019 年增加 18.9 万，扩招比例超过 20%。研究生的扩招需要进一步加强研究生教育管理队伍的建设，使两者的发展相匹配。《教育部关于进一步加强和改进研究生思想政治教育的若干意见》中明确指出，积极构建以导师和辅导员为主体的研究生思想政治教育工作队伍，具体而言，研究生教育管理队伍构成应包括研究生导师、研究生辅导员和其他管理人员等。在现实工作中，研究生辅导员队伍中兼职比例较高，很多研究生辅导员由专业课教师兼任，虽在专业学科领域能够更好地指导学生，但在辅导员应有的专业素质和基本能力等方面尚存在较大的提升空间。研究生教育管理队伍是工作开展的核心力量，其数量与质量的现状限制了研究生教育管理工作的实效性，进而影响研究生的培养质量。

3. 研究生行为管理与思想引领的不均衡

研究生教育管理涉及内容维度十分丰富，虽然各高校在研究生教育管理中各维度内容均已有所体现，但对不同维度内容的重视程度却差异显著，其中最为显著的是思想引领不足。研究生的思想引领是研究生教育管理的重要内容维度，是影响研究生培养质量的关键要素。目前高校负责研究生教育管理的相关人员在工作过程中往往更注重对研究生的日常管理工作，如资助手续办理、奖学金评定、日常行为管理等，未把研究生作为一个单独的教育层次，忽视了对研究生针对性、连续性、系统性的教育引领。部分管理人员对研究生成长规律的认知存在偏差，认为研究生已形成了相对稳定的人生观、世界观和价值观，无需再对其进行教育引领工作，即“不用教育”，有些管理人员由于自身能力不足，专业知识水平和技能掌握程度十分有限，导致其无法在研究生教育管理过程中担当起立德树人的重要使命，即“不能教育”；部分管理人员认为思想引领效果存在迟滞性，无法立竿见影地体现自身工作的价值，对研究生思想引领存在为难情绪，即“不愿教育”。对研究生教育引领的弱化直接影响我国研究生教育的质量，影响高校立德树人根本任务的落实，影响我国人才强国战略的实施。

第三节　研究生教育管理改革的原则与方向

党中央、国务院历来重视研究生教育工作，特别是十八大以来，以习近平同志为核心的党中央把研究生教育工作摆在重要位置。2020 年 7 月，习近平总书记在关于研究生教育工作的重要指示中，对研究生教育改革发展提出了“坚持四为方针，瞄准科技前沿和关键领域，深入推进学科专业调整，提升导师队伍水平，完善人才培养体系，加快培养国家急需的高层次人才”的明确要求，深刻揭示了我国研究生教育发展的大方向、大趋势、大格局，是我们做好下一步工作的根本遵循和行动指南。李克强总理的重要批示指出，要坚持以习近平新时代中国特色社会主义思想为指导，认真贯彻党中央、国务院决策部署，面向国家经济社会发展主战场、人民群众需求和世界科技发展等最前沿，培养适应多领域需要的人才。2020 年 7 月 29 日，全国研究生教育会议召开，副总理孙春兰指出，要全面贯彻党的教育方针，落实立德树人根本任务，准确把握研究生教育定位，突出“研”字，优化学科专业布局，注重分类培养，加强导师队伍建设，严格质量管理，引导研究生教育高质量发展[2]。

一、新时代研究生教育管理改革的基本原则

改革开放以来，我国研究生教育体系不断完善，规模持续扩大，结构不断优化，质量稳步提升，累计为国家培养输送了超过 800 万人的高层次人才。加快研究生教育内涵式发展，奋力推进研究生教育强国建设，这是对“教育是国之大计、党之大计”的深刻理解，是贯彻落实全国教育大会和全国研究生教育会议精神、统筹推进一流大学和一流学科建设、加快推进教育现代化的客观要求，是中国特色社会主义事业迈进新时代的客观需要，也是回应人民群众对美好生活、对中华民族伟大复兴热切期盼的必然选择。结合习近平总书记系列重要讲话和全国研究生教育会议精神及研究生教育中的现实问题，当前深化研究生教育管理改革有下述基本原则。

1. 加强和改进党对研究生教育工作的领导

党的正确领导是我国研究生教育快速发展的根本保证，是加快推进研究生教育强国建设的根本遵循。只有坚持党的正确领导，才能保证社会主义办学方向，才能引导扎根中国大地办一流研究生教育的道路，才能保障研究生教育强国建设所需要的资源，才能突出立德树人根本任务，才能确保以人民为中心的价值取向，才能攻克制约研究生教育发展的顽瘴痼疾，才能实现建设研究生教育强国的宏伟目标。

2. 增强教育自信，坚定建成研究生教育强国的信心和决心

在党的正确领导下，我国整个高等教育体系都对世界高等教育作出了重要贡献，并在一些方面发挥了突破和引领作用，我们没有理由不自信。我们坚持以人民为中心，保障了教育公平；我国高等教育与经济社会发展和国家崛起同向而行，支撑了大国发展，实现了知行合一；我国高等教育传承发展了数千年的中华优秀文化，并受着这种文化的滋养涵育，底蕴深厚，这是世界上很多国家的高等教育不可比拟的；我们倡导并践行立德树人、有教无类、因材

施教、实事求是等教育思想，对现代大学之道和教育理念做出了中国贡献；我国高等教育为发展中国家的共同发展提供了重要支持，具有越来越广泛的国际影响。基于这些方面的突出成就，完全有理由相信我们可以建成高等教育强国，扎根中国大地办出世界一流研究生教育。没有教育自信就没有教育强国。当然，强调自信并不是盲信，不是盲目自大，而是一种实事求是的理性态度和科学精神，是一种面向未来世界的自主谋划和自觉行动。

3. 把握立德树人、服务需求、提高质量、追求卓越的工作主线

建成研究生教育强国，首先要坚持立德树人，建成能够培养出这样人才的高水平人才培养体系，全面提升人才培养能力，培养出一批又一批德才兼备的高层次人才，这是研究生教育的出发点和落脚点，是始终不能忘记的根本任务，也是研究生教育的灵魂所在。与此同时，要根据研究生教育与经济社会发展需求密切相关的特点，坚持扎根中国大地办教育，解决中国问题，服务中国实践，引领中国未来。注重细分需求、追踪需求，更要重视引领需求，并据此优化研究生教育学科专业设置、人才培养模式和科学研究方向，推动体制机制改革。

4. 结合当前阶段的实际需要推进研究生教育改革发展

一是加强思想政治教育。习近平总书记强调，培养什么人是教育的首要问题。不管什么时候，为党育人的初心不能忘，为国育才的立场不能改。研究生教育要坚守立德树人、前瞻引领、研究创新的初心，把思想政治教育摆在第一位。针对研究生教育特点，因事而化、因时而进、因势而新，考虑思想政治教育的丰富内涵，统筹发挥多方面作用，综合采取多种教育形式，注重教育的实际效果，为研究生教育铸魂强魄。二是加快动态调整和优化学科专业布局，确立学科调整和优化的科学机制。尊重学科分化规律，加强基础学科建设，设置交叉学科门类，着力推进新型交叉学科发展。在布局发展新兴学科、交叉学科的同时，处理好基础学科与应用学科、传统学科与新兴交叉学科、文科与理科的关系，提升高层次人才培养能力。三是积极推动学位类型创新发展。加快发展专业学位教育，特别是博士专业学位教育，继续优化研究生培养结构。四是完善人才培养体系。进一步深化科教融合，加强学术学位研究生知识创新能力培养；强化产教融合，加强专业学位研究生实践创新能力培养。着力培养更多创新型、复合型、应用型高层次人才，为经济社会发展和研究生教育自身的持续改进提供重要支撑，作出更有针对性、更具原创性、更为关键性的贡献。五是提升导师队伍水平。导师队伍建设是研究生教育的基础性工程，决定着整个研究生教育的质量和水平。充分发挥导师在立德树人方面的关键作用，强化导师岗位管理，明晰职责边界，将政治表现、师德师风、学术水平、指导经历投入、育人实效等纳入导师评价考核体系。推动建立和谐协作、教学相长的良好师生关系。六是推进研究生教育改革创新和开放合作。考虑因地制宜，针对一些培养单位，更加聚焦需求调节，进一步加大专项科研经费对研究生教育的支持力度，积极调动多方资源投入。七是严格质量管理。研究生教育培养的是高层次创新人才，在管理上要更高标准、严要求，把提升质量作为核心，把工作重心真正回归到人才培养的根本任务上来。八是继续加强重点建设，发挥“双一流”建设高校的示范引领作用。目前，“双一流”建设高校博士点数占到全国高校博士点数的64%，招收博士研究生占到了全国的81.3%，理应在研究生教育强国建设中承担更多责任，率先探索并创造经验。

二、研究生教育管理改革的方向

1. 遵循研究生教育规律，实现研究生教育的科学发展

研究生教育处于整个教育体系金字塔结构的最高端，肩负着知识生产和科学研究的重要使命，有着不同于其他教育层次的规律和特点。我们既不能按本科教育规律办研究生教育，也不能按经济规律、科技规律办研究生教育；既不能脱离世界，闭门办研究生教育，也不能完全照搬国外的研究生教育模式来办研究生教育。

我们需要遵循研究生教育规律及我国国情来办研究生教育。具体说来，我们需要遵循研究生教育自身发展的逻辑：一是遵循研究生个体的成长与发展规律。更加关注研究生的情感经历和社会价值取向，以促进学生自身的教育获得为出发点和落脚点，充分激发研究生从事科学研究和实践创新的积极性与主动性，确保研究生教育所提供的服务能够满足研究生的个性发展需要。二是遵循不同学科的发展规律。改变单一学科的发展桎梏，打破学科间的壁垒，运用跨学科的思维和方法，营造跨学科的学术文化氛围，培养研究生具备跨学科的素养。同时，根据社会经济发展需求，积极探索新型学科、前沿学科的发展规律，以满足现在和未来的学校、学科及人才的需要。三是遵循社会发展规律。密切关注社会政治经济文化呈现出的新特点，在尊重研究生教育本体性的基础上，结合我国的政治需求、经济需求和文化需求，充分发挥研究生教育的社会服务功能，确保研究生培养单位做出的研究成果满足社会的发展需要，为实现我国社会主义事业的发展提供强大的人才和智力支持。

2. 对接知识生产模式转型，追求研究生教育的高质量

毋庸置疑，高等教育要遵循自身的发展逻辑。但是，高等教育的历史是由内部逻辑和外部压力的对抗谱写的，它还必须回应外部社会不断变化的环境。知识在经济社会发展中的重要性日益提高，"知识经济""知识社会""知识生产模式"等概念应运而生。传统以追求高深学问认知为目的的知识生产正在经历着深刻的变革，问题导向、需求导向、技术导向的研究方兴未艾，研究生教育不再是纯粹按照自身规律发展的独立有机体，而是以高深知识的"生产者"和"贩卖者"身份走向市场。在此背景下，如何在推进研究生教育改革的过程当中既满足知识生产新模式的需求，又维持研究生教育的"高质量"？

具体的，研究生教育发展可以划分以下方向：一是研究生培养目标和培养类型的多样化。与学术界重视毕业生的科研能力、原始创新能力、促进知识和学科发展能力不同，知识生产模式转型下，非学术劳动力市场更加关注毕业生应用知识解决实际问题的能力，这就对研究生教育的培养目标提出了诸多要求，需要同时兼顾研究生的研究能力和实践能力。与此同时，要积极发展以职业需求为导向的应用型、专业型学位的研究生，促进研究生教育与劳动力市场的供需平衡。二是研究生培养形式的多渠道。传统上，研究生教育主要采取以师徒制为纽带的导师负责制，面向未来，需要吸纳科研院所、行业企业的参与，完善科研融合、产学结合的机制，建立高校与多方机构的多渠道合作，促进研究生教学与实践的深度耦合。三是研究生教育质量评价的灵活性。改变长期以来基于单一学术取向为导向的评价标准，要将研究生教育质量评价与知识生产模式转型和社会情境紧密联系起来，探索灵活多样的研究生教育质量

评价标准和评价形式。总的来说，在知识生产模式转型情境下，我国研究生教育既要被动适应，更要主动引领，以追求研究生教育的高质量。

3. 扩大国际交流与合作，提升研究生教育的国际地位

在高等教育国际化的背景下，新时代对话语权的诉求要求我国的研究生教育在世界舞台上发出自己的声音，因此，提升我国研究生教育的国际影响力，实现我国研究生教育的国际化是未来研究生教育发展的必然选择。为此，我们要共享国际间的研究生教育资源，采取国际合作的培养模式，制定国际规范的研究生质量标准。具体而言：一是要在充分考虑国际趋势和个体差异的基础上，制定国际范围内的研究生教育培养目标，着力培养研究生的跨文化交流能力和参与国际事务的能力；二是通过开展国际问题研究、参与国际合作项目、加强国际学科协作、参加国际学术研讨、增设国际教育课程、强化外语教学、鼓励教师和学生的国际间流动等途径推动研究生教育的国际交流与合作，不断扩大研究生教育的国际竞争优势，提升我国研究生教育的国际地位；三是鼓励和支持研究生培养单位积极与境外一流大学和科研院所联合建立国际合作研究中心、实验室或研发基地，通过搭建国际间高水平的研究生培养平台，全方位探索国际深度合作的长效机制，为早日实现我国研究生教育现代化奠定稳固的基础。

三、研究生教育改革专项行动

全国研究生教育会议后，教育部、国家发展和改革委员会、财政部印发了《关于加快新时代研究生教育改革发展的意见》(教研〔2020〕9 号)，为确保文件及时落实，取得实效，教育部综合提炼了各个系统文件的重点工作，总结了“十大专项计划”。

一是着眼于服务经济社会发展需求，优化学科设置和人才培养的行动，包括 3 项。第一，学科专业建设改革行动。构建设置规范、动态调整的学科专业目录管理新机制，开展学科专业目录修订工作；提升专业学位培养能力和培养规模；建立国家重点支持的学科专业清单，健全国家急需学科专业的引导机制，提升学科专业体系与现代化强国建设的匹配度。第二，交叉学科高质量发展行动。完善交叉学科门类发展机制，研究制定《交叉学科设置与管理办法》，探索建立交叉学科发展特区，设立一批交叉学科中心，搭建交叉学科发展的国家级平台，构建放管结合、规范有序、相互衔接的交叉学科发展体系，为交叉学科发展创造更好的环境。第三，产教融合建设行动。与国家发改委联合打造国家产教融合研究生联合培养基地，带动国家、地方、学校三级基地建设；推进专业学位研究生培养模式改革，鼓励各地各培养单位设立“产业(行业)导师”，推动行业企业全方位参与人才培养；完善产教融合联合培养质量评价机制，加强人才培养与行业企业用人需求对接，提升研究生实践创新能力。

二是着眼于战略支撑和高端引领的相关行动，包括两项。第一，一流学科培优行动。进一步支持和促进“双一流”建设高校，在已经具有一定国际影响力、对服务国家重大战略需求发挥重要作用的国际可比学科和方向上尽快取得突破，进入并保持在世界一流学科前列，发挥引领示范作用；在传承弘扬中华优秀文化的学科，以及服务治国理政新领域新方向上，取得创新性特色性成果，在理论和实践方面作出贡献，打造国际一流、中国特色学术标杆。第二，关键领域核心技术高层次人才培养行动。聚焦关键领域核心技术，组织“双一流”建设高校和一流企业(院所)，统筹一流学科、一流师资、一流平台等资源，以超常规方式加快培养一批紧

缺人才，为国家解决“卡脖子”问题和推进科技创新作出贡献。

三是着眼于夯实基础，培育核心竞争力的相关行动，包括两项。第一，基础学科深化建设行动。支持一批事关原始创新支撑的自然科学和哲学社会科学领域基础学科，以及具有极高保护传承价值的“绝学”、冷门学科，改善相关学科发展生态，加大人才队伍建设力度，深化科研组织和评价体系改革，健全投入和激励机制，为科技创新和社会进步夯实长远基础。第二，博士生教育提质行动。超前布局博士生教育，差异化扩大博士生规模；探索建立招生计划管理负面清单制度，对问题突出的培养单位予以必要限制；优化布局结构，服务国家区域发展战略；健全博士研究生招生选拔机制，扩大直博生招生比例；加大投入力度，改革完善资助体系，优化资源配置机制，为博士生教育持续发展营造更好的支撑环境。

四是着眼于固本培元，深化研究生培养体系建设的相关行动，包括 3 项。第一，导师指导能力提升行动。强化育人导向，发挥导师言传身教作用，做研究生成长成才的引路人；建立国家典型示范、省级重点保障、培养单位全覆盖的三级导师培训体系；规范导师指导行为，明确指导行为“十不得”；加强博士生导师岗位管理；推动评选优秀导师和导师团队，激发研究生导师的积极性、主动性、创造性，提升导师队伍水平。第二，课程教材建设质量提升行动。发布《研究生核心课程指南》，构建研究生课程知识体系；推进研究生课程思政，推动“四个一批”建设（即：建成一批课程思政示范高校，推出一批课程思政示范课程，选树一批课程思政教学名师和团队，建设一批课程思政教学研究示范中心）；规范教材建设，评选优秀研究生教材，提升研究生课程教材建设质量；试点打造研究生精品示范课程，推动优质资源共享。第三，质量提升和管理行动。印发相关文件，强化全过程培养质量管理；开展研究生教育质量专项巡查，检查结果与资源投入形成联动；完善学位论文抽检制度，强化抽检结果反馈使用；开展就业状况跟踪调查，为学位授权点评估、“双一流”建设成效评价等提供参考；完善监督惩戒机制，提高学位授予单位质量保证的底线思维和自觉意识[2]。

课后习题

1. 新时代打造中国特色、世界水平的现代高质量研究生教育面临着怎样的问题和困难？

2. 我国高等学校研究生教育管理理念与制度经历了怎样的变革？

3. 扎根中国大地办教育的中国高校，研究生教育管理应当遵循的指导思想和原则是什么？

4. 假设你是某大学的研究生教育管理研究与规划者，你将如何优化改革当前研究生教育管理的体制机制？

5. 新时代研究生教育现代化建设的行动方向是什么？

6. 结合我国高等教育国际化现状，面向未来，谈谈如何培养具有全球视野、中国情怀的一流人才。

本章主要参考文献

[1]王战军. 中国学位与研究生教育 40 年(1978—2018)[M]. 北京：中国科学技术出版

社，2018.

[2]洪大用. 适应党和国家事业发展需要　着力培养德才兼备的高层次人才　加快推进新时代研究生教育高质量发展[EB/OL].（2020-09-22）. http://www.moe.gov.cn/fbh/live/2020/52461/sfcl/202009/t20200922_489542.html.

[3]薛天祥. 研究生教育管理学[M]. 桂林：广西师范大学出版社，2004.

延伸阅读

伯顿·克拉克. 高等教育系统：学术组织的跨国研究[M]. 王成绪，译. 杭州：杭州大学出版社，1994.

王战军. 中国研究生教育70年[M]. 北京：科学普及出版社，2019.

习近平对研究生教育工作作出重要指示[EB/OL].（2020-07-29）. http://www.gov.cn/xinwen/2020-07/29/content_5531011.htm.

中国学位与研究生教育发展年度报告课题组. 中国学位与研究生教育发展年度报告2018[M]. 北京：高等教育出版社，2019.

刘延东. 在全国研究生教育质量工作会议暨国务院学位委员会第三十一次会议上的讲话[J]. 学位与研究生教育，2015(1)：1-6.

王战军. 转型期的中国研究生教育[J]. 学位与研究生教育，2010(11)：1-5.

冯宝鹏，高平发. 研究生的群体特点和教育管理工作的途径[J]. 石油大学学报（社会科学版），2004(3)：105-107.

洪煜，钟秉林，赵应生，等. 我国研究生教育制度的历史沿革、现存问题与改革方向[J]. 中国高教研究，2012(7)：41-46.

顾海良. 学位与研究生教育发展战略研究的几个问题[J]. 中国高等教育，2004(23)：15-17.

张洁. 我国研究生事务管理问题研究[D]. 上海：华东师范大学，2006.

刘志，马天娇. 一流大学研究生教育管理的典型特征：基于哈佛大学、斯坦福大学、麻省理工学院等四所高校的分析[J]. 东北师大学报（哲学社会科学版），2019(6)：75-81.

王战军，杨旭婷. 中国研究生教育70年：贡献与成就[J]. 中国高等教育，2019(19)：4-6.

李明磊，王战军. 改革开放以来中国研究生教育管理：成就与挑战[J]. 清华大学教育研究，2019，40(5)：105-111.

郭月兰，汪霞. 研究生教育高质量发展：内涵、逻辑与实践取向[J]. 研究生教育研究，2019(2)：6-11.

第六章　高校学生事务管理专题

学习目标

1. 掌握高等学校学生事务管理的基本知识。
2. 学会运用高校学生事务管理相关理论分析学生事务管理的现实问题。
3. 学会运用高校学生事务管理相关知识指导学生事务管理工作实践。
4. 学会思考高校学生事务管理的本质与功能及中国价值。

学生事务管理(The Students Affairs Management)最初源自欧洲古典大学,早期没有固定的场所,与学生的关联主要在于学术领域。后来随着学生住宿问题的解决,大学与学生之间"管理"与"被管理"的关系建立起来,并不断向多元化、复杂化方向发展,剑桥大学、牛津大学等出现的"住宿制学院"就是其衍生和发展的产物。在美国,高等教育术语中有"学生事务"一词,与"学术事务"对应,指与学生相关的课外活动、心理咨询等与正式教学活动相区分的非学术事务。在我国,"学生事务管理"通常可以等同于"高校学生工作"这一概念。高校学生工作涉及大学生思想政治教育、学生住宿管理、学习指导与学风建设、就业指导与服务、心理健康教育、突发事件应急处置等诸多领域,通过思想引领、管理服务与指导等,促进学生全面卓越成长发展。高校学生工作是人才培养的重要组成部分,加强学生工作的研究有助于促进新时代我国高等教育的高质量发展,办好人民满意的教育。

第一节　我国高校学生事务管理概况

一、学生事务管理的演变

1. 高校思想政治教育工作

1977年恢复高考制度后,我国高等教育发展重新起步,学生管理工作也发生了显著变化。"学生政治思想工作"被改称为"学生思想政治教育",即"德育",词语顺序的调整表明我国高校学生管理工作重心有所调整。改革开放以后,经济领域的迅速发展推动着政治领域和文化领域的进一步变革。十一届三中全会以后,我国高校学生管理工作不再强调"政治统帅",开始坚持以德育为首位。20世纪70年代后期到80年代中期,高校学生管理工作多被称为"学生思想政治工作"。这一时期,全国高校普遍设置了学生工作处(部),学生工作主要集中在学生的思想教育、道德教育和心理健康教育方面,主要通过高校专设的德育课部和辅导员以强调“教育性和社会主义核心价值观的导向性”[1]来体现。

2. 高校学生工作

1988年，世界高等教育大会上提出了“加强学生工作与服务”。此后，高校学生工作的发展引起国内教育界的普遍关注，成为理论和实践研究的新课题，也使得学生工作的内容不断丰富和拓展，“德育”一词难以完全涵盖高校学生工作新增内容，“学生教育”和“学生管理”成为这一时期高校学生工作的两大主要功能。2006年，教育部第24号令《普通高等学校辅导员队伍建设规定》重申了高校辅导员（学生工作者）的专业地位，奠定了高校学生工作专业化发展的基础，对我国高校学生工作内涵发展、体制机制改革等具有重要意义。

与此同时，国外“学生事务管理”的概念在我国开始引入和发展。有学者认为，高校学生工作虽与国外“学生事务管理”有一定区别，但在我国，二者可以被视为同一范畴。高校学生工作是以培养大学生思想政治素质为核心，由专门机构和人员有计划、有目的、有组织地在提高学生学习能力和帮助学生实现个体全面发展的同时，为学生完善个人品德修养提供教育、管理和服务。有学者把欧美的“学生事务”和“学生服务”都译为“学生工作”，认为“从工作对象、性质、内容和范围上来看都与我国的高校学生工作类似[2]。

3. 高校学生事务管理

1995年我国学术期刊上首次出现“学生事务管理”这一术语[3]。20世纪90年代后期，高校学生工作新增了大学生心理健康教育与咨询、经济困难学生资助等具体事务，“学生事务”的概念开始逐渐被我国教育学界接受并认可。经过十几年的发展，“高校学生事务管理”这一术语已被我国学者普遍接受，但学界对“高校学生事务管理”概念内涵的界定未能达成一致。受美国“学生事务管理”概念的影响，国内部分学者重新界定时，主张强调它的非学术性事务特征。例如，有学者认为学生事务管理主要是指提供心理咨询服务、勤工助学申请、职业规划、就业指导和文体活动等在内的非学术性课外活动的指导、管理和服务；也有学者将“学生事务”基本内涵定义为“学生课外活动和非学术性事务”，“学生事务管理”指高校对学生事务的计划、组织和领导[4]，强调管理学生事务的组织性和领导性；还有学者认为“学生事务管理”与“学生学术事务”应彼此区分开来，学生事务管理主要包括入学指导、学籍管理、心理健康、德育工作、就业指导等内容，并随着社会的发展不断调整变化[5]。

二、学生事务管理的定位

1. 教育功能

教育学生是高校学生工作的基本职责之一。我国高校学生工作是把大学生思想政治教育放在首位的，坚持“立德树人”根本任务，在促进学生道德、情感、学识、社会化发展等方面创设利于学生成长成才的环境和氛围，通过对学生的引领和指导，着力解决影响和制约大学生全面自由发展的人生观、价值观和世界观问题，进而服务于高校人才培养的使命。思想价值的引领在教育学生的过程中是非常关键的环节，方式恰当会起到事半功倍的效果。与学生保持经常性的交流，从思想上给学生以影响，使他们从主观上产生强烈的追求进步的愿望。学生工作的主要目标应是培养“德智体美劳全面发展”的社会主义建设者和接班人。具体的教育任务包含“四史”教育、政治教育、道德教育、思想教育、心理健康教育、安全教育、生命教育、就业指导教育等，这些内容在教育过程中相互渗透、相互影响，构建起大学生成长发展的支持体系，促进和实现学生的全面发展。一是要完善学生资助体系，建好自我教育平台；同时，针对不同年级学生的成长规律和现实需要，搭建学业导航和素质拓展平台。二是通过将大学生创新创业教育融入高校人才培养体系，建立“双创”课程体系，协调完善产学研体制，形成合理有效的激励机制。三是积极开展丰富多彩的校园文化活动，让学生在日常生活中受教育、受熏陶，促进精神成长。经济全球化背景下，多元文化和各种社会思潮相互激荡，高校学生工作须始终坚持中国特色和马克思主义的正确政治立场和价值取向，以理想信念教育为核心，吸收借鉴世界各国先进的教育理念和方法，用科学的理论武装大学生，因势利导地将社会主义核心价值观内化为大学生的精神追求和自觉行动。

2. 服务功能

在高校，传统的学生服务一般局限在学校后勤工作范围。自 20 世纪 90 年代后期始，我国高校学生工作的内涵得到扩展、定位发生改变，从管理模式走向教育和服务型模式，除了教育和管理学生的职能外，提倡为学生创造各种有利条件和优化各类软硬件设施、环境等，不断激发大学生成才的内生动力。伴随学费制度的改革，开始认为学生不仅是受教育者，也是教育的投资者，所以教育也应服务教育对象，把为学生提供服务当作教育、管理的题中之义，寓教育、管理于服务之中，在服务中进行教育和管理，亦在教育和管理中开展服务。强调服务学生的职能，指那些为满足学生合理需求和发展愿景而提供的一切辅助性支持措施和手段，准确把握学生在学习生活中不同层次的需求并将服务最优化，解决学生在学习、生活过程中遇到的实际问题。所以学校要为学生健全社区功能，构建文化娱乐、休闲健身等一体化社区服务体系，以学生特点和需求作为工作的出发点和落脚点，为其提供全方位的服务。服务于学生事务之中是以学生事务管理为基础的高校学生工作发展某一阶段的主要特点，学生事务也成为包含学生服务的同义词。当前，高校常见的服务有：招生宣传与咨询、学籍管理、新生入学教育、学业指导、生涯规划、经济困难学生资助、勤工助学、心理咨询、就业指导、后勤服务、提供活动场地和党团知识培训服务等。同时，通过创新管理体制，推进“大学工”“一站式”学生服务的内涵建设。首先，重心下移，尊重学生的民主权利，在学生班级、社团和学生社区中大力倡导自我服务，强化末端管理，实行导师制、领导干部联系班级等；其次，通过规范流程、完善制度等，给予学生申诉和救济的权利，不断优化服务，让日常服务科学化、规范化和制度化。这些变化都与社会经济转型和高等教育自身的变革紧密相关。将学生服务作为学生事务管理的重要内容，是高校学生工作现实和发展需要的积极探索，也有助于促进学生个体的全面发展。但无论从理论上还是实践层面，都应抓牢思想政治教育的主要阵地，学生事务管理的最终目的还是服务于人才培养，因此，高校学生事务工作不是游离于高等教育之外的，它也是高校学生工作中的一部分。

3. 管理功能

管理导向型的学生事务管理是通过约束学生行为的方式进行集体管理，从而保证学生的身心健康和为人才培养的正常秩序提供保障。主要有两个特点：第一是有严密的组织和制度，以行政化、科层式的管理体系开展工作，按照固有的模式和方法来对学生实施影响，强调的是单一化的制度安排；第二是这种事务管理只是被动地为学校学术事务做补充，因而与学校的学术事务关联度不高，处于学校教学科研等核心工作的外围。在我国，学生管理工作是一项涵盖思想价值引领、道德行为养成、学习生活服务等贯穿学生整个大学教育的系统工程，主要包括思想理论教育和价值引领、党团和班级建设、学风建设、学生日常事务管理、心理健康教育与咨询工作、网络思想政治教育、校园危机事件应对、职业规划与就业创业指导、理论和实践研究 9 个方面。此外，还包括学生档案资料管理、组织各类学生工作会议、各类学生活动的协调沟通、制订学生工作计划等诸多方面。学生管理工作也可以概括为两大层面：一是对“人”的管理，即对学生个体和学生群体的管理；二是对“事”的管理，即对与学生相关事务的管理。对“人”的管理强调的是“人与人”关系的协调，辅导员通过教育、引导、激励、共情等方法，帮助学生身心健康发展，使其能适应、融入学校和未来的社会生活；对“事”的管理关注的是“人与事”的匹配，学校通过组织规范化的管理，提高事务性工作办事效率，为学生在校学习、生活的各类需求提供更快捷便利的服务，促进其全面发展。

三、我国学生事务管理的机构与人员

我国高校学生事务管理实行的是党委领导下党政共管体制，学校党委领导、校长负责，或学校党委副书记、副校长主管。校一级设立校党委、校行政领导下的学生工作处(部)、研究生工作部、团委、教务处、后勤保障处(或后勤公司)和招生就业办等(图 6.1)。校主管领导主抓全校的学生管理工作，对其作出全面部署，提出明确的目标和任务。学生工作处(部)、研究生工作部、团委、教务处、后勤保障处(或后勤公司)和招生就业办是学生事务管理工作的主体。学生工作处(部)、研究生工作部承担日常的学生工作，负责制订各种规章制度，负责奖学金、助学金、贷款及勤工助学等方面的管理，并督促执行；团委主要负责学生的课外活动；教务处

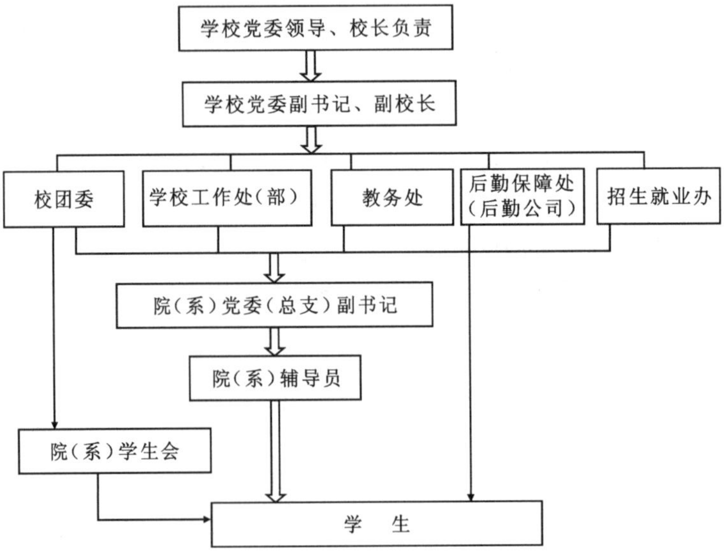

图 6.1　我国高校学生事务管理组织结构图

负责教学和学籍管理；后勤保障处（或后勤公司）负责生活管理；招生就业办负责招生工作和毕业生的就业指导工作。院系一级设立学生工作办公室，由院系总支或党委副书记负责，由分团委书记、辅导员等共同参与工作。各个高校根据自己的具体情况，院系一级的学生工作办公室在机构设置上也有所差异，除辅导员以外，有的高校还增设了班主任、学务指导教师等职位。在工作上，他们既接受学生工作部（处）等校级职能部门的领导，又接受院系党委（总支）的领导。

《普通高校学校辅导员队伍建设规定》中对辅导员工作的要求是：恪守爱国守法、敬业爱生、育人为本、终身学习、为人师表的职业守则；围绕学生、关照学生、服务学生，把握学生成长规律，不断提高学生思想水平、政治觉悟、道德品质、文化素养；引导学生正确认识世界和中国发展大势、正确认识中国特色和国际比较、正确认识时代责任和历史使命、正确认识远大抱负和脚踏实地，成为又红又专、德才兼备、全面发展的中国特色社会主义合格建设者和可靠接班人。

高校学生事务管理的主体包括专门组织[学生工作处（部）、研究生工作部、教务处、校团委、院系学生工作组等]和学生事务管理者。从纵向看，学校专门组织分为校院两级机构，学生事务管理者可分为高层（校领导）、中层和基层人员（如辅导员、相关科室人员）；从横向看，专门组织可按职能进行设置（如就业办、招生办、资助管理科、学籍管理科、宿舍管理办公室等）。学生事务管理者可分为专职人员、兼职人员，或由管理者授权、聘任的参与管理的学生及其他人员。

第二节　新时代学生事务管理面临的挑战

党的十八大以来，习近平总书记在领导全党全国各族人民推进党和国家事业发展的伟大实践中，立足于世界发展大势和国家发展全局，着眼于民族复兴伟大梦想，紧紧围绕培养什么人、怎样培养人、为谁培养人这个根本问题，牢牢把握立德树人根本任务，作出了一系列有关教育改革发展的重要论述。习近平总书记聚焦培养什么人、怎样培养人、为谁培养人这个根本问题，始终联系“两个一百年”奋斗目标和中华民族伟大复兴的中国梦来回答和破解这一问题，强调要坚持中国特色社会主义教育发展道路，培养德智体美劳全面发展的社会主义建设者和接班人。

一、习近平总书记关于新时代教育改革发展的新理念新思想新观点

一是坚持党对教育事业的全面领导。办好中国的事情，关键在党。加强党的领导是做好教育工作的根本保证，必须牢牢掌握党对教育工作的领导权，坚持马克思主义的指导地位，把思想政治工作贯穿学校教育管理全过程，不断加强教育系统党的建设，使教育领域成为坚持党的领导的坚强阵地。

二是坚持把立德树人作为根本任务。立德树人关系党的事业后继有人，关系国家前途命运，必须把立德树人的成效作为检验学校一切工作的根本标准，努力培养担当民族复兴大任的时代新人，培养德智体美劳全面发展的社会主义建设者和接班人。

三是坚持优先发展教育事业。教育是国之大计、党之大计。教育兴则国家兴，教育强则

国家强。要坚持把优先发展教育事业作为推动党和国家各项事业发展的重要先手棋，突出教育的基础性、先导性、全局性地位和作用。

四是坚持社会主义办学方向。我国是中国共产党领导的社会主义国家，我们办的是社会主义教育，必须在事关办学方向的问题上站稳立场，坚持教育为人民服务，为中国共产党治国理政服务，为巩固和发展中国特色社会主义制度服务，为改革开放和社会主义现代化建设服务。

五是坚持扎根中国大地办教育。中国的教育必须按中国的特点和中国的实际办。要扎根中国、融通中外，立足时代、面向未来，发展具有中国特色、世界水平的现代教育。

六是坚持以人民为中心发展教育。教育公平是社会公平的重要基础。必须不断促进教育事业发展成果更多更公平惠及全体人民，以教育公平促进社会公平正义，努力让每个人享有受教育的机会，获得发展自身、奉献社会、造福人民的能力。

七是坚持深化教育改革创新。改革是教育事业发展的根本动力。必须更加注重教育改革的系统性、整体性、协同性，及时研究解决教育改革发展的重大问题和群众关心的热点问题，以改革激活力、增动力。

八是坚持把服务中华民族伟大复兴作为教育的重要使命。实现“两个一百年”奋斗目标、实现中华民族伟大复兴的中国梦，归根结底靠人才、靠教育。必须围绕统筹推进“五位一体”总体布局、协调推进“四个全面”战略布局，推动教育高质量发展，提升教育服务经济社会发展能力。

九是坚持把教师队伍建设作为基础工作。教师是立教之本、兴教之源。必须从战略高度认识加强教师队伍建设的重大意义，把师德师风作为评价教师队伍素质的第一标准，引导教师做有理想信念、有道德情操、有扎实学识、有仁爱之心的“四有”好老师，建设一支宏大的高素质专业化教师队伍。

这些重要论述为中国特色社会主义教育事业指明了前进的方向，为新时代教育改革发展提供了根本遵循，也为新时代学生事务管理工作提出了更高的要求和全新的挑战。

二、新时代学生事务管理面临的挑战

1. 挑战之一：国际、国家及社会变化

世界正在变化，教育也必须改变。世界各地的社会都在经历着深刻的变革，这就需要新的教育形式，以培养学生满足当今和未来社会经济所需要的能力。全球在经济、科学、文化和政治方面的相互依赖关系正日益加深。教育是我们努力适应变化改造我们生活于其中的世界的核心，因此教育也必须做出改变。我们正在进入一个新的历史阶段，全球化、信息化、数字化、网络化等深刻影响着教育的变革，这些变化给教育的发展既带来了挑战，也带来了机遇。

1)国际经济社会环境变化，对外开放格局

由于全球流动性的扩大，思想、知识流动加快，人才与国际学生流动成为世界人口流动和知识流动中的重要一支。国际学生和国外教学资源的涌入给我们国家的发展带来一定优势，但其复杂性也为高校学生事务管理带来新的挑战。

2)国家经济社会发展的新格局

中国特色社会主义进入新时代,我国社会主要矛盾已经转化为人民日益增长的美好生活需要和不平衡不充分的发展之间的矛盾。由生产力问题转换到发展问题,需要更好地满足人民在经济、政治、文化、社会、生态等方面日益增长的需求,更好地推动人的全面发展、社会全面进步。高校环境在学生成长与发展中具有关键作用,这对高校在新的物质环境、制度环境和文化环境创设中更好地促进学生的学习和发展提出了新的目标,这也对我们认识和管理高校学生事务提出了新的要求。

2. 挑战之二:学术与学生的新变化

1)学术的国际化:从区域学术评价到国际学术评价

高等教育国际化对我国高校在办学过程中拓展国际视野、推进国际化进程提出了严峻挑战,同时也为我国高校学习借鉴教育发达国家的先进办学理念和经验、拓展优质教学资源、改进学生工作提供了难得的机遇。我国高校正在采取多种措施加快推进国际化进程,比如:重视培养国际化人才或具有国际视野的创新型人才;鼓励高校学生和教师通过联合培养、合作研究、讲学游学、参加国际会议等多种方式积极参与国际学术交流与合作;尝试开设全英文课程或专业,吸引更多的外国学生到中国留学等。学生的来源、民族和种族等更加趋于多样化,学生国际化比例不断加大,校园的多样化为学生提供了全球化的学习机会。因此,在高等教育国际化进程中,高校只有充分利用全球资源的不断发展才能立于不败之地。

随着国际学生和国外教学资源的涌入,我国高校学生工作面临着新的现实问题。在学校发展方面,如何科学借鉴国外大学的先进办学理念和学生事务管理模式,积极引入国外优质教学资源和先进管理方法,推进人才培养模式改革,改善思想教育的实效性,提高学生管理和服务工作的水平与效益;在留学生管理方面,如何借鉴国外大学的成功经验,减少“特殊照顾”,为他们尽快融入中国文化和校园“大家庭”提供条件,并使他们成为中国和平发展与进步的国际传播力量;在大学文化建设方面,如何利用国际学生带给中国学生的不同文化视角,促进多元文化的融合,加强相互之间的理解与沟通,营造优良的校园文化和育人氛围。

2)新时代大学生的特点值得重视

目前的在校大学生大多数为“00 后”,是与“70 后”“80 后”“90 后”不同的一代群体,现今特定的成长环境决定了他们独特的思想意识观念多样化、政治关注度弱化、道德观念和价值取向多元化,深受网络文化影响等特征。“新时代”的大学生有着强烈的家国情怀,他们自信且个性鲜明,但组织观念相对淡薄,自我意识强的同时伴随着较浓重的功利化进取心。大学生的这些状态都挑战着当代高校学生事务管理的实践。学生事务管理要能为学生学业发展提供更多的有效服务,协助学生更好地学习,提升各方面能力。一是在学校和社会标准及个人发展追求之间协调好角色安排,尊重学生的差异,同时能在心理、伦理、性别、精神等方面促进学生的全面发展;二是充分用好多元文化环境的影响,帮助每个学生个体尊严与价值的发展,强调自律与自省,以成年人的标准要求学生;三是帮助学生解决实际困难,为其提供安全文明的校园文化环境。

3. 挑战之三:高等教育的新变化

超前识变、积极应变、主动求变是中国高等教育形势最大的变化,紧紧抓住科技革命和产业变革催生的时代机遇,准确把握世界高等教育发展的历史趋势,通过实现“三个变化”,来完成中国高等教育从跟跑、并跑到领跑的历史使命。

1)地位和作用的变化

当今世界,随着综合国力竞争日益激烈和科技进步日新月异,人力资源成为推动经济社会与科技发展的战略性资源,人才成为国家竞争力的关键。改革开放以来,我国经济与科技发展取得了巨大成就。经济保持中高速增长,国内生产总值持续增加,现已成为世界第二大经济体,对世界经济增长贡献率超过30%。科技发展更是成就非凡,一些重要领域跻身世界先进行列或引领发展,一些重大科技成果相继问世。国家建设与发展成就辉煌,是中国特色社会主义道路的胜利,是人才支撑的结果。正是因为中国特色社会主义高等教育培养了数以千万计的适合中国国情的高素质人才,才为经济高速发展和科技持续创新提供了不竭动力。之前强调更多的是高等教育的基础支撑作用,现在国家要强调高等教育支撑和引领作用并重,而且引领的分量要加大。中国经济社会发展要想保持中高速、迈向中高端可持续发展,最大的红利、最重要的牵引力就是高等教育。高等教育更要发挥好这种作用。

2)发展阶段的变化

中国高等教育自2002年开始大众化进程,当前已经从后大众化阶段向普及化阶段迅速迈进。毛入学率达到50%是世界高等教育发展普及化的重要标志。我国高等教育只用了十几年时间就完成了大众化向普及化的转变。这也意味着接受高等教育成为中国国民的基本需求,成为国民职业生涯的“基础教育”。从这个意义上来说,接受高等教育已经成为中国公民一种普遍的基本需求。

以往我国学者对国外高校学生事务管理做过系统深入的研究,但未从专业理论视角建立系统的学生发展理论,这些借鉴国外的理论也未被真正运用到我国具体的学生事务管理工作中。鉴于我国发展实际,应在充分调研的基础上建立学生发展理论,并将其运用于学生事务管理中;将该理论与学术事务紧密结合,致力于学生事务的重新定位和专业化考量,在充分论证的基础上对美国经验进行本土化借鉴,尝试发展学生事务管理相关专业和课程,加强对现有学生工作人员的培训,提升学生工作的专业素养。

3)类型结构的变化

引领一个国家发展的高等教育一定是多样化的高等教育发展的高级阶段,绝不是单一“同构化”的低级阶段的高等教育。也就是说,不同类型特色的学校都可以成为国家队,在人才培养方面为国家做出重大贡献。对于研究型大学来说,国家出台的“双一流”建设方案要求到21世纪中叶,我国的一流大学和一流学科数量及实力均进入世界前列,达到基本建成高等教育强国目标;对于高职院校,出台了“双高”计划,即围绕办好新时代职业教育的新要求,集中力量建设50所左右高水平高职学校和150个左右的高水平专业群,打造技术技能人才培养高地和技术技能创新服务平台,支撑国家重点产业、区域支柱产业发展,引领新时代职业教育实现高质量发展。

学生工作者为能适应和实现教育和培养学生的目标,也应根据形势变化调整自身角色定位。一是做学生的知心朋友，充分了解学生的学习状态、兴趣爱好，有能力应用理论知识规划学生学业发展并为学校制定相应的政策提供咨询参考。二是做好信息沟通的桥梁纽带，在帮助学生解决实际问题的同时为学校与学生之间完整充分的信息沟通做好传达，熟悉运用团体组织协调技能。三是善于处理各类突发和危机事件。四是做好学习教育类活动的设计策划，有执行力和领导力，能有效动员学生全情投入教育活动。要充分用好角色定位，加强学习以具备专业素养与能力并掌握组织管理的模式运作。

4)环境坐标格局变化

在经济、社会、文化多重影响下，高校学生事务也面临着丰富教育服务内容，改善管理模式和方法，重新审视学生事务与学术事务的内在关联，如何使学生获得高质量的全面发展等问题。学生事务管理需要更清醒地认识到自身的使命和担当。2019 年 11 月 7 日，“高校学生事务管理专业化发展与国际合作”国际研讨会(ISSA)在北京科技大学召开。来自国内高校的专家学者就学生事务的理论研究和各自高校的实际工作，围绕国际视野与时代新人培养、中国高校创新创业价值观教育研究、高校辅导员队伍建设的历史进程、高校学生工作战略领导力、网络社会发展与青年教育成长等进行了主题发言。该研讨会为大陆高校与美国等国外高校加强交流、增进友谊搭建了良好平台，对进一步扩大大陆高校学生工作视野发挥了重要的积极作用。因此我们不仅要参与国际竞争，还要参与国际高等教育治理，参与高等教育标准制定。习近平总书记强调，“我们说要坚定中国特色社会主义道路自信、理论自信、制度自信，说到底是要坚定文化自信”。进入新时代，国际交流与合作成为大学的“第五项职能”。这一职能的提出，旨在把优秀的中华文化、学术特色、办学理念及教育智慧介绍给国际社会。这不仅是国家文化软实力提升的重要体现，也为中国参与世界合作解决人类面临的诸多问题、构建人类命运共同体而贡献一份中国力量和中国方案。

第三节　面向新时代的学生事务管理改革

时代背景的转变凸显了学生事务管理工作的问题，高校学生事务管理面临新时代挑战时应当积极应对，重新定位，从管理理念、管理体制、专业化发展方面进行改革。

一、树立生本理念和服务意识，促进学生的全面发展和健康成长

新时代高校学生事务管理工作要在关注学生实际需求的同时做到全面细致，要去倾听学生的心声，切实深入了解学生的各项需求，确保与学生的实际活动紧密结合，才能在实际的管理工作中知道应该提供给学生什么，怎样才是合理有效的供给。只有这样，才能增强学生事务管理工作的针对性和实效性，更好地为学生服务，帮助学生解决成长过程中遇到的困难并渡过难关，促进学生的全面健康成长，从而提高学生事务管理工作的质量和水平。高校学生事务管理工作的发展与学生的全面发展和个性发展也是相辅相成的，在服务于学生成长成才的过程中，还应积极探索新的机制体制，构建师生学习“共同体”，为促进学生的自主与合作学习，实现个性化培养提供支持。中国的高校要以学生为工作中心，相应地调整工作重心，对学生事务的管理坚持以人为本的理念，促进学生的全面发展。在服务学生方面，我国的高校应该以学生的实际需要为工作的根本目标，增强为学生事务服务内容的针对性，逐步实现我国

高校学生事务管理工作的专业化；要完善“以需求为导向”的服务体系，尊重新时代大学生的个性化需求和多元化发展，进一步提高学生事务管理体系的服务质量。另外，需要吸收借鉴国外先进的管理理念和方法，推进人才培养模式改革，不断提升学生事务管理的水平和效益。

【专栏 6-1】

2018 年 6 月 21 日，教育部在四川成都召开新时代全国高等学校本科教育工作会议。时任教育部党组成员、副部长林蕙青主持会议，时任教育部党组书记、部长陈宝生出席会议并讲话。会议强调，要深入学习贯彻习近平新时代中国特色社会主义思想和党的十九大精神，全面贯彻落实习近平总书记 2018 年 5 月 2 日在北京大学师生座谈会上的重要讲话精神，坚持“以本为本”，推进“四个回归”，加快建设高水平本科教育、全面提高人才培养能力，造就堪当民族复兴大任的时代新人。

新时代全国高等学校本科教育工作会议强调，高教大计、本科为本，本科不牢、地动山摇。人才培养是大学的本质职能，本科教育是大学的根和本，在高等教育中是具有战略地位的教育、是纲举目张的教育。高等教育战线要树立“不抓本科教育的高校不是合格的高校”“不重视本科教育的校长不是合格的校长”“不参与本科教育的教授不是合格的教授”的理念，坚持“以本为本”，把本科教育放在人才培养的核心地位、教育教学的基础地位、新时代教育发展的前沿地位。高校领导注意力要首先在本科聚焦，教师精力要首先在本科集中，学校资源要首先在本科配置，教学条件要首先在本科使用，教学方法和激励机制要首先在本科创新，核心竞争力和教学质量要首先在本科显现，发展战略和办学理念要首先在本科实践，核心价值体系要首先在本科确立。

二、加强教育管理体制改革，构建新型的学生事务管理体制机制

我国传统的“条块结合”的学生事务管理运行机制由于层级多，信息传递速度慢且容易失真，这种结构对学生需求的反映比较慢，学生的意见和需求往往需要经过层层传递而难以快速传达给学校领导。由于管理层次多，各层级职责权限不清晰，管理人员多且机构庞大，但管理幅度却相对狭窄。另外，“条块结合”的体制强调行政化和综合化，不能充分发挥学生事务管理专业化的作用。学分制被我国高校逐渐采纳并实行，在一定程度上冲击了传统班集体的管理。可以适应弹制学分制或书院制改革的要求，强化服务和管理育人功能，将学术事务和非学术事务有机融合，工作的重心是围绕学生利益，实时了解学生思想动态，创造性地开展学业指导、心理咨询和创新创业教育，积极发挥专业教师的功能，帮助学生顺利完成学业，提高学生事务管理的效能，整体上推进三全育人的体制机制。学生事务管理也是一项系统工程，设计行之有效的思想政治教育融入路径，充分发挥价值引领功能，注重体制结构的层次性和整合性，激发工作活力与增强互动性。构建扁平化、少层次的学生事务管理运行机制显得非常必要，新型学生事务管理体系强调促进学生学习与发展，追求每位学生的卓越成长，采取合理的组织架构以确保管理机制的高效率运转，这也是现代组织逐步弱化中间管理层，拓宽管理幅度、提高管理效率的发展趋势。

三、加快大学生事务管理的专业化进程，提高服务水平

第一，理论的专业化。要实现学生事务管理理论的突破，首先必须要以相对完整的理论

基础和知识体系作支撑，其次要积极推进管理理念、目标、内容和手段的创新，才能在新时代促进高校学生事务管理专业化、学术化水平的提高和创新发展。我国高校学生事务管理的专家、学者要关注理论发展的前沿动态，整合相关学科资源，结合我国社会主义大学的办学实际以及一线管理人员的实践经验，形成中国特色的高校学生事务管理的理论体系，指导推动我国高校学生事务管理工作的积极发展。

第二，人员的专业化。专门人才的专业化设置是重要标志之一。思想政治教育、社会学、心理学、传播学、管理学等专业都是适合从事学生事务管理工作的专业。根据学生事务管理内容的多样性，也应同时选用其他相关专业的人才从事该专业领域的工作，对这些专业的人才进行学生事务管理相关课程、知识和技能的培养与训练，让其能在学生事务管理的岗位上发挥应有的作用。

高校学生工作要直面重大的理论和现实问题，解决学生的实际困难。一是要重视工作案例的研究，提高解决问题的时效性；二是加强政策研究和咨询服务，将研究成果及时应用到工作实践中；三是加强国际比较研究的本土化借鉴，总结历史经验教训，增强批判性思维能力和国际对话能力。

【专栏 6-2】

为深入贯彻“以高水平的科研支撑高水平的本科教育”这一理念，推进本科人才培养高质量的创新型人才，某大学深入推进本科生导师制，在原先辅导员制的基础上开拓创新，为人才培养保驾护航。给本科生安排学术导师，给予他们学习及科研上的帮助。这是一种将研究生的培养模式运用到本科生培养的创新制度，是对小班教育教学方式的延伸，是对高素质、创新型科研人才培养模式的尝试。在此制度下，本科生能在导师的指导下进行学术探索并通过参加一系列科技学术创新竞赛和相关课题（项目）申报得到一定的学术训练，从而获得扎实的从事科学研究的经历。为保证教学的质量，丰富学生的知识，学院选拔经验丰富的教授和副教授担任学术导师。他们拥有丰富的教学经验和专业知识，掌握大量的学术资源，部分导师的海外留学背景，为本科生们建立了广阔的国际视野。“本科生学术导师制”实现了一位导师指导几名学生，对学生进行个性化指导，真正实现“教”与”学”的结合，实现了小组授课。导师向学生分享自己多年的科研经验，帮助学生建立科研兴趣；学生在导师的带领下走进实验室，申报“大创”项目，增加科研经验；学生还可以加入导师的研究团队，外出调研，学习撰写学术论文。

目前，本科生学术导师制的实施已初见成效。不少参加导师制的学生步入实验室，撰写科研论文，参加接踵而至的学术科技类沙龙汇报，在科研的道路上找到学术归属感，全院上下学术氛围愈加浓郁，创新型研究型本科生的培养特色更加鲜明。该项制度的实施获得了初步成果，这是采取创新本科教育教学模式措施的一大成效，在一定程度上提高了“本科生学术导师制”项目的整体质量，有利于培养学生的科研与创新实践能力。

思考：请从学生事务管理的角度分析上述措施的优势是什么？

课后习题

1. 学生是客体、对象、被教育者吗？

2. 辅导员队伍应该如何建设？应该如何平衡教育、管理、服务及学生工作的多种职能？

3. 大学应该如何立德树人？如何能够培养出面向未来的人？
4. 学生事务管理是否存在统一的模式？
5. 中国高校学生事务管理的独特价值在哪里？
6. 新时代中国高校学生事务管理应该是什么样？如何建设？

本章主要参考文献

[1]储祖旺.高校学生事务管理教程[M].北京:科学出版社,2008.

[2]赵平.美国高校学生工作[M].北京:北京航空航天大学出版社,1995.

[3]方巍.关于中美高校学生事务工作的比较研究[J].教育管理研究,1995(1):77-80.

[4]李冰水,谭琪.比较视域下高校学生事务管理模式问题探讨[J].湖北社会科学,2010(2):164-168.

[5]余桂红.历史与现实:高等学校学生事务管理定位[J].辽宁教育研究,2008(1):43-46.

延伸阅读

蔡国春.院校研究与现代大学管理:美国院校研究模式研究与借鉴[M].北京:教育科学出版社,2006.

侯玉新.新常态下的高校学生工作思考[M].成都:电子科技大学出版社,2015.

漆小萍,唐燕.高校学生事务管理[M].广州:中山大学出版社,2005.

蒋洪池,储祖旺,林芸.加强学生事务管理,应对全球化高质量挑战[J].国际学术动态,2012(1):39-41.

本书编写组.习近平总书记教育重要论述讲义[M].北京:高等教育出版社,2020.

第七章　高校科技创新管理专题

学习目标

1. 了解高校科技创新的重要性及意义。
2. 了解高校科技创新的现状。
3. 了解国家战略与高校创新的融合。
4. 理解高校创新力的评价方式。

科技创新关乎国家和民族的未来，肩负着中华民族伟大复兴的重要使命。党的十九大报告明确指出："创新是引领发展的第一动力，是建设现代化经济体系的战略支撑。"高等院校作为培养和造就高层次科技创新人才的摇篮，已成为我国科技创新事业的主力军和中坚力量。高校科技创新管理已成为我国创新驱动发展战略的一大组成部分，高校科技创新是我国培养创新型人才的关键，做好高校科技创新管理工作对于我国科技发展、人才培养具有重要意义[1]。

第一节　新时代高校创新能力的新挑战与新要求

2019 年度国家科学技术奖励大会于 2020 年 1 月 10 日在人民大会堂隆重召开，习近平总书记等党和国家领导人出席大会并为获奖代表颁奖。高校在 2019 年度国家科学技术奖励中表现抢眼，获奖比例保持高位运行。

从 2020 年全国教育工作会议总结报告中的通用项目获奖情况来看，2019 年度国家科学技术奖励授奖项目共 239 项，144 所高校作为主要完成单位获奖 198 项，约占授奖总数的 82.8%；91 所高校作为第一完成单位获奖 159 项，约占授奖总数的 66.5%。其中，高校作为第一完成人所在单位获得 2019 年度国家自然科学奖一等奖 1 项、二等奖 31 项，约占授奖项目总数 46 项(一等奖 1 项，二等奖 45 项)的 69.6%。

《光明日报》关于 2019 年度国家科学技术"三大奖"高校摘得 169 项的报告可知，高校作为第一完成人所在单位获得 2019 年度国家技术发明奖一等奖 1 项、二等奖 38 项，约占授奖总数 47 项(一等奖 1 项，二等奖 46 项)的 83.0%。高校作为主要完成单位获得 2019 年度国家科学技术进步奖 127 项(特等奖 2 项，一等奖 9 项，创新团队奖 1 项，二等奖 115 项)，约占授奖总数 146 项(特等奖 2 项，一等奖 12 项，创新团队奖 1 项，二等奖 131 项)的 87.0%。其中，高校作为第一完成单位的获奖项目 88 项(特等奖 1 项，一等奖 7 项，创新团队奖 1 项，二等奖

79 项)，约占授奖总数的 60.3%。

由此看来，高校创新成果不仅有“数量”优势，更有“质量”优势。高校在高等级奖项中的表现更加突出。国家自然科学奖一等奖总共授奖 1 项，授予南开大学的“高效手性螺环催化剂的发现”。国家技术发明奖通用项目一等奖总共授奖 1 项，授予北京航空航天大学的“复杂机场高精度飞行校验技术及装备”。国家科学技术进步奖通用项目特等奖总共授奖 2 项，其中 1 项授予上海交通大学的“海上大型绞吸疏浚装备的自主研发与产业化”；创新团队奖总共授奖 1 项，授予大连理工大学的高性能精密制造创新团队；一等奖一共授奖 12 项，其中 7 项分别授予东北大学、武汉大学、西南交通大学、国防科技大学、华中科技大学、华南理工大学、重庆大学牵头完成的项目。高校在全国授奖项目中连年保持高比例，充分体现了高校在基础研究和重大原始创新中的重要地位，充分展示了高校科技工作者追求真理、勇攀高峰的科学精神，体现了高校为国家科学技术进步、核心技术攻关、经济社会发展做出的重要贡献。[1]

近年来，高校在“国家三大奖”(国家自然科学奖、国家科学技术进步奖、国家技术发明奖)的表现总体抢眼，具体情况如表 7.1。

表 7.1　高校近年来获“国家三大奖”占比情况　　单位：%

年份	国家自然科学奖	国家科学技术进步奖	国家技术发明奖
2015	81	42	64
2016	67	49	81
2017	69	43	67
2018	76.3	59.1	75.5
2019	69.6	60.3	83.0

注：数据来源于中华人民共和国中央人民政府官网。

一、新时代高校科技创新的背景

1. 高校科技创新能力是建设创新型国家的重要基础

在世界各国政治、经济、军事、文化等各个方面的竞争中，发达国家尤其认识到，科技创新能力决定了一个国家的综合国力，科技创新决定一个国家的命运和未来，而高校科技创新更是科技创新的重要力量。因此，各国政府在持续加大对企业、科研院所科技创新投入的同时，也十分重视高校科技创新投入，加大高校科技体制和机制的创新力度，激发高校的科技创新能力。

早在 2013 年，国务院在高等教育系统实施的“高等学校创新能力提升计划”(简称“2011 计划”)已经将高校创新能力建设作为高校发展的重点。“2011 计划”以协同创新中心建设为载体，协同创新中心分为面向科学前沿、面向文化传承创新、面向行业产业和面向区域发展 4 种类型。

面向科学前沿的协同创新中心，以自然科学为主体，以世界一流为目标，通过高校与高校、科研院所及国际知名学术机构的强强联合，成为代表我国本领域科学研究和人才培养水平与能力的学术高地[2]。

面向文化传承创新的协同创新中心，以哲学社会科学为主体，通过高校与高校、科研院所、政府部门、行业产业及国际学术机构的强强联合，成为提升国家文化软实力、增强中华文化国际影响力的主力阵营[3]。

面向行业产业的协同创新中心，以工程技术学科为主体，以培育战略新兴产业和改造传统产业为重点，通过高校与高校、科研院所，特别是与大型骨干企业的强强联合，成为支撑我国行业、产业发展的核心共性技术研发和转移的重要基地[4]。

面向区域发展的协同创新中心，以地方政府为主导，以切实服务区域经济和社会发展为重点，通过推动省内外高校与当地支柱产业中重点企业或产业化基地的深度融合，成为促进区域创新发展的引领阵地[5]。

高校在建设创新型国家中具有不可替代的重要作用，是国家创新体系的重要组成部分，承担着科教兴国和人才强国的双重使命。事实上，高校已成为我国建设创新型国家的重要力量，在创新平台建设、创新人才培养和承担重大科研任务方面发挥着越来越重要的作用。

【专栏 7-1】

2018 年，教育部、国家外国专家局公布了 2018 年新建高等学校学科创新引智基地评审结果，中国地质大学（武汉）环境学院王焰新教授申报的“环境水文地质学科创新引智基地”获批 2018 年度“高等学校学科创新引智计划”（简称“111 计划”），这是中国地质大学（武汉）获批的第 5 个“111 引智基地”，是中国地质大学（武汉）一流学科建设和国际化发展的重要标志性成果。

“环境水文地质学科创新引智基地”依托中国地质大学（武汉）生物地质与环境地质国家重点实验室和国家自然科学基金委“环境水文地质”创新研究群体，涉及环境科学与工程、地下水科学与工程、地质学等多个学科领域。该引智基地以解决地下水污染防治领域重大问题为目标，围绕地下水系统中有害物质迁移转化机理与地下水环境修复方法开展研究，既是当今国际水文地质学的前沿和热点课题，也是事关国家水资源保护和供水水质安全的重大战略问题。引智基地汇集了中国地质大学（武汉）12 名科研人员与 11 名外籍著名学者，他们共同组成中外联合科研团队，外方合作单位均为国际环境水文地质领域的著名高校与科研院所，如美国斯坦福大学、加拿大滑铁卢大学、美国西北太平洋国家实验室、美国阿贡国家实验室、澳大利亚联邦科学与工业研究组织、德国卡尔斯鲁厄理工学院、瑞士联邦理工学院等。

“111 计划”由教育部、国家外国专家局联合实施，瞄准国际学科发展前沿，以国家重点学科为基础，从世界范围排名前 100 位的著名大学及研究机构的优势学科队伍中引进、汇聚优秀人才，形成高水平研究队伍，推进中国高等学校建设世界一流大学的进程。

（案例来源于地大新闻网：https://voice.cug.edu.cn/info/1002/11710.htm）

2. 高校创新能力的关键在于培养创新人才

高校不仅需要由国家级重点实验室、国家工程研究中心、国防科技重点实验室、教育部重点实验室组成的研究实验基地结构体系，以国家工程研究中心、教育部工程研究中心、省部级工程研究中心为核心的技术创新体系和以大学科技园、技术转移中心为平台的成果转化与服务体系，更需要培养创新型人才。科技创新，关键是人才，根本在教育。要建设创新型国家，培养大批德才兼备、国际一流的科技尖子、科学大师和科技领军人物至关重要。

高校创新能力关键在教师创新能力的提升和学生创新能力的提升，这是培养创新型人才的重要路径，其中包括教师教育教学创新能力、教师科技创新能力、教师科技成果转化创新能力以及学生创新创业能力。

二、新时代高校创新能力面临的挑战与要求

1. 创新的内涵

1912 年，自美籍奥地利经济学家约瑟夫·熊彼特从经济学的角度提出“创新”这一概念以来，随着科学技术的突飞猛进和社会经济的发展，人们创新意识不断加强、创新水平不断提高，对创新的认识也大大扩展和深化，创新这个概念迅速地向社会生产、生活等各个人类活动领域渗透[5]。

创新就是利用现存的自然资源或社会要素创造新的矛盾共同体的人类行为，也认为是对旧有的一切所进行的替代、覆盖。创新按基本功能可分为知识创新、技术创新、知识传播、知识应用；按应用领域可分为技术创新、社会创新；按基本模式可分为自主创新、模仿创新、引进创新和合作创新。国内有关高校创新能力的研究，按照高校的三大职能，并考虑目前国内的研究热点问题划分为三大领域：高校科技创新能力、高校集成创新能力和高校人才创新能力[6]。

知识经济时代已经到来，科学研究及以其为基础的技术创新比以往任何时候都重要。创新已经成为一个国家经济发展最重要的动力源泉，也是抢占全球经济竞争制高点的关键所在。

2. 高校提升创新能力的重要性

科技创新有利于推动一流学科建设和一流大学建设，提升创新人才培养能力，推动高等教育发展。提升高校创新能力，既是目的，又是手段，以创新力为着眼点，抓住大学全方位的改革，尤其是科技创新和人才培养，这是高校提升创新力和竞争力、将科技转化为生产力的关键。

科技创新有利于推进我国创新体系建设、提高我国创新能力。高校是人才培养、知识生产和传播的核心阵地，是国家创新体系的重要组成部分，是知识生产的重要基地。高校的创新能力是培养创新型人才的前提，创新型人才是高校创新力的不竭动力，高校的创新力提升与国家经济社会的发展、科技进步休戚相关。高校创新力显著提升，国家综合实力的提高将获得重要支撑[7]。

第二节　高校科技创新管理的指导思想与原则

在国家科技创新体系中，高校承担着重要角色，完善与提高高校科技创新体系离不开对高校科技创新管理的研究与探讨。新时代高校科技创新管理仍要坚持中国特色社会主义道路，以马克思列宁主义、毛泽东思想、邓小平理论、“三个代表”重要思想、科学发展观、习近平新时代中国特色社会主义思想为指导，深入贯彻习近平总书记重要讲话系列精神，认真落实

党中央、国务院决策部署，坚持创新在我国现代化建设全局中的核心地位，把科技自立自强作为国家发展的战略支撑，面向世界科技前沿、面向经济主战场、面向国家重大需求、面向人民生命健康，深入实施科教兴国战略、人才强国战略、创新驱动发展战略，完善国家创新体系，加快建设科技强国。要强化国家战略科技力量，提升企业技术创新能力，激发人才创新活力，完善科技创新体制机制[8]。

一、指导思想

1. 习近平新时代中国特色社会主义思想

全面贯彻党的十九大和十九届历次全会精神，认真落实党中央、国务院决策部署，牢固树立新发展理念，遵循科研活动、人才成长、成果转化规律，深化科技体制改革，转变政府科技管理职能，抓战略、抓规划、抓政策、抓服务，支持高校和科研院所依法依规行使科研相关自主权，充分调动单位和人员积极性、创造性，增强创新动力活力和服务经济社会发展的能力，为建设创新型国家和世界科技强国提供有力支撑[9]。

2. 习近平关于科技创新的重要论述

(1)科技创新地位论。中共中央总书记、国家主席、中央军委主席习近平 2022 年 6 月 28 日在湖北省武汉市考察时强调，科技自立自强是国家强盛之基、安全之要。我国是世界第二大经济体，但还有不少短板，一些产业的基础还不是很牢固，进一步发展必须靠创新。全面建设社会主义现代化国家，实现第二个百年奋斗目标，创新是一个决定性因素。

(2)科技创新道路论。坚持科技创新，必须走一条符合中国国情的科技创新之路。在党的十八大报告中，习近平强调，中国科技创新必须坚定不移走自主创新道路，指明了科技创新的必然路径。中国走自主创新道路主要有以下两方面优势：一是充分发挥我国的制度优势，二是坚持自力更生是我党的优良传统。科技创新的本质要求是自主创新，自主创新离不开自力更生。习近平关于“一带一路”和构建人类命运共同体的倡议，体现出科技创新既要自力更生，也应包容开放。习近平不仅明确了中国科技创新的自主创新之路，还亲自谋划并部署了一系列重要举措：一是超前谋划，基于国际形势和国内现实做好顶层设计；二是牵住科技创新的“牛鼻子”，集中力量攻克薄弱环节，如国防科技、武器装备建设、信息化核心技术和信息基础设施；三是实施“非对称”赶超战略，即在关键领域、“卡脖子”的地方下大功夫；四是指出科技创新的三大方向，即面向世界科技前沿、面向经济主战场、面向国家重大需求。

(3)科技创新体制论。对于如何深化科技体制改革，习近平强调：一是建立以企业为主体、以市场为导向、产学研深度融合的技术创新体系；二是处理好政府和市场的关系；三是消除科技创新中的“孤岛现象”；四是营造良好的政策环境。

(4)科技创新战略论。习近平强调，我们必须完整、准确、全面贯彻新发展理念，深入实施创新驱动发展战略，把科技的命脉牢牢掌握在自己手中，在科技自立自强上取得更大进展，不断提升我国发展独立性、自主性、安全性，催生更多新技术新产业，开辟经济发展的新领域新赛道，形成国际竞争新优势。高端制造是经济高质量发展的重要支撑。推动我国制造业转型升级，建设制造强国，必须加强技术研发，提高国产化替代率，把科技的命脉掌握在自己手中，国家才能真正强大起来。首先，创新驱动必须处理好“一对关系”，即处理好创新和就业的关系。其次，要正确认识创新驱动面临着“双重任务”：一方面，我们要跟踪全球科技发展方向，努力赶超，力争缩小关键领域差距，形成比较优势；另一方面，我们要坚定问题导向，通过创新突破我国发展的瓶颈制约。最后，创新驱动要完成科学研究、实验开发、推广应用的“三级跳”。

(5)科技创新主体论：人是科技创新最关键的因素。面对科技创新人才培养与实践脱节的现象，科技创新人才发展的配套措施不够的问题，习近平强调关键是要坚持党管人才原则，统筹加强各类高层次人才队伍建设，进一步破除阻碍人才发展的体制机制障碍；要进一步继续深化教育改革，推进素质教育，创新教育方法，提高人才培养质量，努力形成有利于创新人才成长的育人环境。

(6)科技创新目的论：使科技成果更充分地惠及人民群众。习近平坚持以人民为中心的发展思想，表明了科技创新应该是为人民群众服务的，要积极引导科技创新的价值导向，发挥其在国家、社会和人民中的正面作用，使科技成果更充分地惠及人民群众。

(7)科技创新目标论：建设科技强国。习近平关于“建设世界科技强国”的美好愿景，是立足科技创新发展实际做出的目标选择，体现了以习近平同志为核心的党中央的道路自信和使命担当，是实现“两个一百年”奋斗目标的关键一环，是实现中华民族伟大复兴中国梦的重要一步[10]。

3. 关于扩大高校和科研院所相关自主权的若干意见

高校和科研院所从事探索性、创造性科学研究活动，具有知识和人才独特优势，是实施创新驱动发展战略、建设创新型国家的重要力量。党中央、国务院高度重视高校和科研院所科研领域简政放权工作，近年来出台了一系列改革举措，取得了良好效果。但随着科技创新向纵深推进，高校和科研院所科研相关自主权越来越难以适应实践发展的需求。《关于扩大高校和科研院所科研相关自主权的若干意见》的印发对进一步完善相关制度体系，推动扩大高校和科研院所科研领域自主权，全面增强创新活力，提升创新绩效，增加科技成果供给，支撑经济社会高质量发展具有重要意义[9]。

二、管理原则

1. 坚持单位发展与国家使命相一致

坚持和加强党对高校和科研院所的全面领导，牢记国家使命，坚持国家目标导向，充分利用国家赋予的职责权限组织开展工作，积极承担重大科研任务，将单位发展融入国家发展大局，在服务国家目标过程中实现自身可持续发展。

2. 坚持统一要求与分类施策相协调

扩大高校和科研院所科研相关自主权应符合中央分类推进事业单位改革的总体要求，尊重科学规律，针对高校和科研院所的不同特点精准施策，实行分类管理，提高政策的针对性和可操作性。

3. 坚持简政放权与加强监管相结合

最大限度地减少政府对高校和科研院所内部事务的微观管理与直接干预，加强对发展方向的总体把握，实施预算绩效管理，推动内控机制建设，确保充分放权与有效承接、完善内部治理与加强外部监督、激励担当作为与严肃问责追责等有机结合、权力与责任相一致[9]。

【专栏 7-2】

2019 年 8 月，教育部办公厅印发《关于公布 2019 年度全国创新创业典型经验高校名单的通知》，我校入选 2019 年度全国创新创业典型经验高校。此前，我校于 2015 年获批科技部首批国家级众创空间，2016 年获评教育部第二批全国高校实践育人创新创业基地。

为全面贯彻落实党中央、国务院关于做好大学生创新创业工作的重要部署，积极发挥典型引领作用，推动全国高校进一步深化创新创业教育改革，提升创业指导服务工作水平，促进毕业生更高质量创业就业，教育部于 2019 年 1 月启动开展了 2019 年度全国高校创新创业总结宣传工作，面向全国所有高校，历时 6 个月，经过学校总结、推荐申报、专家初选、社会调查和实地调研等环节，最终评选出 50 所高校入围 2019 年度全国创新创业典型经验高校，其中中央部门所属高校 8 所，省属本科高校 31 所，高职高专院校 11 所。

近年来，我校积极响应国家创新驱动发展战略，围绕学科特色优势，坚持“谋求人与自然和谐发展”的价值观，将深化创新创业教育改革作为推进学校“双一流”建设的重要内容，紧密结合行业和服务区域需求开展创新创业教育。我校以培养“品德高尚、基础厚实、专业精深、知行合一”的高素质人才为目标，积极构建“跨学科专业交叉融合、教学与科研实践融合、创新创业教育与专业教育融合”的“三融合”人才培养模式。在全国“互联网+”大学生创新创业大赛中，获得 1 金 2 银的优异成绩。培养出以“第十三届中国大学生年度人物”王奉宇、脚爬客信息技术有限公司创始人李鑫、中地水石环保科技有限公司创始人彭浩、“全国扶贫先进个人”翁新强为代表的一批创新创业人才。

（案例来源于地大新闻网：https://voice.cug.edu.cn/info/1032/14771.htm）

三、高校科技创新管理

1. 高校科技创新管理是对创新能力进行管理的系统

高校通过充分地调动自身拥有的各种科技创新资源，有效地对其进行协调与整合，通过知识与技术创新、管理创新等多样化的科技创新活动形成高质量的科技创新产出，并在科技领域形成自身的竞争优势，产生自身的创新特色。对科技创新基础的管理、对科技创新投入的管理、对科技创新产出的管理及对科技创新成果转化的管理 4 个要素共同构成了高校科技创新管理。

2. 高校科技创新管理系统是一个开放的系统

高校需要主动地、自发地凭借自身所拥有的科技力量，通过外部环境的支持，精准地把握与识别出当下科技发展的整体趋势，从而有效地应对市场与科技的变化，通过进行创造性的研究，研究出新技术与新知识，并将研究成果实现有效转化与产业化，推动社会的发展与科技、经济的进步，整个系统具有开放性与动态性的特点。

3. 高校科技创新管理是一个协同的系统

高校通过对自身拥有的人力、物力、管理等资源与成果转化能力及创新成果产出等要素进行协调与优化配置，从而使各个要素之间进行有机结合、良性互动与整体发展，使自身的科技创新管理系统不是一种要素的简单叠加，而是各个要素之间相辅相成。高校不仅追求管理系统要素自身的质量与规模，而且强调在科研活动中的优化与利用，这是高校科技创新结构优化与功能发挥程度的反映。

第三节　高校科技创新管理内容与机制、管理方法与评价

《中国教育现代化 2035》强调要“加强高校创新体系建设，提升原始创新能力”，这深刻揭示了国家对高校科技创新的高度重视。高校科技管理体制机制涉及高校科技管理机构设置、科技评价与考核、科研队伍组织管理、科教协同育人、科技资源配置等多个方面，其改革成效在一定程度上影响到我国高校科技管理体制机制改革目标的实现。高校科技管理体制机制改革的顺利开展，有利于实现国家科技体制改革总体目标，加快国家创新驱动发展，提升我国科技竞争力[11]。

一、主要管理环节

科学技术发展院（简称“科发院”）是在学校党委与行政领导下，负责全校科研活动与技术开发工作的管理部门，承担着服务教师、提升创新能力、促进科学技术发展与提供社会服务等职责。贯彻落实习近平新时代中国特色社会主义思想与国家科技相关的政策方针，面向社会经济发展的需要，依托校内学院与广大师资，围绕“基地、项目、人才、成果、机制”开展工作，以服务赢得各方支持，以贡献求得自身发展。以华中科技大学科发院为例，其主要职责如下。

(1)负责制订学校科技发展规划和科技政策，制订学校科技管理办法。

(2)负责国家、部省等各类纵向研究计划项目与国际合作研究项目的组织申报与管理。

(3)负责国家科技重大项目的组织申报与管理。

(4)负责各类横向科技开发项目的组织申报与管理，负责校地合作、校企合作与驻外研究院管理。

(5)负责学校科研基地建设与管理，负责学校知识产权与科技成果管理。

(6)负责国家、部省科技成果奖励及各类社会力量设立的科技奖励的组织申报与争取。

(7)负责学校自主创新基金的管理。

(8)负责学校科研项目计划经费的分配管理，编制科技统计报表等。

二、内容与机制

1. 完善机构运行管理机制

(1)完善章程管理。主管部门要按照中央改革精神和政事分开、管办分离的原则，组织所

属高校完善章程，推动科研院所制定章程，科学确定不同类型单位的职能定位和权利责任边界。高校和科研院所要按照章程规定的职能和业务范围开展科研活动，完善内部治理结构，建立高效运行管理机制。主管部门对章程赋予高校和科研院所管理权限的事务不得干预。

(2)强化绩效管理。高校和科研院所要制订中长期发展目标和规划，明确绩效目标及指标。主管部门要按照权责利效相统一和分类评价原则，减少过程管理，突出创新导向、结果导向和实绩导向，对高校和科研院所实行中长期绩效管理和评价考核，评价结果以适当方式公开，并作为单位财政拨款、科技创新基地建设、领导人员考评奖励、绩效工资总量核定等的重要依据；机构编制部门按照程序办理科研事业单位编制调整事项时，参考评价结果。

(3)优化机构设置管理。科技部门要按照功能定位清晰、布局合理、精简高效的原则，拟订科研机构改革发展与布局的规划，推动科技资源优化配置。高校和科研院所在章程规定的职能范围内，根据国家战略需求、行业发展需要和科技发展趋势，按照精简、效能的原则，可自主设置、变更和取消单位的内设机构。

2. 优化科研管理机制

(1)简化科研项目管理流程。完善中央财政科技计划重大项目组织实施机制，围绕国家需求改进项目形成机制，合理确定项目布局、数量及体量，优选研发团队，强化责任落实与结果考核，简化过程管理。科技部门要会同相关部门精简项目申报流程，减少不必要的申报材料。项目实施期间实行"里程碑"式管理，减少各类过程性评估、检查、抽查、审计等。合并财务验收和技术验收，评估、规范和动态调整第三方审计机构。整合科技管理各项工作和计划的材料报送环节，实现一表多用。建立国家科技管理信息系统按权限开放制度，凡是信息系统已有材料或已要求提供过的材料，不得要求重复提供。科技、财政、教育部门和中国科学院等要开展减轻科研人员负担专项行动，积极营造有利于潜心研究的环境。

(2)完善科研经费管理机制。改革间接经费预算编制和支付方式，不再由项目负责人编制预算，由项目管理部门(单位)直接核定并办理资金支付手续，资金直接支付给承担单位。加快推进基于绩效、诚信和能力的科研管理改革试点，及时总结推广科研项目资金管理等试点经验和做法。落实横向经费使用自主权，单位依法依规制定的横向经费管理办法可作为审计检查依据。允许项目承担单位对国内差旅费中的伙食补助费、市内交通费和难以取得发票的住宿费实行包干制。科技、教育部门适时选择部分高校和科研院所探索开展国内差旅费报销改革试点。

(3)改进科研仪器设备耗材采购管理。简化采购流程，缩短采购周期，对独家代理或生产的仪器设备，高校与科研院所可按有关规定和程序采取更灵活便利的采购方式。对科研急需的设备和耗材，采用特事特办、随到随办的采购机制，可不再走招投标程序。各单位要建立完善的科研设备耗材采购管理制度，对确需采用特事特办、随到随办方式的采购做出明确规定，确保放而不乱。

(4)赋予创新领军人才更大的科研自主权。国家科研项目负责人可根据国家有关规定自主调整研究方案和技术路线，自主组织科研团队。具有相应授权的高校和科研院所在研究生招生计划分配中，要向承担科技重大专项、重点研发计划等国家重大科研项目的优秀团队和导师倾斜。探索基于重大科技创新平台、重大科研项目和工程项目加强博士研究生培养，完善培养成本分摊机制。项目承担单位要切实落实公务卡管理自主权，允许项目临时聘用人员、研究生等不具备公务卡申请条件的人员因执行项目任务产生的差旅费不使用公务卡结算。

(5)改革科技成果管理制度。修订完善国有资产评估管理方面的法律法规，取消职务科技成果资产评估、备案管理程序。科技、财政等部门要开展赋予科研人员职务科技成果所有权或长期使用权试点，为进一步完善职务科技成果权属制度探索路子[9]。

【专栏 7-3】

为弘扬以爱国主义为核心的民族精神和以改革创新为核心的时代精神，推动完善以“五育并举”为内核的“三全育人”人才培养体系，培育“三观三型”新工科人才，中国地质大学(武汉)工程学院打造了集“行业认知＋知识拓展＋就业育人”为一体的“工程行业认知”课程，邀请在工程领域各行业具有重要影响力的企业中任职的技术专家和优秀校友担任授课讲师，向青年学生介绍行业发展，讲述工程人的奋斗故事，指引职业发展方向，鼓励学生专业报国。其中，武汉雷神山医院总工程师贾瑞华主讲的“雷神山医院建设纪实”，武汉最大方舱医院施工负责人李永刚主讲的“战疫讲座”，川藏铁路副总设计师黄勇介绍的“人类历史上最具挑战性的铁路工程”，“双奥总工”李久林讲授的“绿色可持续建造的工程理念”等经典课程，在全体学生心中树立了“继承前辈意志、担当复兴大任”的宏图大志。地质工程专业的寇桓嘉同学表示：“听完李久林校友的报告，我深感在新时代的背景下，工程行业也要贯彻落实创新、协调、绿色、开放、共享的新发展理念，在未来研究生深造中我将更加注重扎牢专业根基，注重将所学知识与工程实际相结合，贯彻科技创新的‘四个面向’重要指示，为实现党的‘第二个百年奋斗目标’添砖加瓦。”

工程学院与数十家企业通力合作、协同发力，通过搭建实践平台、挖掘产研结合点、提供保障等措施，为学院培养新工科人才和创新创业人才开辟了行之有效的途径。探索实践教学与实习基地建设模式，与中国地质调查局、中国煤炭科工集团有限公司等 70 多家企业开展校企合作、产教融合，创新实践以“3 年理论课教学＋1 年实习实训”为模式的“3＋1”钻探和岩土卓越人才培养模式，力求突破传统工科人才培养范式。工程学院实施“专业＋双创”创新能力培养计划，搭建了以“双创”重大赛事为龙头，解决实际工程问题为导向，实践学科竞赛科研实训为阶梯，普及型科创活动为基础的本研一体、层次递进的“双创”实践体系。

2021 年，在产学研合作模式的广泛助力下，工程学院在湖北省第十三届“挑战杯”大学生课外学术科技作品竞赛中获得湖北省二等奖；在第七届中国国际“互联网＋”大学生创新创业大赛中，工程学院学生孙思璇博士负责的地灾管家团队基于多项发明专利，研发出柔性测斜仪和管道轨迹仪，构建空天地一体化地质灾害监测预警系统，项目获大赛全国铜奖、湖北省金奖，另有两个团队分别获湖北省银奖和铜奖。文新和张永权获评第七届中国国际“互联网＋”大学生创新创业大赛校级优秀指导老师。

长期以来，工程学院聚焦立德树人根本任务，切实将贯彻新发展理念与开展“我为群众办实事”活动有机结合，全力为学生搭建创新创业平台，持续推动产学研深度融合，建立了学生满意、行业欢迎、社会认可的人才培养模式，培养了更多高技能人才和大国工匠，为全面建设社会主义现代化强国、实现中华民族伟大复兴的中国梦提供人才支持。

(案例来源于地大新闻网：https://voice.cug.edu.cn/info/1032/19265.htm)

三、管理方法

1. 改革相关人事管理方式

(1)自主聘用工作人员。高校和科研院所可根据国家有关规定和开展科研活动需要,制订招聘方案,设置岗位条件,发布招聘信息,自主组织公开招聘,规范聘后管理,畅通人员出口,实现聘用人员市场化退出。对本土培养人才与海外引进人才一视同仁,平等对待。支持和鼓励高校和科研院所专业技术人员以挂职、参与项目合作、兼职、在职创业等方式从事创新活动。允许科研院所完善内部用人制度,自主聘用内设机构负责人。高校和科研院所正职和领导班子中属中央管理的干部要严格执行中央有关规定,内设研发机构负责人可依法依规获得科技成果转化现金和股权奖励,执行教学科研人员因公临时出国、兼职等区别对待、分类管理政策。

(2)自主设置岗位。高校和科研院所可根据国家有关规定,结合科技创新事业发展需要,在编制或人员总量内自主制订岗位设置方案和管理办法,确定岗位结构比例。已全面实行聘用合同、岗位管理和公开招聘制度,建立能上能下、能进能出灵活用人机制的单位,可在编制内适当增加高级专业技术岗位比例,调整情况按管理权限报相关部门备案。允许高校和科研院所通过设置创新型岗位和流动性岗位,引进优秀人才从事创新活动。对单位引进的急需紧缺高层次人才,通过调整岗位设置难以满足需求的,经相关部门审批同意,设置一定数量的特设岗位,不受岗位总量、最高等级和结构比例限制,涉及编制事宜报机构编制管理部门按程序专项审批。完成相关任务后,按照管理权限予以核销。

(3)切实下放职称评审权限。高校和科研院所按照国家规定自主制订职称评审办法和操作方案,按照管理权限自主开展职称评审,评审结果事后按要求报主管部门备案。部分条件不具备、尚不能独立组织评审的高校和科研院所,可自主采取联合评审、委托评审等方式。对引进的急需紧缺高层次人才和有突出贡献的人才,允许高校和科研院所在明确标准、程序和公示公开的前提下,开辟评审绿色通道,评审标准不设资历、年限等门槛。

(4)完善人员编制管理方式。教育部门要会同机构编制、财政、人力资源社会保障等相关部门加快制订高校人员总量核定指导标准和试点方案,积极开展试点。在总结评估科研院所编制备案制试点工作基础上,完善相关政策,逐步扩大试点范围。

2. 完善绩效工资分配方式

(1)加大绩效工资分配向科研人员倾斜力度。高校和科研院所可在绩效工资总量内,按国家有关规定自主确定绩效工资结构、考核办法、分配方式、工资项目名称、标准和发放范围,绩效工资分配要向关键创新岗位、作出突出贡献的科研人员、承担财政科研项目的人员、创新团队和优秀青年人才倾斜。在绩效工资总量核定中,要向高层次人才集中,向创新绩效突出的高校和科研院所倾斜。人力资源社会保障、财政部门要会同相关主管部门在部分高校和科研院所探索建立符合行业特点的工资制度。

(2)强化绩效工资对科技创新的激励作用。对全时承担国家关键领域核心技术攻关任务的团队负责人以及单位引进的急需紧缺高层次人才等可实行年薪制、协议工资、项目工资等灵活分配方式，其薪酬在所在单位绩效工资总量中单列，相应地增加单位当年绩效工资总量。加大高校和科研院所人员科技成果转化股权期权激励力度，科研人员获得的职务科技成果转化现金奖励、兼职或离岗创业收入不受绩效工资总量限制，不纳入总量基数。

3. 确保政策落实见效

（1）加强统筹协调。科技、教育部门要会同组织、机构编制、发展改革、财政、人力资源社会保障等相关部门及时完善配套制度，建立政策落实沟通反馈和动态调整机制，适时组织开展改革效果评估。主管部门要根据本意见精神在半年内完成本部门相关管理制度的修订，在岗位设置、人员聘用、内部机构调整、绩效工资分配、评价考核、科研组织等方面充分放权，加强支持保障和绩效管理。相关改革试点工作要在半年内启动，有关部门要加强指导并及时总结评估、复制推广成功经验和做法。

（2）落实主体责任。高校和科研院所党政主要领导是本单位抓落实的第一责任人，要提高思想认识，强化责任担当，抓好组织实施，把自主权政策落实到科研一线，抓落实的成效作为单位班子考核的重要内容。一年内要制订完善本单位科研、人事、财务、成果转化、科研诚信等具体管理办法，建立健全相关工作体系、配套制度，积极推进重大决策、重大事项、重要制度等公开，自觉接受各方监督。

（3）实施有效监管。高校和科研院所要建立适合本单位实际情况的内部控制体系，强化内部流程控制，分析风险隐患，完善风险评估机制，实现内控体系全面、有效实施，确保自主权接得住、用得好、不出事，防止滋生腐败。

（4）各相关部门要跟踪高校和科研院所履行职责、行使自主权情况，通过“双随机、一公开”抽查、督查、第三方绩效评估等方式督促推动改革政策落实，对落实不到位的以适当方式予以通报，对发现的违法违规问题予以严肃处理。实行科研项目责任人预算绩效负责制，重大项目责任人实行绩效终身责任追究制。构建公开公示和信用机制，将诚信状况作为单位获得科研相关自主权的重要依据，将单位行使相关自主权过程中出现的失信情况纳入信用记录管理，对严重失信行为实行终身追责、联合惩戒。

（5）鼓励担当作为。按照“三个区分开来”的要求，鼓励高校和科研院所改革创新。监督检查工作中出现与工作对象理解相关政策不一致时，监督检查部门要与政策制定部门沟通，及时调查澄清。对在担当作为中发生无意过失的干部，要按照事业为上、实事求是、依法依纪、容纠并举等原则，结合动机态度、客观条件、程序方法、性质程度、后果影响以及挽回损失等情况，进行综合分析和妥善处理，该容的大胆容，不该容的坚决不容，鼓励干部敢于担当、主动作为[9]。

四、评价

1. 高校科技创新能力评价

随着科技创新的重要性日益受到各国的重视，高校科技创新能力的评价问题也变得更为重要。高校科技创新能力具有多个系统和多层次性质，如包含科研人员、科研投入、科研成果、科研创新等。同时，每个因素里又包含许多因素，如何能对高校科技创新能力做出全面、客观、真实的评价，选择一种好的评价方法是关键。根据高校科技创新活动的自身特点和指标体系设置的基本原则，结合教育部对高校科技创新能力的评价指标，参照国内许多专家学者提出的高校科技创新能力评价指标体系，构建出从过程出发的评价指标体系（表 7.2）。该体系分为科技创新基础能力、科研经费投入额度、科技成果产出水平三个一级指标[12]。

表 7.2　高校科技创新能力评价指标体系

<table>
<tr><th>目标层</th><th>准则层</th><th>影响因素</th><th>指标因子</th><th>单位</th><th>指标编号</th></tr>
<tr><td rowspan="14">高校科技创新能力</td><td rowspan="4">科技创新基础能力</td><td rowspan="2">教学与科研人员</td><td>科学家与工程师</td><td>人</td><td>Z1</td></tr>
<tr><td>高级职称</td><td>人</td><td>Z2</td></tr>
<tr><td rowspan="2">研究与发展人员</td><td>科学家与工程师</td><td>人</td><td>Z3</td></tr>
<tr><td>高级职称</td><td>人</td><td>Z4</td></tr>
<tr><td rowspan="3">科研经费投入额度</td><td rowspan="3">资金投入</td><td>政府资金</td><td>千元</td><td>Z5</td></tr>
<tr><td>企事业单位委托</td><td>千元</td><td>Z6</td></tr>
<tr><td>其他</td><td>千元</td><td>Z7</td></tr>
<tr><td rowspan="7">科技成果产出水平</td><td rowspan="2">科技课题</td><td>课题总数</td><td>项</td><td>Z8</td></tr>
<tr><td>专著</td><td>部</td><td>Z9</td></tr>
<tr><td rowspan="2">科技成果</td><td>学术论文</td><td>篇</td><td>Z10</td></tr>
<tr><td>鉴定成果数</td><td>项</td><td>Z11</td></tr>
<tr><td rowspan="2">技术转让</td><td>签订合同数</td><td>项</td><td>Z12</td></tr>
<tr><td>当年实际收入</td><td>千元</td><td>Z13</td></tr>
<tr><td>成果报奖</td><td>国家级奖</td><td>项</td><td>Z14</td></tr>
</table>

资料参考：http://www.most.gov.cn/zxgz/cxdc/cxdczbtx/201311/t20131129_110675.html.

2. 高校科技创新管理评价

（1）高校科技管理机构职能交叉：这不仅在一定程度上造成科技管理人力资源的浪费，降低人力资源利用率，而且在绩效考核时，由于工作和人员的分流，也导致考核人员无法对职能交叉的工作进行准确评定，影响高校的考核工作，同时也挫伤科技管理人员的积极性。

（2）高校科技评价考核体系不完善：大多数高校对于学科差异和岗位差异并没有进行更为细致的区分，这不仅降低了高校科技评价考核的公平性和准确性，而且影响了部分高校科研人员的工作积极性。目前的科技评价考核体系过度注重科研成果的第一排位，而忽略了第二排位及之后排位成员在成果产出过程中付出的努力。如此一来，高校科研人员独干意识较强，参与团队工作意愿较低，导致科研智慧分散，影响高校高水平科研成果的产出。

（3）高校科教协同基础薄弱：目前高校的任课教师大多科研工作经历较短，在任课过程中只能讲授课程内容，且目前高校课程多以学习科学理论知识为主，无法结合自身科研经验对课堂知识进行拓展和补充。这样不仅使学生获取的知识受限，也不利于培养学生的科研思维与科研实践能力，从而影响了高校科教协同育人目标的实现。

(4)高校科技资源配置失衡:政府科研经费分配上悬殊的两极分化,使大多数普通高校缺少必要的政府经费支持,从而制约了高校科技资源的高效配置[11]。

第四节 高校科技创新成果转化与科技评价

2018年4月24—28日,习近平在湖北考察时强调,真正的大国重器,一定要掌握在自己手里。核心技术、关键技术,化缘是化不来的,要靠自己拼搏。全体中国人民要齐心合力、砥砺奋斗,共圆中国梦!具有自主知识产权的核心技术,是企业的"命门"所在;企业必须在核心技术上不断实现突破,掌握更多具有自主知识产权的关键技术,掌控产业发展主导权。然而,单纯依托企业研发,存在投入大、周期长、难度大、风险大等问题,必须加强高校成果转化,深入开展产学研融合。

一、成果转化形势

我国拥有高等学校3005所(本科院所1258所),科研经费投入及专利情况见表7.3。

表7.3 近些年来我国科研经费投入及专利情况

年度	科研经费/亿元	科研人员/人	专利授权量/项	专利转让合同数
2011	940	331 016	35 098	1745
2012	1030	338 629	49 436	2143
2013	1170	347 861	68 971	2357
2014	1223	359 884	79 926	2310
2015	1244	369 510	82 369	2257
2016	1356	381 102	121 981	2695
2017	1537	391 240	144 375	4803
2018	1772	414 886	163 157	5899
2019	2458	606 242	206 036	9229

近年来,国家和教育部出台了众多法律与政策。但是我国高校科技成果转化仍然存在很多问题,其中的一些问题是我国高校长期存在的问题,如以论文为主的评价导向问题;也有一些问题是科技成果转化管理改革本身的问题,如有些高校政策理解不到位、执行速度和效率较差等问题。

(1)顶层设计问题。有少数高校在进行成果转化工作部署时站位不高,主要校领导没重视起来,学校顶层设计不到位。主要表现为:校领导把成果转化管理改革当成一项常规改革,未领会党中央和国务院的改革目的和精神,没有急国家之所急;没有认识到参与社会服务对高校自身发展建设的重要性,仍按传统思维指导科技成果转化工作;未将成果转化工作纳入学校整体规划和工作计划;未将成果转化与科学研究、创新人才培养和学科建设等工作统筹安排和部署。

(2)体制机制问题。成果转化是一项专业性很强的复杂工作,需要一批懂技术、市场、法律、投资等的高层次专业人才协同配合才能完成,因此,必须创新体制机制,设计合理的动力机制,如此才能建立起这样一支专业的人才团队。但是,现在很多高校还停留在比较简单的给人、给钱阶段,如增加事业编制人数,甚至设立一个正处级单位,或者加大经费预算、提高专利奖励力度等,没有建立起吸引优秀人才的平台和渠道,更没有多劳多得、不劳无获的动力机制与淘汰机制。

(3)专业能力问题。据清华大学 2015 年研究数据,全国有 45%的高校未设立技术转移机构,设立了转化机构的高校中 87.9%的专职工作人员仅 2 人左右。而且,成果转化管理人员一般以行政管理职能为主,从人数和能力上来说都不具备专业服务能力。然而,干专业的事得靠专业的人,成果转化必须要依托校内专门服务机构、专业转化平台和校外的专业服务机构,各学校必须要有专业的知识产权、技术转移、融资等服务能力,同时具有中试基地、工研院、孵化器和科技园等孵化服务平台,或者与社会上的专业技术转移、投资和孵化机构签约合作。

(4)领导干部从事成果转化的问题。根据国务院出台的《实施〈中华人民共和国促进科技成果转化法〉若干规定》(国发〔2016〕16 号),高校党政一把手除外,学校副校长、学院院长等都可以技术入股从事产业孵化与成果转化,一把手也可以参与成果转化,只是不能以技术入股的形式持有股权,但可以以许可、转让的形式获取直接的现金收益。可以说,国家非常重视成果转化,鼓励更多科技人员从事成果转化,包括学校、学院的领导干部。然而实际情况是:虽然说“法无禁止皆可为”,但随着“八项规定”的严格实施和反腐工作的不断深入,组织、纪委等部门没有出台明确规定的行为,因而几乎没有领导干部敢冒险尝试,即“法未规定不可为”。高校的大部分领导干部本身也是科研领军人才,是大项目的承担者,是众多大成果、好成果的持有者,这些人不敢参与成果转化,学校成果转化工作很难取得突破。

(5)国资处置过程中的问题。根据 2019 年 3 月 29 日《财政部关于修改〈事业单位国有资产管理暂行办法〉的决定》(财政部令第 100 号),职务科技成果在转让和作价入股时财政部不再强制要求第三方评估,有巨大进步。但该文件并不是说不需要评估了,只是将决定是否需要评估的权力下放给高校,高校权力更大了,责任也更大了,各高校亟须建立相应的无形资产评估管理体系。另外,科技成果作价入股后,对高校资产经营管理部门来说面临增值保值的任务,然而,无形资产作为一种特殊的国有资产,评估定价难,影响资产增值保值的非管理因素较多,按固定资产管理模式来管理无形资产并不科学。

(6)工作深度问题。不少地方和高校常组织所谓的成果转化签约大会,签约金额很大,场面非常热闹,但其中跟成果转化真正相关的项目并不是太多。这种运动式的“泛成果转化活动”不适合大量组织,否则必将导致各级部门和社会各界误以为成果转化工作已经做得很好,从而不再给予充分重视与支持,同时,也会使活动组织者和参与者逐渐失去对成果转化工作的热情[13]。

(7)知识产权“重数量轻质量”“重申请轻实施”。在“第十三届中国产学研合作创新大会”上,教育部科技司司长雷朝滋表示我国知识产权“两重两轻”问题主要表现在两个方面:一是专利数量存在泡沫。2017 年,我国世界一流大学建设高校中,专利授权量超过 1000 件的高校有 16 所,授权量最高的超过 2000 件,而美国麻省理工学院、斯坦福大学分别为 306 件和 204

件。我国高校专利数量普遍是欧美高校的5倍以上，这显然与我国高校实际创新水平不相符合。二是专利实施转化亟需加强。据报道，我国高校专利转化率普遍低于10%，而美国高水平大学专利转化率约40%，可以看出，我国高校专利转化与国外高水平大学存在较大差距，高校科技成果转化率偏低成为我国科技成果转化工作研究的重要课题。

二、成果转化政策

1. 大“三部曲”迎来高校科技成果转化的春天

2015年以来，党中央、国务院对科技创新工作尤为关注，并针对全国的科技成果转化出台了一系列文件。2015年，全国人民代表大会修订了《促进科技成果转化法》；2016年，国务院颁布《实施〈中华人民共和国促进科技成果转化法〉若干规定》，国务院办公厅出台了《促进科技成果转移转化行动方案》。以上3个文件被称为科技成果转化大“三部曲”[14]。

在中央政策文件的催生下，2015年以来，包括教育部在内的相关部门也陆续出台了一些优惠性、激励性和推动性的政策，科学家与高等院校的创新热情被大大激发，使我国科技成果转化工作取得了快速发展。2019年，全社会以技术开发、技术转让、技术服务、技术咨询方式转化科技成果的合同金额高达到了2.2万亿，数额超过了2019年全社会的研究开发投入，增长非常迅速，并且提前一年实现了我们建设创新型国家的目标。这些数字的背后不仅体现了国家、高校及科研人员的付出、努力和热情，而且体现了创新成为真正带动经济社会发展的新动能。

2. 小“三部曲”之教育部全面总动员

2019年党的十九届四中全会之后，中共中央又出台了相应的政策。第一，教育部、国家知识产权局和科技部联合印发的《关于提升高等学校专利质量促进转化运用的若干意见》提出了一些新的重要理念，比如高校专利不仅要数量多而且要强，质量高更为重要。高质量的科技成果出来后，我们才能推动高价值的转化，因此不能把专利数量作为考核评价的依据，而要把高质量作为依据。第二，2020年5月科技部等9部门出台《赋予科研人员职务科技成果所有权或长期使用权试点实施方案》，这是党中央国务院的直接部署。这份方案把高校和科研院所职务科技成果的所有权与相关科研人员进行分享，可以称之为“促进科技成果转化的重大体制机制性的改革和突破”，堪比科技界的“小岗村改革”。第三，科技部、教育部出台《关于进一步推进高等学校专业化技术转移机构建设发展的实施意见》。以上3个文件被称为小“三部曲”。小“三部曲”是大“三部曲”的延伸，是科技体制改革探索的又一次重大事件和突破。高校作为小“三部曲”改革的参与方，担负了更大的使命和责任[15]。

三、高校科技评价

2018年10月，科技部、教育部、人力资源和社会保障部、中国科学院、中国工程院5部门联合印发《关于开展清理“唯论文、唯职称、唯学历、唯奖项”专项行动的通知》。特别是2020年初，教育部、科技部联合印发《关于规范高等学校SCI论文相关指标使用　树立正确评价导向的若干意见》(教科技〔2020〕2号)，科技部印发《关于破除科技评价中“唯论文”不良导向的若干措施(试行)》(国科发监〔2020〕37 号),更是将科技评价问题聚焦到“唯论文”及 SCI 指标使用不当的问题上,引起了社会各界的广泛关注和热议[16]。

论文、项目、奖励、人才称号(包括学历、职称等)等都是科研活动中非常重要的指标。论文是科学发现或创新思想的重要展示方式;以竞争方式获得项目资助是科研人员研究水平和能力的反映;奖励和人才称号是社会(主要是科学共同体)对科研人员研究工作的认可。因此,对于科技评价而言,这些指标无疑都很重要。破“四唯”并不是说在科技评价中不再看这些指标,而是不能“唯”。“唯”的关键是简单地以这些指标加和计算,即:简单地以论文数量、发表刊物的影响因子,以及项目、奖励、人才“帽子”等的数量和级别计算分值——分值越高越好,分值不够就不达标。因此,破“唯”的核心就是要破简单、机械的量化评价[17]。

那么,如何破简单、机械的量化评价呢?当然就是用定性评价来替代,也就是我们所熟知的同行评议。基础科学研究具有不确定性,其原创性成果的价值难以量化,且成果“只有第一,没有第二”。因而,目前只有同行评议是科技界公认可行的评价基础研究的方法。有效的同行评议需要 3 个前提条件:①要有“好”的、有水平的同行,这就需要有一支数量较大的高水平专家队伍;②要有“好”的科学文化,人情、关系过盛是做不到真实有效的评价的;③要有“好”的评价对象,稀缺的评价资源首先要投放在高水平的、有潜力的评价对象上[18]。

四、成果转化模式

1. 概念辨析

成果转化是高校科技成果管理人员使用较多的一个词语,主要指知识创新和科研成果转化为生产力,如知识传播、技术集成、应用和产品化等。这个词语多用于高校科技产业系统或对外的新闻、出版、交流、培训等需要通俗简洁表达的场合。它同时也是一个法律术语,《中华人民共和国促进科技成果转化法》就采用这个名词,定义其为“提高生产力水平而对科技成果所进行的后续试验、开发、应用、推广直至形成新技术、新工艺、新材料、新产品,发展新产业等活动。“成果转化”与“技术转移”有时可以替换使用,但也存在一定区别:技术是成果的一种,但成果不一定是技术,成果的概念内涵更广一些;转化是指成果转化为生产力,强调的是属性的变化,相当于化学过程,可以自行转化也可以授权他人转化,产权不一定发生变更;而转移强调的是产权的变更,相当于物理过程,如企业支付费用后,专利权人从高校变更为企业,技术实现了转移,但企业并不一定立即就对该专利技术实施转化。企业是技术创新的主体,高校是科学研究的殿堂。高校应该更多地从事技术转移方面的工作,将科技成果申请专利后,以许可、转让或作价投资等方式与企业合作,由企业去进行工程化试验和量产,实现成果转化。当然,也有一些情形除外,教育部科技司原司长王延觉曾强调,将科研成果变为教材和教学内容,从而提升创新人才培养质量也是成果转化,例如各种包含知识、技术等的科技成果,以科普、教育的方式实现转化,理当由高校自己来做。[19]

2. 高校在成果转化过程中的定位

人才培养、科学研究、社会服务、文化传承创新是高校的四大职能。然而,根据社会和国家对高校的主要期望及高校自身发展特点,高校的主要工作是立德树人,人才培养、科学研究是最主要使命，社会服务是次要职能。当然，为了提升科研水平，提高创新人才的培养质量，必须加强产学研合作，获取更多社会需求信息，使培养的人才更能满足企业需求，同时获得更多的研发经费，使科研水平更上一个台阶，科研成果更有实用价值。根据中共中央、国务院发布的《关于深化体制机制改革加快实施创新驱动发展战略的若干意见》《国务院办公厅关于高等学校所属企业体制改革的指导意见》文件精神，原则上高校不再新办企业，高校因科技成果作价投资新产生的股权由高校资产经营公司持有管理。

从以上两方面来看，当今一段时间以及今后若干年，高校的定位主要是：聚焦人才培养、科学研究和学科建设工作，成果转化是附属工作；成果转化及社会服务要做，但不能为了转化而转化，也不鼓励学校自身成立企业来转化，应该通过产学研合作将成果转化工作与创新人才培养、科学研究、学科建设结合起来，应该将科技成果申请专利，再通过技术转移的方式跟企业或第三方机构合作进行成果转化。通过这种方式，高校和企业找到各自的定位，错位支撑，优势互补，合作共赢。高校定位之后，具体到教授们如何定位等，斯坦福大学有句名言，“永远不要让教授坐在谈判桌前”，即考虑到高校的定位和教授的特点，不提倡教授们既研究科技成果，又冲到成果转化的一线，而是主张“专业人做专业事”，即教授只负责研究，由技术经理人或企业进行成果转化。

【专栏 7-4】 5 种普适型成果转化模式

中国地质大学(武汉)(以下简称“地大”)是一所以地球科学为主的多科性大学，有众多院士和高层次人才，两个国家重点实验室，自然科学研究实力强，但地大的工科整体实力不是很强，可以产业化的成果并不多。2013 年，为加强学校的成果转化工作，地大与武汉市政府共同成立了武汉地质资源环境工业技术研究院有限公司(以下简称“资环工研院”)。资环工研院总经理是面向全球招聘的职业经理人，有过大型央企总经理工作经验，同时拥有在纽约证券交易所主板上市公司担任 COO 的经历，其带领的市场化团队绝大多数拥有企业管理经验。依托此转化平台，学校进行了一系列的成果转化实践，探索出了 5 种适合普通高校推广应用的成果转化模式。

模式一：科技成果(知识产权)直接转化孵化公司

①模式核心：依托地大教师或学生发明的科技成果，由学校成果转化服务平台帮助指导师生成立企业，进行产业孵化。地大按此种模式，近年来孵化了十多家企业，部分企业表现出良好的成长性，市场估值得到大幅提升，2018 年开始学校逐步退出项目股权。②案例：地大环境学院的在校生 P 博士拥有水矿化相关的专利技术并计划进行产业化，但其团队缺乏创业经验。资环工研院在校团委组织的“创青春”预赛上挑中该项目后，投资 100 万元帮助该团队成立公司，启动产业化进程。经过前期的大量咨询和辅导，帮助该企业团队成长，协助企业找准自己的定位，从最初的净水器整机设计、研发、销售调整为只做矿化滤芯，发挥企业自身优势，做好最强点，再帮助其获得海尔资本 650 万元投资，使企业走上发展运营快车道。③模式主要操作思路：由资环工研院专业的成果转化服务团队和技术经理人为师生提供企业孵化服务，提高成果转化的成功率。大多数情况下，学校师生创业以前多半是自发团队，这种团队不是企业管理团队需要的能力互补型，且团队成员大多缺少企业管理与市场销售经验，往往创业成功率较低。资环工研院参与后，负责企业孵化的专业团队对接具有产业化前景的项目，帮助企业组建公司，为企业提供项目定位、市场分析、股权设计、项目融资、市场策划、专利布局等一条龙服务，甚至提供项目前期所需的天使投资。④模式特点：由专业团队辅导协助师生进行公司组建和项目孵化，弥补了创业团队

能力和经验的不足，提高项目的成功率，帮助企业走得更快、更远。哪怕企业经营难以为继，也可以帮助企业对接合作伙伴，让更大的企业来并购该项目，盘活公司的人才和技术等优质资产。

模式二：科技成果（知识产权）与企业需求对接

①模式核心：由资环工研院将学校的科技成果与中小微科技企业进行对接，学校提供专利和技术，企业负责转化、产业化和管理销售，资环工研院负责提供资金、技术、人才、市场、科技咨询与知识产权等方面的服务和支持，助力企业成长。②案例：地大工程学院M教授拥有非开挖管道铺设、检测、修复的成套技术，但其本人学术任务很重，没有太多精力组建公司进行产业化运作。资环工研院对接M教授后，为其提供产业孵化服务，协助其与厦门A公司对接，将学校的技术转移到企业进行推广应用。企业给予M教授团队、资环工研院一定比例的股份，形成优势互补、长期合作的协同创新创业关系。③模式主要操作思路：挑选技术成熟且适合产业化的项目，由资环工研院帮其对接生产销售同类产品的企业，再由专业人做专业事，教授在企业的支持下负责技术的研发、中试、工程化试验和产品开发，企业负责经营管理、生产销售等。④模式特点：教师负责研发，以市场化、产品化、产业化为目的开展工作，而不是仅仅是为了发表论文；教师的主要作用是发挥其技术优势，弥补企业人才不足和技术创新能力弱的短板。该模式适合于绝大部分教师，是本书最推荐的成果转化方式之一。

模式三：重大科技成果包（专利包）转化

①模式核心：找准学校优势特色学科的重大科技成果，瞄准国家重大需求、地方产业规划等方向，集全校之力对接地方政府和社会资本，进行项目集群孵化或产业园区规划，为区域经济发展培育项目群。②案例：依托地大常温常压储氢技术，通过资源整合和资本运作途径，资环工研院大力推进氢能汽车产业化项目。首先，地大围绕“常温常压储氢”技术布局了一批高价值专利，专利技术以2000万的价格实现转化。其次，依托该技术，资环工研院与同济大学联合组建氢能汽车产业创新发展平台——武汉泰歌氢能汽车有限公司，于2016年9月7日研发出全球首台利用常温常压储氢的氢能汽车工程样车“泰歌号”。随后，武汉泰歌氢能汽车有限公司和武汉开沃新能源汽车公司于2017年12月28日联合开发出“开沃·泰歌号”氢能城市客车量产车型，在武汉未来科技城联合发布，获得工信部公告，并成功获得4.55亿元战略投资。2018年底，建立了武汉第一个加氢站，“泰歌号”氢能汽车已经作为武汉的359路公共汽车进行道路试验。③模式主要操作思路：由产业规划专家或智库专家根据国家或地方战略，结合地大的优势特色方向，如资源、能源等，提出项目构想和顶层设计，得到地方政府和相关部门认可与支持后，再由资环工研院的专业团队整合社会资本，调集校友资源，寻找合作伙伴，为地方政府提供项目产业规划、战略咨询、招才引智、成果转化、资源整合等一条龙服务。④模式特点：项目难度很大，需要由专业策划与运营团队负责，并得到学校领导、地方政府主要领导的支持；产业化项目资源并非全部来自学校，学校的技术只是支点、起点，更多的是整合全社会的创新资源；学校发挥人才与技术密集优势，高端谋划，提升定位，政府负责提供项目经费支持、园区建设、招商引资，学校和地方优势互补，合作共赢。

模式四：组建学科性公司

①模式核心：依托某学院、系或学科的人才和技术成立产业化公司，学校的技术发明团队集体技术入股或参与项目产业化，为公司提供技术来源支撑，企业负责产品的生产销售与经营，但不以营利为唯一目标，还为高校提供成果转化服务、“四技服务”项目和实习实训机会，支撑学校学科发展，两者相互支撑，共同促进。需要说明的是，该模式并非地大首创，北京理工大学等高校对组建学科性公司具有丰富的实践经验和成功案例。②案例：为了加强环境检测与环保领域的成果转化，为资源、环境、社会的可持续发展提供系统性、综合性、前瞻性的高水平分析和咨询服务，资环工研院于2015年成立了学科性的第三方检测公司——武汉中地检测技术有限公司。公司依托于地大环境学院、材料与化学学院的专家和技术，从事土壤、水、废气、空气、噪声以及岩矿样品的检测，同时还开展土壤修复治理咨询和韩国KC认证咨询等服务。③模式主要操作思路：挑选有市场前景的方向，与学科带头人和代表教师达成共识后，

前期依托高校的人才和技术，借助学校教师们前期的项目、专利、获奖等业绩基础，组建公司并获取资质，再逐步组建企业自己的团队，获取企业自己的资质。企业组建后反哺学校，为学校建设产学研合作基地、捐赠奖学金等。④模式特点：公司由学校相关学科力量派生出来，双方相互熟悉和信任；学校的学科方向与公司的业务方向一致，但高校侧重于教学和研究，偏理论，企业侧重于工程和生产，偏应用，两者合作对接后可以实现优势互补。

模式五：专利包运营（许可/转让）

①模式核心：瞄准市场前景好的技术方向，有针对性地组织教师们加强技术研发和专利布局，再将专利或专利包许可/转让给企业，由企业来进行产业化或运营。②案例：资环工研院由地大和武汉市共同组建，政府出资，学校出专利技术，最初就遴选出了一批地质环保方面的专利，将专利权打包转给资环工研院，由资环工研院来进行产业化或对外运营。之后，又有目的地遴选了一批珠宝专利，包括外观设计、珠宝设计和鉴定等方面的技术，打包转让给资环工研院。③模式主要操作思路：一是从学校现有专利中经过梳理、筛选和组合，形成企业比较感兴趣的专利包，以许可、转让或作价投资到企业，由企业进行生产销售或专利运营；二是针对企业的需求，有目的地组织师生进行研发和专利布局相当于定制专利。具体专利运营对象包括上市公司，为其提供高价值专利包，协助其进行市值管理或新产品开发，这种方式收费较高；许可给中小企业使用，协助其解决人才、技术不足的问题，这种方式前期收取少量入门费或不收费，待中小企业做大做强后按销售额的一定比例来提取专利许可费，根据销售量的大小按梯级的比例提取。④模式特点：学校只负责技术研发和样机研制，产品开发、专利的资本化运营等交给企业去做，完全实现了专业分工，符合管理规律和国家社会对高校的期望和分工。

综上所述，成果转化没有一成不变的固定模式，没有统一的成功模式标准，既不是国外的先进模式就一定适合我国高校实际情况，也不是哪个国内名校的模式就适合于其他普通高校，更不是书本里的理论就适合实际运作，各高校应根据自身实际情况，吸收国内外先进经验，探索适合自身的成果转化模式[19]。

五、知识产权管理与运营

高校院所科技成果转化工作需要以下各方面的专业人才和团队支撑。

(1)行政管理人员：负责制订工作目标和计划、管理办法和制度流程，以及负责日常管理工作，需要具备较强的规划、总结与统筹协调能力。

(2)知识产权管理与运营人才：负责专利申请管理、专利许可/转让/作价入股等，需要具备较强的专利管理知识，熟悉专利法、国资管理规定，了解专利处置运营流程和技巧。该队伍可以从国家知识产权局的各地方审查协作中心或企业知识产权管理部门、知识产权代理机构招聘。

(3)技术转移队伍：负责技术推广、校地合作等，与企业打交道，将学校的科技成果快速、广泛地推广出去，与各行各业建立密切联系，促使企业使用、生产和销售本校科技成果相关产品。该队伍需具备较强的市场能力，可以跟各地方合作，争取地方支持建立技术转移分中心。

(4)评估咨询专家：学校可以设立专家委员会，成员应包括法律、管理、财务、投资、行业及科技领域专家，负责成果转让或技术入股前的成果价值评估。

(5)财务、税务和法律顾问团队：成果转化与产业孵化过程中，会遇到财务、税务和法律等问题，如某科技成果作价入股时的财务处理、税务筹划，产业化公司组建时的投资协议起草等。学校财务部门、资产公司和技术转移团队必须懂基本的财税知识，但学校也需要有专门的法律和财税顾问，为大型项目提供专业支持。

(6)产业孵化团队：负责项目融资及产业孵化，可以是现有的控股集团、资产公司、大学科技园、工研院等管理人员。该队伍须熟悉产业、法律、国资、知识产权、投资并购和公司法等方面的知识，并有实操经验。

(7)企业管理人才：负责指导校办企业经营管理或直接参与管理运营。该队伍一定要有实战经验，原则上不能由没有经验的商学院教师或工科教授直接组成，学校教师时间精力不足且不具备企业经营管理能力。

(8)研究咨询队伍：负责国内外产业发展趋势、产业政策、知识产权、法律、资产评估、创新创业等方面的研究与培训，支撑学校科学管理与决策，以及成果转化相关的学科建设和人才培养。这部分人可以是商学院、管理学院、公共管理学院、经济学院等相关学院的教师[20]。

六、科技创新模式与平台

对于如何构建国家技术创新体系，十九大报告明确指出：深化科技体制改革，建立以企业为主体、以市场为导向、产学研深度融合的技术创新体系，加强对中小企业创新的支持，促进科技成果转化[21]。

高校如何参与国家创新体系？各高校，特别是理工科高校和以应用型社会科学为主学科的高校，必须要加强社会服务与市场牵引，加强创新平台建设。各类创新平台中，工业技术研究院、产业技术研究院、地方研究院等新型研发机构不失为未来高校科技创新与社会对接的主要平台和方式之一。

1. 社会服务与市场牵引战略

高校科技创新要实施社会服务与市场牵引战略，加强工科崛起战略。

工科应用面广。与社会对接合作点多，可以扩大学校的影响力，争取更多的办学经费与社会资源，突破办学资源瓶颈。

工科带动性强。以应用为目的，带动应用研究、应用基础研究和基础研究，带动机电、材料、信息等多学科发展和学科交叉。

工科可以支撑及强化优势基础学科，如农学、地学、医学等。

2. 新型研发机构

各高校应该瞄准地方需求，广泛地与各地、各企业开展产学研深度合作，加强新型研发机构(泛指各类独立法人的地方研究院、工业技术研究院、产业技术研究院和校企共建的技术创新中心等)建设。

3. 成果转化平台

为贯彻落实中共中央、国务院《关于构建更加完善的要素市场化配置体制机制的意见》和《国家技术转移体系建设方案》(国发〔2017〕44 号)要求，创新促进科技成果转化机制，进一步提升高校科技成果转移转化能力，科技部、教育部研究制定了《关于进一步推进高等学校专业化技术转移机构建设发展的实施意见》(国科发区〔2020〕133号),要求大力加强成果转化平台与专业队伍建设。科技部、教育部要求以习近平新时代中国特色社会主义思想为指导,全面贯彻落实党的十九大和十九届历次全会精神,坚持新发展理念,深入实施创新驱动发展战略,创新促进科技成果转化机制,以技术转移机构建设发展为突破口,进一步完善高校科技成果转化体系,强化高校科技成果转移转化能力建设,促进科技成果高水平创造和高效率转化,加快“双一流”建设,提升高校服务经济社会发展的能力,为高质量发展提供科技支撑。“十四五”期间,全国创新能力强、科技成果多的高校普遍建立技术转移机构,体制机制落实到位,有效运行并发挥作用。高校科技成果转移转化能力显著增强,技术交易额大幅提升,高校成果转移转化体系基本完善。培育建设100家左右示范性、专业化国家技术转移中心。

【专栏7-5】 中国地质大学(武汉)校办企业中部知光打造了一支全国高水平的成果转化团队

2015年科技部、湖北省人民政府共建,湖北省科技厅、武汉市科技局、东湖新技术开发区具体支持,由资环工研院具体承建国家技术转移中部中心技术转移综合服务市场,组建市场化运营主体——中部知光技术转移有限公司,光谷金控投资1000万元。

人才团队:已打造了一支全国高水平的高校成果转化专业团队,专职服务团队120多人。

资源聚合:与国内300多所高校、200余座城市、40余家科技与知识产权服务机构建立合作关系,拥有丰富的项目库、资源库、专家库。

数据库建设:通过数据合作实现可查询检索专利2100多万条、成果100多万条,精选入库可运营高校专利、成果2万余条,企业真实技术需求5000余条,覆盖重点产业领域的技术专家3万余人。

活动培训:组织各类培训、沙龙、讲座、推介会、对接会200多场,累计培训人数达35万人次。

科技服务:承担知识产权战略项目和省部级项目200多项,帮助获批政府支持资金超10亿元。

成果转化:承办各类成果转化签约活动,合计签约成果转化项目80多个,合同金额及带动投资超200亿元。近几年来登记技术合同5400余份,合同金额60余亿元。

(案例来源于长江网:http://news.cjn.cn/sywh/202006/t3647906.htm)

课后习题

1.作为全社会科技创新、知识创新的源头,以创新理念驱动学校各项事业发展,高校为什么具有这样的源头地位?

2.科技转化为生产力的关键是实践活动,高校在这个转化过程中起着怎样的作用?

3.几乎各大高校都有琳琅满目的大学生科技创新项目,但质量参差不齐,如何在保证质量的前提下最大程度地激发大学生创新创业发展呢?

本章主要参考文献

[1]中华人民共和国教育部.高校创新成果丰硕:2019年度国家科学技术奖励高校获奖情况[EB/OL].(2020-01-10).http://www.moe.gov.cn/jyb_xwfb/gzdt_gzdt/s5987/202001/

t20200110_415102. html.

[2]俞大军，李军山，杨明，等. 基于新制度经济学的产学研协同创新理论架构研究[J]. 科技促进发展，2014(6)：111-117.

[3]曹青林. 协同创新与高水平大学建设[D]. 武汉：华中师范大学，2014.

[4]邱文辉. 特殊家庭学生的德育实践研究[J]. 中国校外教育，2015(3)：33＋29.

[5]邱均平，谭春辉. 哲学社会科学创新能力及评价现状分析[J]. 重庆大学学报(社会科学版)，2008(2)：66-71.

[6]廖文秋，石彪，吴强，等. 高校创新能力研究述评[J]. 中国科技论坛，2009(06)：26-31.

[7]王碧云. 大学科研创新力评价及中国提升策略研究[D]. 武汉：武汉大学，2016.

[8]中共中央关于制定国民经济和社会发展第十四个五年规划和二〇三五年远景目标的建议[EB/OL]. (2020-11-03). http://www. gov. cn/zhengce/2020-11/03/content_5556991. htm.

[9]科技部等 6 部门印发《关于扩大高校和科研院所科研相关自主权的若干意见》的通知[EB/OL]. (2019-07-30). http://www. gov. cn/zhengce/zhengceku/2019-12/03/content_5457835. htm.

[10]刘静. 习近平关于新时代科技创新的重要论述探析[J]. 重庆邮电大学学报(社会科学版)，2019，31(1)：15-21.

[11]黄俊彦，吕建秋. 高校科技管理体制机制改革现状分析[J]. 科技管理研究，2017，37(3)：129-132.

[12]侯静，郑召丽. 基于主成分分析的我国高校科技创新能力评价方法研究[J]. 智库时代，2019(51)：63-79.

[13]罗林波，张刚刚，李剑，等. 高校科技成果转化管理改革的问题及对策[J]. 中国高校科技，2019，5：83-86.

[14]刘洁. 农业科研单位知识产权作价入股若干问题的思考[J]. 农业科技管理，2017，36(3)：28-30.

[15]中国教育在线，科技部沈文京：我国科技成果转化的大小“三部曲”[EB/OL]. (2020-6-19). http://www. edu. cn/rd/expert/202006/t20200619_1734074. shtml.

[16]刘云. 破“四唯”能解决中国科技评价的问题症结吗[J]. 科学学与科学技术管理，2020，41(8)：3-6.

[17]李晓轩，徐芳. “四唯”如何破：中国科学院研究所评价的实践和启示[J]. 中国科学院院刊，2020，35(12)：1431-1438.

[18]马子寅，邵雪梅，侯洁，等. 地方医科大学科研水平评价破除“四唯”标准的改革探索[J]. 医学教育管理，2021，7(3)：298-302.

[19]罗林波，王华，郝义国，等. 高校科技成果转移转化模式思考与实践[J]. 中国高校科技，2019(10)：17-20.

[20]罗林波，李剑，张刚刚，等. 高校科技成果转化与技术转移管理关键问题探析[J]. 中国高校科技，2019(6)：75-78.

[21]姚兵. 第 11 讲：重视产、学、研合作发展[J]. 中国建筑金属结构，2018(4)：41.

延伸阅读

周才云,周丽萍.我国高校科技创新能力的省际比较研究[J].技术经济与管理研究,2019(2):47-51.

中国科技评估与成果管理研究会.科技成果转化工作指南稿[M].北京:北京理工大学出版社,2021.

吴大真.中国科技成果转化年度报告2021(高等院校与科研院所篇)[M].上海:上海科学技术文献出版社,2021.

罗林波,宋冬冬,张鹏飞.知识就是财富[M].北京:知识产权出版社,2021.

吴寿仁.科技成果转化政策导读[M].上海:上海交通大学出版社,2019.

伊丽莎白·波普·贝尔曼.创办市场型大学[M].上海:上海科学技术出版社,2017.

第八章　高校人才队伍建设专题

学习目标

1. 了解新时代高校人才队伍建设的重要意义。
2. 了解新时代高校人才队伍建设的目标要求。
3. 熟悉新时代高校人才队伍建设的定义内涵。
4. 熟悉新时代高校人才队伍建设的主要内容。
5. 掌握新时代高校人才队伍建设的方法路径。

第一节　新时代高校人才队伍建设的新挑战与新要求

清华大学前校长梅贻琦先生曾有言:“大学者,非谓有大楼之谓,有大师之谓也。”无独有偶,美国哈佛大学前校长、著名高等教育学家科南特先生也表达了类似的观点:“高校的荣誉不在于它的校舍和人数,而在于它一代又一代素质优良的教师,一所学校要站得住脚,教师一定要出色。”中国的高等教育虽然起步较晚,但在较短时间内取得了令世界瞩目的成绩。随着我国高等教育事业的快速发展,各高校越来越意识到人才队伍建设的重要性,越来越重视人才队伍建设在高校战略发展中的决定性作用。各高校在人才引进和人才培育方面都采取诸多措施,不断加强人才队伍建设,建立新的能适应时代发展的高校人才管理模式。从一定程度上说,一所高校建设成功的关键因素之一,在于它是否拥有一大批高水平专家学者和高素质的教师。一支高水平人才队伍,是高校提升教育质量和学术水平的可靠保障,是培养出高水平人才的可靠保障。

党的十九大为我国高校的发展指明了道路,加快一流大学和一流学科建设,实现高等教育内涵式发展。在十九大精神的指引下,高校要以“实现高等教育内涵式发展”为目标,全面推进教育综合改革。高校要合理定位,优化专业结构,创新人才培育机制,深化高校人事制度改革。高校教师也要不断更新教育理念,改变传统教学方式,深化专业教学体系改革,全面提升教育质量。

一、高校加强人才队伍建设的重要意义

中国社会正处于快速发展的时期,高等教育的发展在很大程度上影响着中国现代化发展的步伐,实施科教兴国和人才强国战略要求高等学校必须切实做好人才队伍建设工作。同时

随着全球化进程的进一步推进，人才争夺的重要性越来越受到各国政府的重视。激烈的人才竞争迫使各国高校必须加强人才队伍建设。

首先，加强人才队伍建设是实施科教兴国和人才强国战略的必然要求。我国早在1995年就提出了“科教兴国”战略，并逐步将战略加以具体化。高等学校在科教兴国和人才强国战略中担负着特殊的重要使命，推行人才队伍建设是高校担负使命的重要举措。习近平总书记在党的十九大报告中指出，“建设教育强国是中华民族伟大复兴的基础工程”。在2018年9月全国教育大会上，习近平总书记进一步提出了“加快推进教育现代化、建设教育强国”的新要求。高校的专家和人才，是我国人才金字塔的塔尖，是破解重大科研难题和“卡脖子”技术难关的重要力量，受到党和政府的高度重视和人民的极大关注。高等学校既是集聚高精尖人才的战略高地，也担负着培养造就一大批拔尖创新人才的重大任务。因此，进一步加强高校人才队伍建设，是国家赋予的历史使命，也是时代的迫切要求。

其次，加强人才队伍建设是“双一流”建设的迫切要求。高等学校改革与发展的核心问题之一，是引进和培育一大批高层次人才队伍，制订多元化的评价体系，营造引才聚才用才育才的良好氛围。进入21世纪以后，中国的高等教育蓬勃发展，伴随着社会、经济的高速发展，各高校纷纷提出“跨越式发展”战略，为提升学校的综合水平和社会影响力，各高校纷纷使出浑身解数，积极争取更多的办学资源和更大的发展空间。各高校之间存在合作的同时，也存在激烈的竞争。在竞争过程中，人才队伍建设起到决定性作用，高水平的人才队伍被视为高校的核心竞争力。谋求自身发展是高校推行高校人才队伍建设的内在动力。高校的高层次人才作为学校发展的领军人物，是学校师资队伍的标杆和灵魂，肩负着教学、科研和人才队伍培养的重要任务，直接影响着学校的教学水平和科研能力。因此，加快高等学校人才队伍建设是建设一流大学和一流学科的迫切要求。

最后，加强人才队伍建设是高校应对国际竞争挑战的客观需要。全球范围内的经济竞争，加剧了国家间的竞争。20世纪90年代以来，随着全球化的加速发展，以信息技术为先导的知识经济开始兴起，由西方主要发达国家领头，在全球范围内掀起了争夺和引进国外高科技人才的风潮。人才全球化迫使国内高校进一步加强高校人才队伍建设，加快高校人才队伍建设是应对新时期国际竞争的重要手段。随着我国全球化进程的进一步推进，国际间的人才流动更加频繁，带来更为激烈的人才竞争。在开放的国际人才市场中，公平竞争、自由选择的原则迫使高校必须加强高校人才队伍建设。大学建设在国家人才战略中具有举足轻重的作用，就全球而言，大学已成为科技创新的重要力量，是人才培养的主要阵地。加强高校人才队伍建设对于高校自身乃至整个国家在激烈的国际竞争中处于不败地位有着至关重要的意义。

【专栏8-1】 新型大学的创建加剧人才的竞争

南方科技大学（以下简称“南科大”）于2011年正式成立，是国家高等教育综合改革试验校、广东省高水平大学重点建设高校，由广东省领导和管理的全日制公办普通高等学校，是深圳市创办的一所创新型大学。南科大以理学、工学、医学学科为主，兼具部分特色人文社会学科与管理学科。自南科大办学以来，学校用实践回答“钱学森之问”，目标是成为国际化高水平研究型大学。

南科大不断进行学科建设，学科申报开创“南科大速度”：2016年10个本科专业获批学士学位授予单位，2017 年 5 个本科专业获批学士学位授予单位，2018 年获批 4 个博士学位一级学科点，6 个硕士学位一级学科点，1 个硕士专业学位点。世界大学排名（THE）南科大首次提交数据即上榜，居中国内地高校第 8 位。现建有 7 个博士学位一级学科点，4 个博士后科研流动站，15 个硕士学科点（含 8 个一级学位授权点及 7 个硕士专业学位授权点），34 个本科专业。

南科大高度重视人才队伍建设，建立与现代大学制度相适应的人力资源管理制度，已初步建立了一支国际化高水平的教师队伍。据 2021 年 12 月学校官网显示，南方科技大学已签约引进教师 1310 人，包括院士 54 人（签约引进与自主培养全职院士 35 人），国际工程技术协会（IETI）51 人，教育部特聘专家 35 人，“国家特支计划”专家 14 人、“国家杰出青年科学基金”获得者 38 人、“国家优秀青年科学基金”获得者 24 人。教学科研系列教师 90％以上具有海外工作经验，60％以上具有在世界排名前 100 名大学工作或学习的经历，师资队伍中高层次人才占比约 65％。

（数据来源于南方科技大学官方网页：https://www.sustech.edu.cn/zh/faculty/）

思考：南方科技大学聚集的高层次人才数量甚至超越国内部分具有悠久历史的知名高校，其原因是什么？

二、高校人才队伍建设的内涵与理论基础

高校的人才，狭义上是指高层次人才，涵盖具有国际领先水平的学科带头人、具有创新能力与发展潜力的学术带头人和学术骨干及青年领军人才。高层次人才一般具有较高的学历、职称，经过较长时间的教育和培训，具有较高水平的专业技术和专业技能，在某一学科或领域内具有较为渊博的知识和视野。高校的高层次人才，往往是指学校的教学骨干、科研骨干或者学术带头人等。他们在学科中所处的位置、担当的责任及所发挥的作用，都具有特殊性。

在本章中，高校的人才是从广义上进行定义的，指在高校教学、科研、专业技术、管理与服务等工作岗位上，具备与自身岗位相匹配的技能，能在工作岗位上发挥最大作用、实现最大价值的教职工人员，包括高层次人才、青年教师、辅导员与其他创新型人才等群体。本章所讲的高校人才，不仅限于高层次人才，但其发展的最终目标是以高层次人才为人才队伍建设的主体，这是由高校的存在价值和使命所决定的，是高校人才队伍建设的本质要求。根据教育部网站 2021 年 8 月 27 日公布的数据显示，全国共有普通高校 2738 所，教职工 266.87 万人，比上年增加 10.20 万人；专任教师 183.30 万人，比上年增加 9.28 万人。普通高校学生与教师比为 18.37∶1[1]。

本章的阐述和讨论中，高校人才队伍建设实际上是高校的人力资源管理。在高校人才队伍建设中，有以下理论可供参考。

1. 人性假设理论

美国行为科学家沙因在其 1965 年出版的《组织心理学》一书中把前人对人性假设的研究成果归纳为“经济人假设”“社会人假设”和“自我实现人假设”，并在此基础上提出了“复杂人假设”，它将这 4 种假设排列称为“四种人性假设”。

“经济人假设”认为人的行为动机源于经济诱因，在于追求自身利益最大化。“社会人假设”认为，人的最大需要是社会性需要，人在组织中的社交动机，如想被自己的同事接受和喜

爱等，远比对经济性刺激物的需要的动机更加强烈。只有满足人的社会性需要，才能有最大的激励作用。“自我实现人假设”的基本内容是当人们的最基本需要得到满足时，就会致力于较高层次的需要，寻求自身潜能的发挥和自我价值的实现。沙因在20世纪60年代末至70年代的调查研究中发现，人不只是单纯的“经济人”，也不是完全的“社会人”，更不可能是纯粹的“自我实现人”，而应该是因时、因地、因各种情况而具有不同需要和采取不同反应方式的“复杂人”。

人性假设理论强调的是人的主要工作动机是什么。高校作为人才聘用的组织机构，要清楚人才参与教学、科研和管理服务工作的主要动机。通过高校组织环境的影响使人才形成新的与高校实际环境相符合的需求和动机，并尽量满足其需求和动机。只有时刻把握人才需求，才能最大程度地对人才进行管理。

2. 激励理论

由于人的工作能力在短时间内很难发生大的变化，因此员工的工作绩效在很大程度上取决于他的工作态度。人力资源管理需要解决的首要问题，是如何激发员工的工作积极性和主动性。

激励理论主要分为内容型激励理论、过程型激励理论和行为改造型理论。内容型激励理论主要包括需求层次理论、ERG理论、双因素理论及成就激励理论，过程型激励理论主要包括期望理论及公平理论。行为改造型理论主要包括目标设置理论及强化理论。

不同的激励理论可以适用在高校人才队伍建设的不同方面。比如，在人才引进时，应适用需求层次理论，高层次人才需要满足的，不仅仅是生存需要，往往更看重自我价值的实现，高校需要为高层次人才提供一流的教学科研平台使其能够发挥出最大的价值。再比如，在对青年教师的培养过程中，在薪酬的分配中可以适用目标设置理论及强化理论。

3. 人力资本理论

可以从两个方面来理解人力资本管理：①对人力资源外在要素——量的管理。根据人力和物力及其变化，对人力进行恰当的培训、组织和协调，对人力资源进行量的管理，使二者保持最佳比例和有机结合，使人和物都充分发挥出最佳效应。②对人力资源内在要素——质的管理，主要是指采用现代化的科学方法，对人的思想、心理和行为进行有效的管理(包括对个体和群体的思想、心理和行为的协调、控制和管理)，充分发挥人的主观能动性，以达到组织目标。

高校人力资本管理的具体任务如下。

(1)人力资源的计划与配置。通过设置规划、组织招聘、选择引进、合理配置等方式，保证供给足够数量和质量的专业人才，满足高校发展的需要。

(2)人力资源潜力的发展。通过教育与培训等方式，不断提高人才的专业技术水平，增加高校的人力资本积累，提高高校的办学效益和社会效益。

(3)职业发展生涯。高校与人才双方利益最大化，是实现高校目标的根本保证。为此，要通过对人才的引进、培育、岗位聘任和考核、激励，积极协助和引导人才制订切合实际的发展规划，促进高校人才尽快成长。

(4)业绩评估和激励。为高校人才制订明确的岗位任务书,实施聘期管理,并根据评估的结果,运用合理的报酬、突出贡献奖励机制等,鼓励人才的积极性和创造性。知识经济时代,人力资本激励的主要方式是人力资本的产权尤其是收益权的实现。

(5)协调劳动关系。运用各种手段,对管理者与被管理者、员工与员工之间的关系进行协调,避免不必要的矛盾和纠纷。高校应按照国家法律规定,维护高校各类人才的合法权益不受侵犯,保证教师法、劳动法的合理实施。

高校在进行人才队伍建设时,可以借鉴企业的人力资源管理理论,将其贯穿于招聘、培训及考核等各个环节之中,实现人才队伍建设的最大优化。

【专栏 8-2】　南方科技大学教师产学研与兼职创业

南方科技大学对于教师产学研与兼职创业的鼓励政策之一如下。

顺应新时代高新技术产业发展需求,南方科技大学成立了许多科技孵化公司,实施了开放的创业政策:政策一,允许全职教师每周一天在校外从事科技转化工作,但未经学校允许不得出任企业法人代表;政策二,允许全职教师停薪留职离岗创业,但创业时间不可超过 3 年。

技术转让:50%归学校所有,50%奖励技术完成人。

技术入股:一部分奖励技术完成人,剩余学校部分的股权由资产公司代表学校管理或持有。

思考:这样的鼓励政策可以得到哪些理论的支撑,对于人才队伍建设可以起到什么作用?

三、“双一流”背景下高校人才队伍建设的新目标

2015 年 10 月,国务院印发《统筹推进世界一流大学和一流学科建设总体方案》(国发〔2015〕64 号)。对于“双一流”的真实含义,存在多种解释。目前,世界公认的一流大学的基本特征主要是:要有一批国际知名的教授队伍;要有一套完善的人才队伍建设体制;要贡献产出卓越的科研成果;要培养出一大批杰出学生。世界一流大学的基础是世界一流学科,而世界一流学科必须具备 4 个基本特征:一流的人才队伍、一流的学术声誉、一流的学术成果和一流的学生质量。由此可见,一流的人才队伍是一流大学和一流学科的基础。

教育部、财政部、国家发展和改革委员会 2017 年 1 月联合印发《统筹推进世界一流大学和一流学科建设实施办法(暂行)》,明确提出:建设“一流大学”的高校,应该是经过长期建设、具有先进办学理念、办学实力强、社会认可度高的高校,必须拥有一定数量在国内领先、在国际位居前列的高水平学科。据悉,“双一流”建设的遴选,具体由第三方来进行。第三方会参考当前通用的大学评价体系。目前,国际上公认的、具有代表性的大学排行榜有 QS 世界大学排名、泰晤士高等教育大学排名和 US NEWS 全球大学排名。国内公认的、具有代表性的大学排行榜有上海交通大学发布的世界大学学术排名、中国管理科学研究院发布的《中国大学评价》和中国校友会网编制的《中国大学评价研究报告》。通过对以上六大排名指标体系的分析发现,高校的人才队伍在各个指标体系中均有非常重要的地位[2]。

评价“一流学科”的标准之一,以 ESI(基本科学指标数据库)的学科排名为主要依据。以对在国外 SCI/SSCI 期刊上发表论文的数量及其科学计量学指标的数据表现进行考察。较多

的高校因为通过ESI来评价学科实力，从而采取差异化的学科发展策略，把进入ESI排名全球前1%和1‰的学科数量设定为学校学科建设的目标。从国内外SCI/SSCI期刊发表论文的总数来看，更多的高水平成果必须依靠高水平的人才队伍。

总的来说，一流的学科和一流的大学离不开一流的人才，没有高水平的人才队伍，就没有高质量的人才培养、高水平的科研成果、高效率的社会服务和高内涵的文化传承创新。因此，人才队伍建设是推进“双一流”建设的突破口。

2003年国务院召开全国人才工作会议，将人才强国战略从国家层面提升到了一个新的高度。高校作为人才的重要聚集地之一，不断出台各种人才政策，加强人才队伍建设。近20年间，各高校的人才队伍建设成果显著，办学实力大幅提升。仔细分析我国高校人才队伍建设的路径和成效，我们会发现很多共性：一是偏重引进学术型人才，相对忽视引进应用型人才；二是偏重引进理工科人才，相对忽视引进人文社会科学人才；三是偏重引进高层次人才、追求引进人才的数量，相对忽视青年人才培育工作；四是偏重资金投入，相对忽视做好服务和支撑工作。从这些共性特点中，我们可以看出，我国高校人才队伍建设在取得突出成绩的同时，也存在着不足。

现在，国家层面的“双一流”目标已经确定，各高校也必须要有自己的目标追求，特别是要有人才队伍建设的清晰目标。各地高校必须立足校情，走符合自身实际的道路。应该紧紧围绕学校办学层次、办学类型和建设目标，根据学科建设需要，立足于自身人才培养模式和办学特色，坚持以人为本的理念，坚持引进与培养并重，努力建设一支数量充足、学风优良、结构优化、富有创新精神的人才队伍，构建由若干学术大师、一批领军专家和一大批青年才俊组成的人才金字塔，培养大批有显著学术成果的骨干力量。

高校人才队伍建设目标应该分为4个方面。一是精准引进急需人才。前一阶段，部分高校存在为引才而引才现象，追求高层次人才数量。现阶段，国家的“双一流”战略为高校指明了方向。各高校应该根据国家和地方战略需要、科技发展和教育改革需要、大学自身功能实现的需要、一流学科建设需要和师资结构优化需要，科学设置岗位，精准引进人才。二是用好现有人才。一些高校愿意付出较大代价从国外和国内其他高校引进人才，但对现有校内人才却重视不足，导致人才作用的发挥不充分。要做好人才培育工作，坚持唯才是举，坚持构建多元化评价指标，使各类人才发展有平台、晋升有通道，增加人才在高校的事业成就感。三是稳住杰出人才。如院士、国家杰出青年科学基金获得者和国家优秀青年科学基金获得者等国家级人才计划入选者，以及资深教授等杰出人才在学科建设、学术创新和学生培养方面的作用是难以替代的。要高度关注这些杰出人才，为他们创造优良的工作和生活条件，使他们对学校有较强的情感归属。四是储备未来人才。一所高校要建成“双一流”绝非短期可以实现，加强人才储备是制胜未来的必由之路。要积极建立优秀青年后备人才培育机制，加大支持力度，培育有良好发展潜力能开展创新性研究的青年后备人才；积极营造有利于优秀青年教师成长和脱颖而出的校内管理体制及环境氛围，促进他们健康快速成长[3]。

【专栏8-3】

南京大学杨忠教授曾提出高校人才队伍建设的“四性”：①适应国家的战略发展目标，加强高校人才队伍建设的前瞻性;②结合学科发展的不同特点,加强高校人才队伍建设的针对性;③重视制度建设和文化引领,探索高校人才队伍建设的规律性;④强调青年人才培养,加强高校人才队伍建设的可持续性[3]。

思考:请谈谈你对高校人才队伍建设“四性”的理解。

第二节　高校人才队伍建设的主要内容

一、高校青年教师队伍建设

2021年9月27日至28日,中央人才工作会议在北京召开,习近平总书记在会上强调,要造就规模宏大的青年科技人才队伍,把培养国家战略人才力量的政策重心放在青年科技人才上,支持青年人才挑大梁、当主角[4]。在高校,加强一流大学和一流学科建设,实现高等教育内涵式发展,必须注重青年人才队伍建设[5]。

1.高校优秀青年教师队伍选拔及培育的现状

为落实科教兴国战略,延揽海内外中青年学界精英,培养造就高水平学科带头人,带动国家重点建设学科赶超或保持国际先进水平,国家陆续实施优秀人才支持计划项目,基本形成了定位明确、层次清晰、相互衔接的优秀人才培养和支撑体系。为了进一步选拔和培养优秀青年后备人才,国家级和省部级各层次的人才工程中几乎均设置了青年学者项目。在此基础上,高校对人才的选拔政策逐渐从政府引导向学校引导转变,在人才选拔上逐步淡化政府的干预。从吸引国内人才向吸引海外人才转变,人才的结构层次更上一层楼。从个人引进向团队引进转变,使得学校的科研学术能力增强。从待遇吸引向平台吸引转变,实现个人目标同学校追求的目标一致。

教育大计,教师为本,师资建设,青年为基。近年来,党中央、国务院把加强高校青年教师队伍建设作为师资队伍建设的重中之重,着力提升教师素质,优化队伍结构,健全管理制度,努力造就一支师德高尚、业务精湛、结构合理、充满活力的高素质专业化青年教师队伍,涌现出一批坚持社会主义核心价值观,践行社会公德、职业道德、家庭美德、个人品德的先进典型,对推动高等教育事业发展发挥了重要作用。按照党中央、国务院的战略部署,各地、各高校把加强教师队伍建设特别是青年教师队伍建设纳入重要议事日程。在青年教师队伍建设中,南京大学推出“青年骨干教师培养计划”“优秀中青年学科带头人计划”等,实行教师高级岗位全球招聘,所有教授、副教授岗位面向海内外青年人才开放,为青年教师职务晋升建立了通畅渠道;武汉大学制订实施人文社会科学“70”后学者学术团队建设计划、青年教师自主岗位创新计划;中国地质大学(武汉)实施“地大百人计划”和特任岗位聘任计划等,为青年教师职业发展初期提供必要的资助和支持。浙江大学、北京交通大学、华中师范大学、清华大学、中山大学、华中科技大学等高校也推出一系列重要举措,使青年教师的舞台更宽、成长空间更大、晋升渠道更广。

在教师培训方面,目前,中国高校教师培训体系逐步构建起“两中心—六大区—省培中心—教师发展中心”的四级培训体系，主要由两个全国级培训中心、六大区级培训中心、省级培训中心及培训基地和高校级教师发展中心构成，形成一个适合我国国情、分层次、分工协作的三级高校师资培训网络，初步形成了三级高校教师培训体系。各高校教师发展中心不断丰富培训内容和培训手段，逐渐加大网络化元素，21世纪的高等教育师资培训采取教师网络培训的形式，“国家—省市—学校”三级联动式网培体系高效运行，时代特征显著。培训理念也发生了重大变革，我国高校教师培训正在向引导教师全面综合发展方面转变，培训理念由“培训”向“发展”转变。

2. 高校青年教师队伍选拔及培训存在的问题

《国务院关于加强教师队伍建设的意见》(国发〔2012〕高41号)提出:“高等学校教师队伍建设要以中青年教师和创新团队为重点，优化中青年教师成长发展。”通过不断加大教师队伍培育力度，全面提高高校青年教师专业化水平，造就一支学术思想活跃、创新能力强、德才兼备、教学教研能力突出的青年教师骨干队伍，这是各高校面临的重点任务，而任务的完成依赖于教师的选拔和培训的效果。虽然我国在教师选拔和教师培训工作上已经取得了一定的成绩，但是仍然存在很多问题。

1)高校人才选拔和评价机制有待改进

高校选拔青年教师的过程还不够严谨和科学，选拔渠道及评价方法单一，高校选拔优秀青年教师主要是通过社会招聘实现，选拔方式主要是通过履历与面试结合的方式，单一的选拔方式往往使学校较大程度上偏重追求学历、学习背景和技术职称，忽视了青年教师的实践能力、师德素养及学科带头人等能力。现阶段，高校更注重青年教师个人的引进，引进优秀青年教师团队的力度还不够，削弱了高校的科研及教学能力。

高校不断扩招学生，对青年教师的需求也随之增加。高校的人才引进和选拔更多是依靠学校的人力资源部门，人力资源部门选拔教师的标准是根据学院、学科的要求，且也是根据学校短期内的需求进行选拔。青年教师人才需求的增加，使人力资源部门工作量加大，最终可能会导致学院缺乏积极主动性和责任感。

2)高校长远的人才引进规划不完善

在优秀人才的引进工作中，相当一部分高校并没有制订一个合理的人才引进规划，通常是基于短期和临时需求而进行人才招聘工作，选拔上存在盲目性，选拔根据往往是政策需要或者是短期内高校科研教学需要，缺乏对本校青年人才的中长期职业发展规划，缺少对青年教师发展方向的把握和引导，不了解青年教师的发展需求，引进的青年教师往往不适合学校专业发展、学科建设需求，造成引进人才的研究领域与所从事的工作的研究方向存在一定的偏差，使引进的人才无法发挥自身的优势，无用武之地，致使人才闲置。同时，学校学科建设也停滞不前，而新进青年教师由于无法发挥自己的研究特长，加之客观的生活压力，其工作积极性大为降低，造成部分青年教师由于缺少研究环境而造成研究能力退步。

3)教师发展目的和高校综合管理不一致

目前教师参加培训的目标明确，主要是职称和科研两种导向，具有极强的功利性，新进教师大多数职称在中级及以下，所以青年教师希望通过培训为职称晋升增加机会。另外，科研项目、发表论文成为青年教师职称晋升的主要衡量指标，相当一部分教师忙于写论文、搞科研，更倾向于参加一些实用性强的培训，而不愿意参加教学报告会、研讨会等形式的培训。由于教学和科研任务繁重，青年教师参加培训的主动意识不强，往往是被动接受，培训工作起不到应有的效果，同时培训工作的内容和方法也不能很好地与学校发展建设目标相一致，导致青年教师的参与热情与学校发展目标不能很好地保持一致。

4)内容陈旧，形式单一，培训机制不健全

尽管教师培训的目的是引导教师的综合发展，但是目前教师培训内容仍不全面，比较重视教学法、教育心理学和教育技术学等基础素质培养，培训内容注重理论方面，忽视对教师实践能力的培养，教学研究、教师师德、教师职业生涯规划的内容较少。培训内容针对性不足，培训时间上采取统一培训，注重整体培养，导致不能结合各专业具体教学、科研要求，也难以满足不同职业发展阶段、不同类型教师、不同学科的实际追求和差异要求。培训方式上以讲授为主，难以进行有效的互动，进而导致培训效果差。

从培训的激励机制来看，高校的教师培训激励机制设计面窄，对教师的吸引力不够，导致教师对培训的积极性不高；从培训的考评机制看，考评形式化现象严重，往往忽视培训的目的，将培训形式化，不能严格地对教师培训的效果进行考评，使培训效果甚微；从培训的监管机制看，缺乏国家、社会及学校对培训的监管系统，监管力度不足；从培训的保障机制看，虽然国家明确可将一定比例的经费用于培训工作，但各高校在执行过程中并不到位，主要与各高校的财政预算情况、学校发展思路密切相关，因此青年教师得不到优质的培训资源。

3. 完善当前青年教师队伍选拔及培养的路径

1)构建科学的人才选拔和测评机制

高校应根据自身的实际情况，明确顶层设计，成立人才引进的顶层机构，由校领导任组长，相关职能部门负责人为成员，制订科学合理的选拔标准和选拔程序，指导学院对人才进行综合测评，尊重学院意见，充分发挥学院的用人主体责任。同时，满足学校学科发展建设需要，科学合理地设置人才基本标准，优化资源配置。

在选拔渠道上，高校应当扩宽现有的选拔渠道，除了以招聘形式吸引青年教师外，还可以通过教师资源共享的形式，鼓励青年教师互访。对优秀青年教师团队应该加大引进力度。教师岗位的结构可实行“三个三”原则，即本校毕业生、国内一流大学或者“双一流”建设高校毕业生、海外留学归国学者各占 1/3。完善人才选拔平台建设，使青年教师对学校的发展方向及学校待遇有所了解，同时了解青年教师的综合素质，从原有的重学历和项目经验，到对人才的综合素质进行测评，选择综合型人才。

2)制订长远的人才引进规划

人才选拔是高校内涵式发展的重要方面，在青年教师选拔上要与学校的长远发展相适应。首先要围绕学校学科发展建设目标定位，综合考虑教学、科研整体规划，对存量师资队伍的结构进行系统性梳理和分析，制订切实可行的长、中、短期人才队伍建设计划。按需选拔、重点引进急需人才，引进和选拔适合学科发展的青年教师，注重选拔的人才与现有师资达到合理互补，实现师资的效益最大化。在选拔人才的过程中要树立科学的人才观，不拘一格选拔优秀人才，发现新进青年教师的闪光点，合理配置人力资源，实现高校教师队伍的优化。在引进选拔人才的过程中要避免突击引进、盲目引进，制订好本校教师人才引进整体统筹规划。

3)明确科学的职业动机,强化教师人文服务理念

明确科学的职业动机有利于教师正确对待教师培训,要明确科学的职业动机就要帮助教师树立一个明确且适当的教育教学目标,在建立的教学科研及培训目标基础上反馈结果。通过反馈,教师能够发现在教学科研上取得的进步,通过寻找差距进一步激发青年教师的职业动机。加强对教师的思想教育,使他们树立正确的目标和职业价值观,同时不忘加强教师的人文服务理念教育,使教师遵循以人为本、服务至上的理念,在培训上应将服务和发展的理念结合起来,帮助教师明确正确的职业动机。

4)充实和更新高校教师的培训内容与形式

在培训内容上应将以往的培训内容向适应教师全方位发展的方向转变,从教师的实际需求出发,注重培训内容的实践性、创新性,培训内容要涵盖教学、专业、高校和个人发展,并且不能忽视对师德师风课程思政培训的相关内容,达到教学内容的多元化,并且针对不同学科、不同阶段教师培训内容进行相应的调整,让教学内容更加具有针对性。在培训形式上,应该调整职前培训和职后培训的比重,改变传统的单一的教授方式,建立网络共享平台,将优秀的培训内容和资源进行共享,加强国际化培训,加大派遣骨干教师的国际学术交流力度。另外,还可以派遣教师到企业进行培训,建立企业和科研院所培训基地。

二、高校辅导员队伍建设

高校辅导员是高校学生思想政治工作的主要承担者,《普通高等学校辅导员队伍建设规定》(教育部第 43 号令)(以下简称《规定》)明确指出,辅导员是开展大学生思想政治教育的骨干力量,是高等学校学生日常思想政治教育和管理工作的组织者、实施者、指导者。因此,在高校人才队伍建设中,高校辅导员队伍建设是非常重要的一个部分,具有极大的理论意义和实践意义。

1. 高校人力资源管理中辅导员的角色定位

从我国高校辅导员制度演变分析,辅导员工作内涵不断丰富,相应的角色定位也日渐多元,由单一角色逐步转变为角色丛[6]。辅导员逐渐发展为兼具教育者、管理者与服务者三重特征的职业角色,实现教书育人、管理育人、服务育人相结合。

(1)有温度的服务者:辅之以情。随着高校扩招及高等教育发展,大学生在学习、生活、就业、心理、经济等方面的新问题不断涌现,辅导员逐渐承担起学业辅导、就业指导、职业引导、心理疏导以及奖助贷、勤工助学等学生管理与服务职能。高校辅导员作为服务者,首先应秉承“管理即服务”思想和生本理念,以满腔热情和深厚感情围绕学生、关照学生、服务学生,帮助学生解决实际困难,在党团和班级建设、学风建设、心理健康教育与咨询、职业规划与就业创业指导及日常事务等方面为学生提供走心过脑的专业化服务,注重学生身心全面发展,实现服务育人。

(2)有尺度的管理者:导之以理。管理者是管理行为过程的主体,拥有相应的权力和责任,具有一定的管理能力从事现实管理活动。高校辅导员作为管理者,对各类学生事务进行全局性的计划、组织、协调和统筹,既要根据高等教育法律法规、大学章程及学校管理规定,遵

循学生的成长规律，又要强化学生的主体作用和参与意识[7]，同时还要积极发挥主观能动性，顺势创新，致力于管理水平的提高及管理效率的持续改进，实现管理育人。

（3）有深度的教育者：圆之以梦。早在高校辅导员制度确立之初，辅导员的主要职责是“主持政治学习思想改造工作”。《规定》明确了辅导员主要工作职责，第一点即“思想理论教育和价值引领”，高校辅导员作为教育者的角色定位得到进一步肯定和加强。辅导员以教师身份开展大学生思想政治教育，通过言传身教，对学生进行目标明确、方法得当及效果显著的思想、政治、道德和心理教育，帮助学生不断坚定“四个自信”，引导学生牢固树立正确的“三观”，共圆中国梦。

2. 新时代高校辅导员队伍建设的路径

（1）把握育人方向。推动高校辅导员队伍建设坚持立德树人本质，首要解决的便是把“立德树人”贯穿于辅导员队伍建设的全过程，从辅导员队伍的选聘、到专业化建设和职业化培养，都必须始终坚持立德树人这一条主线不动摇。一是进一步强化辅导员的思想引领功能，深刻理解“知心朋友”是途径、“人生导师”是目的，最终要实现对学生的引领；二是优化政策体系，教育部在2014年制定出台《高等学校辅导员职业能力标准（暂行）》（教思政〔2014〕2号），将辅导员定位初级、中级、高级，打破了之前沿袭科研和管理路径评价辅导员的方式，但这仅停留在能力资格认证层次，需进一步在职业价值层面进行突破，尤其是当前在高校“职级改革”和“去行政化”呼声日涨的情况下。

（2）深化理论武装。习近平总书记强调，理论上清醒，政治上才能坚定。辅导员作为组织实施大学生思想政治教育工作的骨干力量，特别是在专业背景复杂的情况下，没有经过专业的理论武装，很难让辅导员自己真懂真信，更难以发挥立德树人功能。此外，与时俱进是马克思主义最重要的理论品质，随着马克思主义中国化理论得到不断丰富和发展，尤其是党的十八大以来，习近平总书记围绕什么是社会主义现代化强国、怎样建设社会主义现代化强国的基本问题，确立了“四个全面”的战略布局，把马克思主义中国化提高到新境界。习近平总书记系列讲话精神赋予辅导员队伍建设深化理论武装新的内涵和新的使命，亟需广大辅导员队伍学准、学深、学透，做到真学、真懂、真信、真用。“不仅要从总书记系列重要讲话中找依据、增信心，而且要研究制定落实措施，把讲话精神具体化、项目化、实体化，真正落实到人才培养的全过程和各环节”[8]。只有增强广大辅导员对中国特色社会主义的思想认同、理论认同、情感认同，才能让这支队伍在加强学生思想引领的过程当中，绘就最大的“同心圆”。

（3）提升职业素养。职业素养是辅导员队伍提升育人效能的关键，职业素养包括职业技能、职业道德、职业行为、职业作风和职业意识，集中表现为能力层面和品质层面。在能力方面，需不断提升辅导员的综合能力。利用好诸如“辅导员职业能力大赛”“全国优秀辅导员年度人物评选表彰”“思想政治教育中青年杰出人才培育支持计划”“辅导员在职攻读博士计划”“辅导员工作精品项目”等平台铸造辅导员职业能力，使广大辅导员具备从业、敬业、乐业的能力。要艺术化职业行为，运用新时期青年学生易于接受的语言和方式去引导他们、凝聚他们。在品质方面，要强化职业道德教育，树立辅导员乐岗敬业的生动典型；要人格化职业作风，让辅导员的职业行为充满温情、富有魅力与感染力；要提高职业忠诚度，让“爱”这种最好的教育润人无声。

(4)强化专业建设。近年来辅导员队伍建设注重专业化建设、职业化发展,在13万多人的总量下如何实现专业建设,使他们真正成为一名辅导员成为现实问题。当辅导员队伍建设在数量达到一定规模之后,内涵式发展就成为关键。一是理论要与实践相结合。经过几十年的发展,我国思想政治教育学科得到迅猛发展,思想政治教育工作方法已成体系,然而理论在工作中的助推器、催化剂作用远未发挥,这与辅导员队伍专业化水平较低、尚未掌握理解最新研究成果有着直接关系。二是丰富辅导员专业化的渠道。辅导员从事大学生思想政治教育工作更应该朝着专业性方向发展。思想政治教育理论与方法的研究同大学生思想政治教育工作实践在高校不能各自为阵,“主渠道”和“主阵地”不能“各自为主”。当前辅导员工作在育人效果上不明显,问题的症结亦在于不少辅导员缺乏专业建设内涵,未能掌握大学生思想政治教育规律,导致他们虽然在指导学生比赛等过程当中能够得心应手,辅导员工作在表面上也看似适合当过学生干部的人担任,但实际未能产生辅导员工作立德树人的功效,在一定程度上也助长了高校“学官”的育人风气。不少辅导员虽然取得副教授、教授职称,但有些并未得到同行的认可,也不受学生的尊敬。为此,辅导员队伍只有加强专业建设,才能真正成长为学生思想问题的解惑者、专业学习的指导者、人生发展的导航者和生活心理的关怀者[9],并不仅仅是培养学生干部,而且切实解决学生的学习、生活、思想、心理、就业、工作、成长等问题,为大学生健康成长与全面发展营造全方位的良好环境。

三、高校重点实验室与创新型人才队伍建设

高校重点实验室是一所高校科技创新体系的重要组成部分,是开展基础研究和应用基础研究的重要平台,也是高层次创新型人才的培养平台。加强高校重点实验室的建设,打造科学研究和创新型人才培养的学术高地,不仅能够有效提高高校的创新能力和综合实力,还能为国家和地方科技创新提供人才支撑与智力保障。在世界多极化、经济全球化、文化多样化、社会信息化等“大环境”下,高校要适应国际社会和经济发展趋势,瞄准国际先进水平,建成一批以基础研究和关键技术创新或集成创新为先导的高水平实验室。在创新型人才培养方面,高校应始终坚持德育优先、以人为本的思想,彰显出人才培养的核心地位,着力培养富有创新精神和实践能力,具有历史使命感和社会责任心的各类应用型、创新型、复合型优秀人才。

1. 加大高校重点实验室建设力度,为人才培养搭建平台

1)找准定位,加强政策引导和内涵建设

在贯彻落实党的十九大精神、推动地方科技创新、提高自主创新能力方面,高校重点实验室具有重要的责任感和使命感。高校通过加强重点实验室的内涵建设和体制创新,在其引导和带动下出台一系列管理政策,进而提高学校整体科研水平,更好地为地方经济建设服务。高校可依靠多年积累的技术、人才和装备优势,找准定位,整合各学院和各学科之间的优势资源,凝练出重点实验室研究方向,构建出符合高校实际的多学科、立体化、完整均衡的科技创新体系。

高校领导及重点实验室主任要坚持实践以人为本的原则,加强以提升项目层次、彰显研究领域特色、突出科研创新为核心的内涵建设,推动高校的全面协调可持续发展。高校要明确重点实验室主任职责,充分发挥学术委员会作用,加强对重点实验室的规范化管理和监督,

不断为重点实验室发展创造更好的环境和条件，确保重点实验室的健康可持续发展。高校可通过制订重点实验室岗位人员聘任制度、考核与津贴标准、成果奖励制度、文化建设方案等一系列规章制度，充分调动和激发创新型人才的工作积极性，形成合力。高校在制订这些规章制度前，要充分发挥创新型人才的主人翁意识和责任感，广泛征求他们的意见与建议，让他们参与到规章制度的制订当中。这样他们在以后的科研活动中，能够深刻理解规章制度的内容并照章办事，为重点实验室的建设发展与创新型人才的培养贡献力量。

2)鼓励开展跨学科领域的交流与合作

鼓励高校建立跨学科、多领域合作的重点实验室，打破院系及学科之间的学术界限。只要在国家相关法律允许的前提下，无论创新型人才隶属于哪个院系，只要从事与重点实验室研究方向相近或有意开展跨学科领域研究的，都可以固定人员或流动人员的身份到重点实验室从事科学研究，享受重点实验室提供的优厚科研条件。这种跨学科领域的重点实验室，将更好地促进多学科的交叉与融合，为创新型人才的培养提供“肥沃的科研土地”。同时，高校还可依托这些重点实验室孕育出新的研究方向和领域，并从中培养出更多优秀的中青年人才和研究生队伍。这种跨学科领域的交流与合作，将缩小各院系之间的科研差距，真正起到创新型人才的互相促进、互相发展和共同提高。

3)充分发挥学术委员会和日常运行管理委员会的作用

重点实验室学术委员会作为重点实验室学术指导机构，一般由国内相关研究领域的知名专家学者组成。其主要职责是审议重点实验室的目标、任务和发展方向，审议重点实验室的重大学术活动，规划重点实验室的长远发展目标。为充分发挥学术委员会的影响力和作用力，重点实验室应该定期召开学术委员会会议，让委员们为重点实验室的进一步发展出谋划策，把好脉导好航，为重点实验室的人才培养和科学研究工作提出宝贵意见，让重点实验室能够更好地开展学术研究、创造更好的学术环境，培养出更多的优秀创新型人才。

此外，为了进一步发挥创新型人才的关键作用，高校要鼓励重点实验室设立由博士生导师和各研究方向主要负责人组成的重点实验室日常运行管理委员会。日常运行管理委员会负责重点实验室规章制度的制订、修改和完善，总结和执行学术委员会的专家意见，讨论并执行高校重点实验室在日常运行及建设发展中遇到的具体问题。

2. 创新型人才培养模式的构建

1)创新型人才的特点

创新型人才，就是具有创新精神和创新能力的人才。他们通常表现出开放、灵活和好奇的个性，并且大多具有如下特点：精力充沛，心理素质强，遇到问题能够及时解决；对新事物的领悟能力强，善于自我学习；有着坚韧不拔的性格，敢于冒险尝试，勇于攀登科学高峰；基础知识过硬，专业水平高，能够充分发挥想象力，提出新想法和新思路；道德品质优良，善于沟通与交流，具有一定的亲和力。

2)充分发挥高校重点实验室的优势，培养创新型人才

党的十九大报告明确提出要把中国建设成为创新型国家，为实现科技强国的目标而努力奋斗。习近平总书记指出，成为世界科技强国，成为世界主要科学中心和创新高地，必须拥有一批世界一流科研机构、研究型大学、创新型企业，能够持续涌现一批重大原创性科学成果。

党的十八届五中全会也提出，要在重大创新领域组建一批国家实验室。由此可见，加强高校重点实验室的建设对我国科技创新发展具有重要的战略意义[10]。

通过建设高水平的重点实验室，为创新型人才搭建起科技创新平台，提供先进的科研仪器设备，使其成为高校创新型人才培养和科研团队建设的摇篮。高校重点实验室要开展高水平科学研究，并争取到更多高层次科研项目，离不开一批具有影响力的学术领军人物和优秀科研团队。所以高校在重点实验室的建设与管理中，要充分考虑到创新型人才对高校发展的重要性，把创新型人才队伍的建设与培养结合起来；高校要始终坚持以人为本，充分考虑创新型人才的根本利益，激发出他们的创新潜能和整体素质，给予创新型人才更大的发展空间。高校重点实验室通过设置一系列具有探索性、研究性、前瞻性的研究方向，培养创新型人才的创新意识和个性发展，为创新型人才的发展创造良好的创新环境。

3)通过多种模式，建设创新型人才队伍

“开放、流动、联合、竞争”是国家赋予重点实验室的四大职能，高校要积极开展多角度、多层次的科技合作和学术交流。高校重点实验室通过制订保障机制，鼓励创新型人才积极参加国际知名的学术会议，通过近距离与国内外高水平专家学者进行交流，让创新型人才及时便捷地了解到国际上最新的科研思维和研究方法，进而激发灵感，促成诸多实质性的交流与合作。另外，高校可通过举办重点实验室内部交流会，分享科技合作项目的经验，提高创新型人才的业务水平，使创新型人才形成合力，共同发展。高校重点实验室也可通过设立开放课题和创新基金，吸引和汇聚更多优秀的创新型人才到重点实验室开展科研工作，促进高校重点实验室的交流与合作，进一步提高重点实验室创新型人才的能力与水平，将高校的科研成果宣传出去，努力挖掘新的合作点，促进科研成果的转化落地。

4)支持创新型人才的发展

在适当的条件下，高校要对已取得一定学术成就的创新型人才赋予一定的权利，并支持他们的发展。让这些人在高校重点实验室中担任重要学术带头人，充分发挥他们在学术和领导方面的能动性，努力培养他们成为高校科研管理工作的生力军，为我国高等教育从单一的应试型教育模式转变为高水平的创新型教育模式做出贡献[11]。

近年来，很多高校为了构建高水平、创新型的人才队伍，大量引进高层次的创新型人才，其中不乏海外引进人才。如何能让这些引进人才更好地融入高校当中，尽快在高校重点实验室中开展科学研究尤为重要。这就要高校对他们充分信任的同时，对他们倍加关怀。高校应制订与引进人才相关的待遇政策，委托人力资源部跟踪了解新引进的创新型人才融入情况，积极组织创新型人才参加国家相关法律法规和政策等培训，召开座谈会听取他们的意见，及时了解他们对于科研工作和生活方面的需求，尊重和保护他们的科研成果。

3. 总结

培养高水平的创新型人才，不仅要求他们能够团队协作，业务精湛，还要求他们带领一批热爱科学、思维活跃的学生，在国内外前沿学科领域做出成绩。高校要利用好重点实验室开展科技合作经验丰富、渠道通畅等优势，进一步拓展合作领域，丰富合作方式，通过引进、消化吸收和再创新的模式密切与国内外高校及研究院所的合作关系，争取以开展实质性合作、为国内企业解决技术难题等形式践行发展对外关系，并将合作研究与创新型人才的培养紧密结合起来，在提升重点实验室的总体研究水平、扩大在国内外影响力的同时，培养一批专业素质强、研究水平高的创新型人才。

第三节　高校人才队伍建设的方法与路径

一所大学的发展兴盛，归根到底要靠学科实力和优秀人才。学科建设和人才队伍，是一体两翼，缺一不可，要将这两者有机结合起来。在人才队伍建设上，要坚持“引育并举、以育为主，重点培养一批、大胆使用一批、及早储备一批”的建设思路，及早谋划，做好顶层设计。从人力资源理论的角度“引人、育人、用人、留人”是人力资源管理主要内容，推动高校发展，必须要以提升高校师资队伍整体水平、教学科研能力为重点，以师资队伍规模、层次、结构、效率、环境多方面制订实施路径。

一、人才引进：精准引进，适应学科布局和专业结构

1. 建立灵活多样的人才引进机制

各高校在省级、国家级政策指导下，不断探索和建立一套契合学校整体规划发展、适应人才成长规律和与市场同步接轨的人才引进机制。建立与不同学科领域特点相适应的引进人才评价标准，在对引进人才的学术水平、发展潜力、师德学风等方面考量的基础上，重点关注引进人才与学科发展契合程度、对学科建设发展所能做出的预期贡献。对于不符合条件的不盲目引进。建立完善国内外薪资福利衔接政策，提供符合人才需求的软硬件优惠措施，合理整合与配置人力与物质资源。

2. 加速引进高水平学术人才和团队

探索市场化引才机制，进一步拓展海外招聘通道。通过市场化行，借助高端正规人才中介的人脉、信息等资源优势，开展与专业机构的引进人才合作。依托“国家杰出青年科学基金”等国家级人才选拔项目，借助国际学术会议平台，有针对性地组织专场招聘，加大高校学术带头人的引进力度。“十四五”期间，持续加大引进或柔性引进两院院士和国家级高层次人才，加速造就一批进入国际科技前沿的优秀学术带头人。

3. 关注引进海内外优秀博士

各高校有针对性地关注与学科建设相关的专业博士培养单位，拓宽引智渠道，优化引进政策，大力引进海内外一流高校和科研院所的优秀博士，特别是具有国外联合培养经历、国外学习经历、国外科研工作经历，具备国际化视野的青年人才[12]。发挥博士在年龄、资历和专业领域的深厚潜质，“先引后育”，根据专业和产业需求，优化人才布局，使之成为未来带动我国高校学术发展的骨干力量。

二、人才培育：深度培养，搭建良性循环人才梯队

1. 突出师德为先，将师德摆在师资队伍建设工作的首位

完善师德师风建设教育机制，将师德教育作为优秀教师团队建设、青年教师、骨干教师和

学科带头人培育的重要内容。构建师德师风建设宣传机制，充分利用包括新媒体在内的各种宣传阵地，大力宣传体现时代精神的师德品德，以先进示范起到教育、引领和激发的作用。建立师德年度评议、师德状况调研、师德重大问题报告和师德舆情快速反应制度，强化师德师风建设监督机制，构建学校、教师、学生和社会多方参与的师德监督体系。

2 培育高层次创新人才

尊重学术人才的成长规律，夯实科研型、教学型优秀教师的知识基础和科研能力。各高校依托国家及省（市、自治区）各类人才项目，花力气，重点扶持培养一批专业水准高、潜质好，并且能奉献、领导本学科达到国内先进水平的优秀学科带头人。对学科带头人、高技能人才、杰出人才和有潜力的优秀中青年骨干教师实行重点扶植政策。

3. 建设优秀科研创新和教学团队

按照国家重大需求，围绕国家重大专项、省重点实验室等各类创新平台，积极建设优秀创新团队，争取在若干学科领域形成优势群体，带动和促进优秀后备人才成长。

4. 实施青年人才扶持计划

根据学科发展和教师自身发展需要，建立有利于青年教师发展的培养机制，提供青年教师成长发展的政策平台和制度保障，加强青年教师职业化发展，加大对青年教师的专门扶持，支持和鼓励优秀青年教师到国内外知名高校访学、交流。兰州大学对本校成长起来的年轻人才设置“青年教授”岗位，考核通过后直接聘为教授；对引进的年轻人才创造性地设置“青年研究员”岗位，通过五年考核期后转正，鼓励青年才俊脱颖而出。中国地质大学（武汉）自2020年起为本校青年人才打通“博士后—特任副教授—特任教授”的直通车，实施贯通式人才培育通道。

三、人才聘任：制订多元多维的人才评价机制

1. 加强顶层设计

“双一流”建设高校要强化同国家战略目标和战略任务的对接，汇聚大团队，构建大平台，承担大项目，做出大贡献，彰显服务国家的重大价值和实际贡献。具体来讲，“双一流”建设高校要把发展科技第一生产力、培养人才第一资源、增强创新第一动力更好地结合起来，紧紧围绕重大战略的核心关键、社会发展的瓶颈制约、国家安全的重大挑战，切实担负起强化国家战略科技力量的重任，提升服务国家重大战略能力。要通过调整学科结构、搭建合作平台、创新育人载体、建立协同机制与国家发展布局同频共振，与经济带、城市群、产业链的布局紧密结合，与国家主体功能区高度耦合，提升服务区域经济社会发展能力。

2. 深化教育评价机制改革

要坚持深化人才机制体制改革[5]。在人才聘任的过程中，要树立重师德师风、重真才实学、重质量贡献的价值导向，不能仅仅围绕一些大学排行榜和一些指标体系转，要看到短板。

对于教育评价,要强调破立结合,以立促破。我们说的“破五唯”,破的是“唯”而不是“五”,“论文、帽子、职称、学历、奖项”不是完全不要,关键要从实际出发,不能作为唯一的指标,要凸显在人才培养、科学研究上的实际贡献,彰显对国家和社会的价值追求。

3. 深化实施教师队伍岗位分类管理和聘任

将高校教师按照教学型、教学科研并重型、科研为主型 3 个不同系列进行管理,建立不同的考核评价标准,在现有改革基础上,进一步充分发挥岗位资源配置在高校管理中的作用,以教师聘用制改革为核心加快推进全员聘用制改革,提高教师的积极性和能动性。

4. 与地方、行业联合聘任使用人才

高校在人才建设中,要紧紧围绕重大战略的核心关键、社会发展的瓶颈制约,提升服务国家重大战略能力。要通过调整学科结构、搭建合作平台、创新育人载体,与经济带、城市群、产业链的布局紧密结合,提升服务区域经济社会发展能力。南京信息工程大学的“人才双落户”政策,让人才“创新在高校、创业在园区”,与南京江北新区实现人才共引共享共育,建设人才“蓄水池”。2017 年 7 月以来,双方共引进或培养国家级人才 60 多人,孵化创业型企业 30 多家[13]。

四、人才稳定:深化人事制度改革,完善师资队伍激励与约束机制

1. 强化岗位管理,推行长聘机制

弱化编制概念,合理确定各单位岗位数量,以岗位职责带动薪酬管理,调整专业技术人员、管理人员、工勤人员比例,优先保证专业技术人员数量,从严控制管理和工勤岗位人员数量,提升教职工队伍的质量、结构和效益。截至 2021 年底,不少高校虽然实行了聘用制,但还没有改变以事业编为主体的用人制度,而是形成了当前事业编和聘用制并行的模式。绝大部分“双一流”高校都已经实施了“预聘—长聘”制度。

2. 建设专业化管理队伍,做好服务保障

理顺管理人员的发展通道,淡化并逐步取消管理人员行政级别,使职员职级成为管理人员发展的主通道,进一步激发管理人员的积极性,提升管理人员队伍整体工作水平。让管理更好地为教育科研一线的师资队伍服务。

“双一流”建设必须尊重高等教育的规律,尊重学术工作秩序,尊重大学自由和自治权利,积极营造兼容并包和追求卓越的和谐氛围,尊重不同院校文化差异、历史积淀和学科优势,尊重高校教师成长成才的维度和规律。各大高校在支持、服务、创新和引领国家经济社会发展方面有不可替代的作用。高校师资本身就是人才,也是培养未来人才的关键力量,要以提高政治站位、拓宽视野格局,以实际行动支持各高校各学科各专业的师资队伍建设,以适应“双一流”建设和新时代高素质复合型人才培养的需要。

课后习题

1. 对于高校来说，究竟什么样的人是人才？

2. 高校人才队伍建设的理论基础是什么？

3. 高校人才成长所需要的组织环境具有哪些特点？

4. 高校人才需要怎样发展？职业阶梯如何建立？

5. 各个高校的人才评价标准不一对人才队伍建设有何利弊？

6. 高校和企业联合培养人才已成为时代热潮，但二者对人才的评价标准并不一样，如何才能做到真正地共享人才？请谈谈你的看法。

本章主要参考文献

[1]2020 年全国教育事业发展统计公报[EB/OL].(2021-08-27). http://www. moe. gov. cn/jyb_sjzl/sjzl_fztjgb/202108/t20210827_555004. html.

[2]褚洪生，王云海."双一流背景下"大学师资队伍建设路径研究[J]. 北京教育（高教版），2016(11):28-30.

[3]杨忠. 高校人才队伍建设的"四性"[N]. 光明日报，2013-10-07(06).

[4]习近平. 深入实施新时代人才强国战略 加快建设世界重要人才中心和创新高地[J/OL]. 求是，2021(24).(2021-12-15). http://www. qstheory. cn/dukan/qs/2021-12/15/c_1128161060. htm.

[5]习近平出席中央人才工作会议并发表重要讲话[EB/OL].(2021-09-28). http://www. gov. cn/xinwen/2021-09/28/content_5639868. htm.

[6]王传中，朱伟. 辅导员工作指南[M]. 武汉：武汉大学出版社，2009.

[7]于成文. 基于职业自觉视角浅谈高校辅导员工作[J]. 思想理论教育导刊，2015，9：126-129.

[8]杜玉波. 提升理论素养　增强职业能力　切实加强高校辅导员队伍建设[N]. 中国教育报，2016-06-06.

[9]冯刚. 坚持立德树人根本任务　切实加强大学生思想政治教育[N]. 中国教育报，2017-07-22.

[10]范笑仙. 坚定不移秉持教育优先、科教强国发展战略：习近平总书记关于教育战略地位思想的核心要义[J]. 清华大学教育研究，2018，39(3):18-21.

[11]于伟建，庄学真. 高校建设重点实验室与创新性人才培养的思考[J]. 黑龙江高教研究，2004(6):117-118.

[12]王利爽，阳荣威."双一流"建设背景下"C9 联盟"高校师资队伍及结构调查研究[J]. 大学教育科学，2017(6):35-36.

[13]我省首次专门举行会议聚焦高校院所人才发展[EB/OL].(2020-12-19). http://www. js. gov. cn/art/2020/12/19/art_60095_9608964. html? from=singlemessage.

延伸阅读

斯蒂芬·罗宾斯，蒂莫西·贾奇．组织行为学[M]．孙健敏，朱曦济，李原，译．18版．北京：中国人民大学出版社，2021．

理查德·布瑞德利．哈佛，谁说了算[M]．梁志坚，译．北京：北京大学出版社，2014．

乔纳森·R．科尔．大学之道[M]．冯国平，郝文磊，译．北京：人民文学出版社，2014．

张宏岩．知识生产模式与高校人才培养模式创新[M]．上海：上海交通大学出版社，2014．

徐谡．高校人力资源管理[M]．北京：清华大学出版社，2016．

徐谡．高校人力资源管理[M]．北京：清华大学出版社，2016．

张勇，张强，杜启振．世界大学排名指标体系对比及其对中国"双一流"建设的启示[J]．中国石油大学学报(社会科学版)，2017，33(2)：96．

张大良．"双一流"背景下江苏高教强省建设的策略选择[J]．江苏高教，2017(7)：3．

张丽娜，夏庆利．高校人力资源管理的现实困境与对策：基于大数据思维下高校人事档案信息化建设的探讨[J]．学术论坛，2016，38(4)：157-161．

降富楼．创新驱动发展战略下高校人力资源管理对策研究[J]．国家教育行政学院学报，2016(8)：40-43．

陈搏．高校教师学术共同体的知识创新能力建设研究[J]．高教探索，2014(3)：164-169．

夏明．高校教师人力资源管理模式论略[J]．继续教育研究，2016(11)：98-99．

郭栋．基于人力资源视角的高校辅导员队伍管理和建设探究[J]．学校党建与思政教育，2018(8)：76-78．

庄丽．最佳人力资源管理模式在高校组织绩效评价中的应用[J]．黑龙江高教研究，2019，37(4)：47-51．

第九章　高校实验室与设备管理

学习目标

1. 了解高校实验室与设备的定义、产生与发展。
2. 回顾我国高校实验室管理体制沿革。
3. 了解高校实验室安全管理概况。
4. 掌握高校仪器设备全生命周期管理模式。
5. 理解高校实验室与设备管理工作的重要性。

古时期的人们，面对纷繁世界中的山川河流、红花绿叶、飞禽走兽，创作出无数美好神话传说，他们用宗教和神话来解释世界，将所见所闻诉诸上苍。随着时间的推移，古文明社会开始通过哲学来认知世界，研究自然本身规律，被称为“自然哲学”的科学应运而生，他们将自然界发生的一切诉诸于理性思维。例如，中国四大发明之一的火药。古书中曾记载“以硫磺、雄黄合硝石，并蜜烧之”，会发生“焰起，烧手面及火尽屋舍”的现象，而研究这些现象必然需要物理空间及工具，我们将其一一对应现代说法，那便是实验场所及实验设备。随着科学研究日益复杂并迅速发展，实验室作为科学研究的场所开始逐步规模化、规范化，实验仪器设备也逐步精密化、智能化。

第一节　实验室与设备管理概述

现代高校发展战略规划中，实验室是开展教学、科研和社会服务的重要场所，它不仅承担着培养学生创新能力的重任，还为地方经济发展提供驱动力。实验实践在教学及育人环节发挥着不可替代的重要作用，有助于提高学生的专业技能，培养符合社会和企业需要的人才。

实验室中的仪器设备是保证实验教学正常运作的重要物质条件之一，也是学校国有资产的重要组成部分。仪器设备是学校人才培养、科学研究、学科建设的重要支撑，是保证学校教育与科技事业发展，完成教学、科研任务的重要物质条件保障。特别是大型精密仪器设备，已成为衡量一所高校学科发展水平、科技创新能力和核心竞争力的重要指标。

一、实验室的概念

实验室是人们根据一定的目的和要求，运用一定手段，突破客观条件限制，在人为控制或模拟条件下，观察、探索客观事物本质和规律的实验教学和科学实验的场所。高校实验室的作用是不可替代的，它不但包含自然科学，也包含人文社会科学。

高校里的实验室、图书馆、师资队伍并称为高校办学的“三大支柱”，而实验室一直是各类科研成果产出的基地及人才培养的摇篮，一方面培养学生的实验技能和实践能力，另一方面培养应用型、创新型人才[1]。高校实验室是开展科学研究的重要场所与平台，承担着组织高水平基础研究和应用基础研究、聚集和培养优秀科学家、开展学术交流的重要任务[2]。

二、实验室的演进及分类

1. 现代实验室产生的条件

现代实验室的产生具备 3 个必要条件：一是社会生产力发展的需要；二是社会能够提供（或实验研究者自己创造）特制的仪器设备及其他物质条件；三是实验室所需的人才资源。

【专栏 9-1】 第一个现代物理实验室——卡文迪许实验室

卡文迪许实验室(Cavendish Laboratory)即是剑桥大学的物理系，由电磁学之父詹姆斯·克拉克·麦克斯韦于 1871 年创立，1874 年建成实验室，为纪念伟大的物理学家、化学家、剑桥大学校友亨利·卡文迪许而命名。剑桥大学时任校长威廉·卡文迪许(第 7 代德文郡公爵)是亨利·卡文迪许的亲属，他捐助了 8450 英镑以帮助卡文迪许实验室的筹建。麦克斯韦随后获聘为剑桥大学卡文迪许实验室物理教授(即第一任主任)。实验室的研究领域包括天体物理学、粒子物理学、固体物理学、生物物理学。

卡文迪许实验室是近代科学史上第一个社会化和专业化的科学实验室，催生了大量足以影响人类进步的重要科学成果，包括发现电子、中子、原子核的结构、DNA 的双螺旋结构等，同时也培养出了诸多诺贝尔奖获得者，为人类的科学发展做出了举足轻重的贡献。

(百度百科——卡文迪许实验室：https://baike.baidu.com/item/%E5%8D%A1%E6%96%87%E8%BF%AA%E8%AE%B8%E5%AE%9E%E9%AA%8C%E5%AE%A4/1406157)

2. 实验室的分类

实验室根据不同分类原则可分为不同类别。若按归属可大致分为 3 类：第一类实验室设立在大学里面，从属于大学或者是由大学代管的实验室，如英国剑桥大学的卡文迪许实验室、莫斯科大学的物理实验室、荷兰莱顿大学的低温实验室、英国曼彻斯特大学的物理实验室等。第二类实验室属于国家机构，有的甚至是国际机构。它们大多从事基本计量、高精尖项目、超大型的研究课题和国防军事等任务。第三类实验室直接归属于工业企业部门，为工业技术的开发与研究服务，如贝尔实验室和 IBM 研究实验室。

高校里的实验室按实验室功能性和主要承担任务来看，可大致分为教学型实验室、科研型实验室、综合服务型实验室三大类型。教学型实验室专门从事现代人才的培养，以培养现代化应用型人才为目标和任务，承担实验教学任务；科研型实验室专门从事科学研究，以支持科研项目申报、研究、开发为目标和任务，为科研人员提供支撑；综合服务型实验室主要为校内外提供实验教学、科学研究、分析测试等服务，是促进仪器设备共享率和利用率最大化的公共平台[3]。当然，随着高校教学与科研的深度融合，各学科相互交叉和渗透，很多实验室兼备教学与科研的双重内涵。为进一步加深对高校实验室的认识和理解,更好地推动实验室建设与管理,有必要对实验室进行分类管理。

3. 我国高校实验室的发展

我国高校实验室经历了从无到有,从小到大,从严重不足到充实提高,从辅助教学到引领变革的漫长历程。在我国,直到19世纪末20世纪初,在民主革命的推动下,自然科学的科学实验室才开始进入学校。1949年以前,除少数重点大学以外,其他学校建立的实验室很少,而且条件相对较差。

近年来,随着国家投入增加、办学规模扩大、科技手段的进步、社会需求的扩大等因素影响,高校实验室在数量与质量、规模与内涵等方面都得到突飞猛进的发展。实验形式发展路径为:演示—验证—设计—综合—创新。实验方式发展路径为:实物—模拟—仿真—虚拟—网络。实验室发展路径为:课程—专业—学科—跨学科—综合中心。

第二节　高校实验室管理与建设

实验室作为开展教学活动、科学研究、生产实践和技术开发的重要场所,对其管理的要求也日益精细化、规范化和现代化。高校实验室的建设管理需要回答,也必须回答“培养什么样的人、如何培养人、为谁培养人”的问题。这是高校办学治校的首要问题,是办好中国特色社会主义大学的关键所在,是新时代高校办学思想给高校实验室管理体系建设提出的新内涵和新要求[4]。

一、高校实验室管理机构的发展

自20世纪80年代以来,我国的一些高校(如清华大学、北京大学等)陆续成立了专门的实验室管理机构。为适应实验室发展的新形势,国家教育委员会于1992年6月27日颁布了第20号令《高等学校实验室工作规程》,其中第二十条明确规定:高等学校应有一名校(院)长主管全校实验室工作,并建立或确定主管工作的行政机构(处、科)。作为对20号令的积极响应,越来越多的高校成立了专门的实验室管理机构,有些高校将已合并、撤销或职能淡化的实验室管理机构相继恢复,还有一些高校设有专门的咨询机构——实验室建设与管理委员会,负责统筹、决策和指导全校的实验室建设[5]。2003年2月,教育部人事司同意高教司增设实验室处,定编3人、领导职位数2人,这对于加强全国实验室建设有着特殊的里程碑意义,充分体现了对实验室工作的重视程度和规范化程度越来越高。

二、高校实验室制度保障

2000—2012年,教育部、科技部等国家行政部门就关于高校实验室仪器设备管理、大型仪器设备采购、重点实验室建设等连续发文,进一步促进实验室工作内涵式发展。2000年3月,教育部印发《高等学校仪器设备管理办法》;2003年4月,教育部印发《高等学校重点实验室建设与管理暂行办法》,科技部印发《关于联合展开国家重大科研仪器设施管理和共享立法研究工作的函》;2004 年 1 月,教育部印发《普通高校基本办学条件指标(试行)》;2004 年 5 月,财政部、科技部、教育部、中国科学院印发《中央级新购大型科学仪器设备联合评认工作管理办法(试行)》;2007 年 5 月,教育部发出《关于教育部重点实验室评估规则的通知》;2012 年 12 月,教育部印发《教育部直属高等学校国有资产管理暂行办法》;2015 年 6 月,教育部印发《教育部关于进一步规范和加强直属高等学校所属企业国有资产管理的若干意见》;等等。以上规章制度从行政主管部门的角度进一步规范了高校实验室与设备管理工作,并为其深入发展提供了重要的制度保障[6]。

三、国家级实验教学示范中心建设

近年来,国家级实验教学示范中心的建设与评审为高校实验教学工作的建设与发展带来了重大变革。国家级实验教学示范中心的建设经过了长达 6 年的准备时期,该项目最初于 1999 年由高等教育司教学条件处提出。2005 年 5 月,教育部印发《关于开展高等学校实验教学示范中心建设和评审工作的通知》,通知中明确提出,实验教学示范中心是高校开展高水平实验教学、培养学生实践能力和创新精神的重要教学基地,是教育部依托相关高校建设的国家级实验教学示范平台。2005 年 5 月,教育部下发《教育部关于开展高等学校实验教学示范中心建设和评审工作的通知》,国家级实验教学示范中心开始进入评审阶段。

建设实验教学示范中心,是为了在高校完善自身实验教学条件的同时,还能够起到示范、指导、引领的作用,以推动全国高校对实验教学改革、实验教学环节的重视和加强;另外,称为"中心"也是为了能够通过这方面工作的开展来进行资源整合,使大多数高校实验室较分散的现象得到改善,大大提高了高校实验室资源的共享和应用,使实验中心的覆盖面更为宽广,学科内容也可形成交叉融合。

以中国地质大学(武汉)为例,学校目前已建成 3 个国家级实验教学示范中心,分别是地质学实验教学示范中心、周口店野外地质实践教学中心、固体矿产勘查实验教学中心。

【专栏 9-2】 中国地质大学周口店野外地质实践教学中心

中国地质大学周口店野外实践教学育人成效独树一帜,学校 1954 年建立周口店实习站,2006 年秭归实习基地正式投入使用,形成北戴河、周口店、秭归三大实习基地。学生在周口店野外教学基地受到全面、系统的实践训练,不仅掌握了地质学的基本知识和野外工作的基本方法,而且培养了"艰苦朴素、求真务实"的精神。

周口店野外地质实践教学中心是依托周口店地区岩石、地层、构造等经典地质露头,将室内地学教学向野外拓展,完成由室内理论教学到野外实践环节的认识与转变。这一实践过程包括野外地质现象的识别及地质时间、空间思维和野外基本工作方法、野外基本技能的训练。因此,它是一个特殊的天然地质学实验室,具有任何室内实验室不可取代的功能与地位,这一实践教学环节与教学功能已被多年来的办学成效所证实。

周口店野外教学基地走出了 30 多位院士,已经成为"国家级实验教学示范中心""国家级理科野外实践教育共享平台成员基地""国家基础科学研究与教学人才培养基地",被誉为"地质工程师的摇篮"。实习基地积累了丰富的教学资料,包括教师备课资料、实习指导书、讲义和教材等,建立了资料室、标本室、陈列室、显微镜室、网络微机室、简易化学分析室，均已实现无线网络全覆盖，为实践教学的充分开展与水平提高发挥了重要作用，这些实践教学的宝贵资源也供国内外其他高校共享，美国、俄罗斯及中国台湾、中国香港等国家或地区本科生都曾在周口店野外实践教学基地开展野外联合实践教学活动。

（案例来源于地大要闻：https://www.cug.edu.cn/info/10506/90697.htm）

四、虚拟仿真实验教学中心（项目）建设

虚拟仿真实验教学是综合应用多媒体、大数据、三维建模、人工智能、人机交互、传感器、超级计算、虚拟现实、增强现实、云计算等网络化、数字化、智能化等技术手段，重点解决真实实验条件不具备或实际运行困难，涉及高危或极端环境，高成本、高消耗、不可逆操作、大型综合训练等问题的实验教学项目，着力提高高等教育实验教学质量和实践育人水平，是我国人才培养“智能＋教育”的积极探索。

1. 国家级虚拟仿真实验教学中心

2013 年 8 月，教育部印发《关于开展国家级虚拟仿真实验教学中心建设工作的通知》，通知中明确提出：以提高高校学生创新精神和实践能力为宗旨，以共享优质实验教学资源为核心，以建设信息化实验教学资源为重点，致力于持续推进高等学校实验教学信息化建设和实验教学改革与发展。2014 年 2 月，教育部办公厅批准北京大学地球科学虚拟仿真实验中心等 100 个国家级虚拟仿真实验教学中心；2015 年 1 月，教育部办公厅批准清华大学数字化制造系统虚拟仿真实验教学中心等 100 个国家级虚拟仿真实验教学中心；2016 年 1 月，教育部办公厅批准了北京大学考古虚拟仿真实验教学中心等 100 个国家级虚拟仿真实验教学中心。

以中国地质大学（武汉）为例，2014 年学校成功获批国家级“矿产资源形成与勘查开发虚拟仿真实验教学中心”。

【专栏 9-3】 矿产资源形成与勘查开发虚拟仿真实验教学中心

矿产资源形成与勘查开发虚拟仿真实验教学中心是依托学校国家级固体矿产勘查实验教学示范中心建设的实验教学平台，该平台以地球科学新成果和现代成矿理论为理论基础，运用计算机技术、数字模拟、三维可视化技术和网络技术手段，通过深度挖掘、整合、优化、拓展现有的相关国家级和省部级实验教学中心、科技平台和野外实验基地的丰富教学科研资源与实验技术条件，结合实体实验教学系统，建立的一种新型的实验教学系统，基本涵盖了学校在矿产资源领域相关专业的教学大纲中规定的理论学习、勘查与开发工程设计和产品研发等实验教学内容。

在学校大力支持下，该中心深入推进信息技术与高等教育实验教学的深度融合，不断加强高等教育实验教学优质资源建设与应用。充分运用多视图三维重建技术、无人机摄影测量技术、虚拟现实等技术，中心目前已在岩矿石标本三维数字化、矿山实景三维建模等方面积累了丰富的经验和巨量教学资源。

（案例来源于地大要闻：https://www.cug.edu.cn/info/10506/87012.htm）

2. 国家级虚拟仿真实验教学项目

2017 年 7 月，教育部印发《关于 2017—2020 年开展示范性虚拟仿真实验教学项目建设的通知》。通知中明确了建设目标、建设内容和建设方式，提出 2017—2020 年统筹规划建设 1000 个左右示范性虚拟仿真实验教学项目，真正打造全球最多、最大、最全的虚拟仿真资源库。2018 年 5 月，教育部印发《关于开展虚拟仿真实验教学项目建设工作的通知》，明确了国家虚拟仿真实验教学项目是示范性虚拟仿真实验教学项目建设工作的深化和拓展；2018 年 6 月，教育部认定 105 个虚拟仿真实验教学项目为首批国家虚拟仿真实验教学项目；2019 年 3 月，教育部认定 296 个虚拟仿真实验教学项目为 2018 年度国家虚拟仿真实验教学项目。

以中国地质大学（武汉）为例，资源学院的“大冶铁矿矿床学虚拟实习”成功获批 2018 年度国家虚拟仿真实验教学项目。该项目的获批，将发挥学校地质类学科的师资、科研、人才培养优势，以及校企合作共建大冶铁矿实习基地之力，将大冶铁矿矿床学虚拟实习、科学研究、地学科普、绿色矿业紧密结合，多角度、全方位形成协同优势，以互联网为依托，将虚拟实习推广到地质类高校、企业，为新形势下发展一流本科地质教育、培养高水平矿床地质人才、普及地质资源知识与传播地学文化做出贡献。

五、教学实验室项目制管理

近年来，学校多渠道筹措资金，持续稳定投入教学实验室建设经费。以中国地质大学（武汉）为例，2013 年至 2021 年累计投入资金 29 338.11 万元。其中，学校实验室建设经费金额为 8 472.6 万元，国家专项资金建设经费金额为 20 865.51 万元。各类经费执行严格的项目制管理模式，经过严格审核及专家评审方可立项，经费获批后归口部门执行督办，确保各类项目进展顺利按时完成。除学校实验室建设项目和国家专项资金修购项目外，在学校支持下还设立教学实验室开放项目、实验技术研究项目和实验教材项目等。

1. 实验室开放项目

实验室开放工作是学校实施“质量工程”和“学术卓越计划”的重要组成部分，自 2011 年初启动教学实验室开放基金项目以来，实验室开放工作增添了实实在在的抓手，调动了广大学生开展创新性实验、科学研究、创造发明、各项竞赛和社会实践等的积极性，也极大地培养了学生的团队协作创新能力和严谨的科学研究态度，获得了一系列实验实践创新成果。近年来通过评审立项的开放项目情况如表 9.1 所示。

表 9.1　2011—2021 年实验室开放项目情况表

年份	批复项目数/个	批复金额/万元
2011—2012	151	28.87
2012—2013	198	34.09
2013—2014	169	30.75
2014—2015	235	30.77

续表 9.1

年份	批复项目数/个	批复金额/万元
2015—2016	226	45.50
2016—2017	236	50.98
2017—2018	311	53.10
2018—2019	231	50
2019—2020	277	50
2020—2021	270	50
合计	2304	424.06

2. 实验技术研究项目

实验技术研究涵盖实验教学仪器设备和装置的研制、科学仪器设备的功能二次开发、实验室管理系统及信息化资源的开发和实验技术与实验方法研究等，负责实验教学的老师带领学生进行研制，通过老师的启发和指导，引导学生进行发明创造，在研制的过程中不但可以巩固课内实验所学的知识和初步掌握基本实验技能，更重要的是培养了学生的创新能力。近年来通过评审立项的实验技术研究项目情况如表 9.2 所示。

表 9.2　2013—2020 年实验技术研究项目情况表

年份	一般项目		重点项目		创新群体	
	数量/个	金额/万元	数量/个	金额/万元	数量/个	金额/万元
2013	18	54	12	70	—	—
2014	23	69	13	74	—	—
2015	21	66	11	78.5	—	—
2016	21	66.5	13	77.5	—	—
2017	12	43.4	17	99.5	—	—
2018	17	53	17	99	—	—
2019	18	56.2	6	34	2	60
2020	15	38.3	9	66.7	2	40
合计	145	446.4	98	599.2	4	100

3. 实验教材项目

实验教材是体现实验内容和教学方法的知识载体，是教学的基本工具，也是深化教育教学改革、全面推进素质教育、培养具有创新精神和实践能力人才的重要保证。为进一步提高实验教材质量，提升实验教学水平，开展了实验教材项目立项工作。近年来通过评审立项的实验教材项目情况如表 9.3 所示。

表 9.3 2013—2020 年实验教材项目情况表

年份	数量/个	金额/万元	年份	数量/个	金额/万元
2013	20	33	2018	10	12
2014	17	17	2019	12	13.2
2015	13	13	2020	13	15.6
2016	8	11	合计	108	130.8
2017	15	16			

第三节 高校实验室安全管理

“实验千万条，安全第一条；操作不规范，亲人泪两行”。高校的安全稳定是保证高校有序运转的基本前提，而实验室安全管理是其中的一个重要环节，与我们的教学科研工作息息相关，直接关系到全校师生的生命财产安全。高校实验室具有仪器设备和材料种类多、参与实验人员数量大、实验教学任务重、安全隐患与风险复杂等特点，致使实验室成为安全事故频发的场所[7]。因此，如何科学合理地建立一套切实可行的实验室安全管理体系是高校的当务之急。

一、高校实验室典型事故

随着我国高等教育事业的快速发展，国家和地方对高校实验室建设的投入大幅度增加，实验室建设无论是从数量上还是从质量上都达到了前所未有的程度。同时，随着高校办学规模的不断扩大，学生人数的增加，实验室的开放时间和使用效率不断增加，进入实验室的人员多且流动性大，实验室安全工作面临的问题也越来越多，火灾、中毒和环境污染等事故时有发生。除了爆炸与火灾，实验室事故还包括触电、机伤、腐蚀、辐射等。

【专栏 9-4】 近年国内高校实验室安全典型事故

2018 年 12 月，北京某大学市政与环境工程实验室，进行垃圾渗滤液污水处理科研实验期间，实验现场发生爆炸，事故造成参与实验的 2 名博士生和 1 名硕士生死亡。经查明，该事故原因为：在使用搅拌机对镁粉和磷酸进行搅拌时，在其反应过程中，料斗内产生的氢气（爆炸范围 4%～76%，最小点火能量 0.02mJ）被搅拌机转轴处金属摩擦、碰撞产生的火花点燃爆炸，继而引发镁粉粉尘云爆炸，爆炸引起周边镁粉和其他可燃物燃烧，造成现场 3 名学生烧死。事故调查组认定这是一起责任事故，该校党委书记等 12 人被问责。同时认定，该大学有关人员违规开展试验、冒险作业；违规购买、违法储存危险化学品；实验人员特别是项目组学生不遵守相关的法律法规，学校管理制度和实验操作规程存在漏洞。

2015 年 4 月，江苏某大学化工学院实验室，进行纳米催化剂元件灵敏度测试试验期间，实验室发生爆燃事故，造成 1 死 4 伤。经查明，该事故原因为：事发实验室进行纳米催化元件的制备试验，试验采用的是私自充装的甲烷混合气体钢瓶，其中气瓶内甲烷含量达到爆炸极限范围。试验中开启气瓶阀门时，气流快速流出引起的摩擦热能或静电导致瓶内气体反应发生爆炸。另外，违规配置试验用气、对甲烷混合气的危险性认识不足、爆炸气瓶属超期服役、实验室不具备必要的安全条件、相关单位安全教育培训不足和实验室安全管理存在薄弱环节也是导致事故发生的间接原因。

（案例来源：https://st.imu.edu.cn/info/1068/4644.htm）

为切实加强实验室安全管理，避免以上类似安全事故的发生，各高校不断致力于健全实验室安全责任体系，强化制度建设与责任落实，严格安全检查与隐患整改，加强安全教育与应急防范，规范危险化学品管理及废弃物处置等，根据各高校实际情况，实验室安全管理的具体举措略有不同，以中国地质大学（武汉）为例，与大家共同展开学习。

二、实验室管理工作架构

1.“三支柱一平台”实验室安全管理体系

学校高度重视实验室安全管理工作，逐步形成了“三支柱一平台”实验室安全管理体系。“三支柱”具体指制度体系、检查体系、教育体系，“一平台”指实验室安全信息化平台（化学品管理平台、巡检系统等）。

2. 实验室安全体制

中国地质大学（武汉）实行“学校统筹领导，职能部门归口管理，学院主管，实验室具体负责”，实行校—院—实验室三级管理模式。在校级层面成立实验室安全工作领导小组，学校党政主要领导任组长，成员由学校办公室、本科生院、研究生院、学生就业指导处、科学技术发展院、人力资源部、财务与资产管理部、实验室与设备管理处、校园规划与基建处、安全保卫部、后勤保障部、未来城校区管理办公室主要负责人，以及学校实验室安全督查员等专家组成。

学校严格按照“党政同责、一岗双责、齐抓共管、失职追责”和“管行业必须管安全、管业务必须管安全”的要求，构建由学校、二级单位、教学实验室、实验中心多方联动的实验室安全管理责任体系。与此同时，学校与二级单位签订安全责任书（一级）、二级单位与实验室签订第二级安全责任书（二级），要求：各实验室与所有进入实验室的人员签订安全责任告知书（三级）。齐抓共管，真正落实责任，高度重视实验室安全管理。

3. 实验室安全队伍

（1）实验室技术安全专家小组：对实验室建设的技术安全、实验室安全环境进行评估与论证，制订实验室技术安全的标准及对实验室技术安全事故责任进行划分认定。

（2）实验室安全督查组：对常规安全检查中发现的实验室安全隐患进行跟踪督查，不定期地对全校范围内实验室进行安全抽查。

（3）大学生志愿者小组：由大学生志愿者组织进行日常安全常识宣传，帮助完成隐患整改，协助巡查实验室安全隐患。

4. 实验室安全管理制度

学校按照“横向到边，纵向到底，全面覆盖”的原则，编制各级各类实验室安全规章制度，主要包括《危险化学品管理办法》《辐射事故应急预案》《辐射安全与防护管理办法》《实验室技术安全问责办法(试行)》《关于强化实验室安全“培训教育-考试考核-实验准入”系列工作的通知》等系列文件。

三、实验室管理重要工作举措

1. 实验室安全检查体系

为规范高校实验室安全管理工作，提高实验室安全防护能力，落实“人防、技防、物防”制度，学校近年来构建了以实验室安全巡查制度为核心，实验室自查—二级单位巡查—学校督查—多部门联合检查相结合的多层次、全方位安全检查体系。

1)自查制度

按照“谁使用，谁负责”的原则，督促各实验室对仪器设备、化学药品、实验过程等建立安全管理制度。要求实验室落实安全管理人员，对外公开实验室名称、责任人、电话等信息，强化监督管理。建立实验室日常检查制度，实行全员、全过程、全方位、全时段的安全自查，并做好安全检查工作台账。

2)巡查制度

学校各二级单位(学院、科研平台)建立实验室安全巡查组，聘请实验室安全管理专家组成。巡查组在二级单位党政班子的领导下，独立地对实验室进行安全巡查，采用定期和不定期相结合的方式，每月至少对实验室安全巡查 3 次。安全巡查组根据安全隐患程度，分级开具“提示整改—警告整改—关停整改”通知单，详细列出整改要求清单。同时，巡查组对提出整改的实验室开展复查，并有权要求整改不到位的实验室关停整改，复查合格后方能重启实验室。从而形成了巡查组发现问题、实验室及时整改、整改复查验收的实验室安全闭环管理机制。鉴于实验事故大多产生于实验过程，安全巡查组加强了对实验过程的巡查，对实验过程存在的安全隐患，将严令停止实验，立即整改，待排除安全隐患后，方能继续开展实验。为避免“灯下黑”情况的发生，学校不定期组织各二级单位巡查组进行交叉巡查和联合巡查。

3)督查制度

为强化实验室安全巡查工作，学校组建了校级实验室安全督查组。督查组履行对二级单位的巡查组监督和指导职责，确保巡查组真查真办，同时，深入实验室进行安全检查，检视巡查组的巡查工作效果。切实做到不留死角、不走过场。对于重大安全隐患，督查组代表学校驻点督促落实整改，不消除安全隐患不撤离，切实督办到位。

4)联合检查制度

学校在关键节点时期，由归口管理部门实验室与设备管理处牵头，联合保卫、科研、教学、后勤等部门，由校领导带队对实验室进行安全抽查。此外，根据实验室安全状况，或上级部门要求，多部门联合检查组适时开展专项检查。针对检查中发现的安全隐患点，及时安排督查组复查，提出具体的整改要求，督促落实整改措施，及时消除安全隐患。

2.“培训教育一考试考核一实验准入”工作体系

为加强实验室安全培训教育，强化师生实验安全意识，落实实验室安全准入制度，提高安全管理水平，杜绝可能发生的安全隐患，中国地质大学（武汉）积极构建实验室安全“培训教育—考试考核—实验准入”工作体系。

1）实验室安全培训教育工作

学校归口管理部门实验室与设备管理处负责建设实验室安全“培训教育—考试考核—实验准入”网络平台；组织师生参加线上、线下实验室安全培训教育和实验室安全周或安全月等安全宣讲活动；与各单位共同组织全校本、硕、博新生在每年秋季入学教育期间参加实验室安全教育网络课程学习。

2）实验室安全考试考核工作

学生在完成安全教育网络课程学习并达到相关要求之后，方可参加实验室安全考试。学校组织新生按时参加培训考试，考生登录“培训教育—考试考核—实验准入”网络平台，获得随机生成的考题，答题完成并提交后，后台自动阅卷并根据后台预设的合格条件，判定考生是否通过实验室安全考试。考试通过者，网络平台会自动生成该生的“实验室安全准入证”电子版。

3）实验室安全准入工作

实验室与设备管理处定期向各单位发送实验室安全考试合格学生名单。学生持有实验室安全准入证，方可进入实验室开展实验，严禁未取得实验室安全准入证的学生进入实验室开展实验。组织教师对未通过考试的学生进行安全教育，督促其及时参加实验室安全补考。

3. 实验室安全文化建设

实验室安全文化建设的核心是人，应以人为本，扎根传统文化，坚持科学精神，提高广大师生的安全意识，培养良好的安全文化素养，促进学生身心健康成长。牢固树立安全发展理念，建设和培育良好的校园安全文化氛围，注重安全意识与安全能力的培养，使学生掌握丰富的安全常识与技能，敬畏生命，自觉遵守安全制度。2016 年 5 月起，教育部发展规划司要求全国教育系统每年开展“安全文化月”“安全生产万里行”及危险化学品安全专项整治活动，要求充分发挥教育基础性、先导性和全局性作用，切实推动安全文化进校，提升全员师生安全技能和安全文化素养。

【专栏 9-5】 中国地质大学(武汉)2019 年实验室安全月活动

2019 年 5 月，经过近 2 个月的策划与筹备，中国地质大学（武汉）年度实验室安全月活动顺利举行。学校广泛开展了法律知识宣传、安全教育专家讲座、典型案例分析、安全事故应急演练、安全知识系列培训等活动，包括：香港科技大学杜武俊博士作题为“实验室化学品事故应急计划与实践”的讲座；无锡赛弗文化产业有限公司丁睿总经理主持危险化学品泄漏处置演练活动，并作题为“危险化学品安全和实验室文化建设”的讲座；杭州科洛生物技术有限公司现场进行实验室基础急救知识培训；保卫处进行实验室安全消防培训，消防队员现场演示消防器材使用方法，参会人员试用消防器材等活动；安全专家 Jiro Tchalikian 作题为“实验室安全用气”的讲座，开展气体气瓶安全使用培训，开展化学品管理平台使用培训；湖北省高校实验室工作研究会副理事长兼秘书长雷敬炎作题为“培育实验室安全文化，加强实验室安全管理”的讲座。

此外，在安全月活动期间，为调动全员的参与积极性，还举办了实验室安全微视频比赛、安全管理标兵实验室评选等活动。同时，充分发挥地大新闻网、微信公众号等校园媒体的宣传传播优势，强化了师生安全风险防范意识，提高了安全防范能力，以切实加强实验室安全宣传教育培训工作，营造实验室安全文化氛围，提高教学科研人员的安全意识和安全防范技能。

（案例来源于地大要闻：https://www.cug.edu.cn/info/10506/91338.htm）

第四节 仪器设备全生命周期管理

前已述及，学校仪器设备是人才培养、科学研究、学科建设的基本物质保障，是学校国有资产的重要组成部分。高校仪器设备管理工作是一项长期且系统的工程，涉及配置、论证、采购、验收、使用与维护、调配、清查、报废处置、开放共享、绩效考核等诸多环节，以上也基本构成仪器设备全生命周期管理的主要框架。

一、管理体制、职责与范围

仪器设备管理应遵循“统一领导、归口管理、分级负责、责任到人”的资产管理原则，做到合理配置、科学使用，杜绝闲置、浪费，充分提高仪器设备的开放率和共享率。高校对仪器设备通常实行校级国有资产监督管理机构、设备类资产归口管理单位、二级单位的三级管理体制，各级管理主体的具体职责均按照相关国有资产管理规定执行。

依据教育部“高等学校固定资产分类目录”中的分类规定，仪器设备归口管理部门通常管理的仪器设备包括以下类别。03 类：仪器仪表；04 类：机电设备；05 类：电子设备；06 类：印刷机械；07 类：卫生医疗器械；08 类：文教设备。凡能够独立使用、使用期限超过 1 年、单位价值在 1000 元（含）以上并在使用过程中基本保持原有物质形态的上述六类仪器设备，均纳入仪器设备管理范围。

二、全生命周期管理

1. 配置与论证

仪器设备的配置，应根据学校教育科研事业发展需要，由使用单位或规划部门按照学校相关规定提出配置方案建议，经学校相关职能部门审批通过后方可实施。针对教学实验室仪器设备的配置，应与教务相关部门核准的专业培养方案结合考虑，充分满足教学需求；针对科研仪器设备的配置，应遵循学校人才培养、科学研究及社会服务三大功能原则，积极推进开放共享，提高仪器设备利用率，最大限度地提高资金投入产出的经济效益与社会效益。

对于单位价值在人民币 40 万元（含）以上的大型教学或科研仪器设备（以下简称“大型仪器设备”），应加强论证和配置管理。申购单位须结合对学科发展意义、利用率、开放共享方案、安装技术条件、市场调研、后期费用、成果预测等方面进行系统论证。校级层面成立大型仪器设备专家论证委员会，成员主要由学校学术委员会成员、相关专家及教务、科研、人事、规划、财务、监察、设备等职能部门负责人组成，专家论证委员会对申购单位提出的论证报告进行审议，审议通过后，申购单位方可进行大型仪器设备的购置。

2. 购置、验收、使用与处置

学校仪器设备采购由经办人提出采购申请并填报相关材料，经采购二级单位经费负责人及财务部门、设备归口管理部门、采购招标管理部门审批通过后执行。

采购完成后，应进行严格的实物验收和技术验收，特殊管制仪器设备需按照国家有关法律法规进行验收。实物验收后，应及时开展技术验收。5万元(含)以上40万元以下的仪器设备和40万元(含)以上的非大型仪器设备(小设备集成或者设施)，由使用单位组织专家进行技术验收；大型仪器设备由设备类归口管理部门组织技术验收；自制仪器设备由项目管理部门组织技术验收。

仪器设备投入使用时，应有相应安全防护措施。新购入仪器设备时应配套相应的安全防护部件和设施。各仪器设备使用单位应设置专兼职资产管理员，统筹管理本单位的仪器设备，定期对本单位仪器设备进行清查盘点，做到账、卡、物相符；随时准备迎接学校或上级有关部门的资产清查盘点工作；认真制定仪器设备操作规程，建立仪器设备使用和维护保养制度，加强对使用人员的培训；及时修复发生故障的仪器设备，保障教学科研活动的正常开展。

设备发生使用单位、使用人、使用地点变动时，应及时进行资产信息变更。仪器设备不能再继续使用时应申请报废，使用人按仪器设备使用年限、原值等情况准备相关报废材料，经使用单位审核、汇总后提交设备类归口管理部门审批，再由学校国有资产监督管理机构审核后提交校务会审批，根据校务会决议，相关部门最后进行报废仪器设备账务和实物处理。

3. 大型仪器设备开放共享

大型仪器设备管理按照“专管共用、资源共享”的基本要求，应在继续加强投入、改善硬件条件的同时，逐步完善管理体制、建设模式、运行机制、考核体系，积极推行大型仪器设备的有偿使用与开放共享。大型仪器设备投入使用时，使用单位应建立技术档案，做好使用记录，并按上级部门和学校要求及时上报相关运行数据和统计资料。

各高校不同程度地存在大型仪器设备使用率与共享率较低的现象，为此大家都在积极探索有效提升大型仪器设备使用效率、提高资源优化配置与科学研究分析测试水平的出路，进一步加大仪器设备共享，坚持校内优先原则，实行有偿服务，逐步推行成本分担机制，建立分析测试中心，提高仪器设备在教学科研工作中的使用和管理效率，更好地支撑促进“双一流”建设。

【专栏9-6】 分析测试中心——以西北某高校为例

西北某大学分析测试中心(以下简称“中心”)是2016年1月校党委常委会决定成立的独立建制二级机构，为校级公共测试服务平台。中心自2017年1月开始建设，已完成两个校区分中心的建设，设备使用面积约600m²，已添置设备包括大型设备14台，辅助设备14台，总资产约8000万元。2018年获得国军标GJB 9001C质量体系认证，并积极申报CNAS科学实验室认证。

中心主要职能是负责统筹学校各类分析测试共享平台的建设与各分中心的管理，创新管理体制和运行机制，有效推进学校实验仪器设备共享；为提升相关学科的基础研究能力、人才培养、高层次人才引育和国际合作交流提供有力支撑。中心定位是在设备平台、表征分析和技术培训方面达到国际一流水平的技术研究型、公共服务型平台；宗旨是全心全意为全校师生提供简单顺畅、科学准确的分析测试服务，助力学校"双一流"建设。

中心设立有专家委员会、业务室、测试室及行政办公室，内部实行严格的质量管理，并有一整套科学、规范的质量保证体系和规章制度，同时借助先进的信息化平台，实现大型仪器设备在线预约，为用户提供公正、科学、可靠、准确的检测结果。

同时，中心采用多样化对外服务方式，包括项目合作形式、年卡制度、平台联盟共享制、闲置时段优惠制度。积极加强与各省市的合作，争取多方多渠道共享建设资金，充实完善设备库，扩大知名度和影响力，进一步发挥服务社会的良好作用。

（案例参考西北某大学分析测试中心概况）

4. 绩效考核

各高校不断建立健全仪器设备使用效益评价体系，完善绩效考核办法，达到"以评促配、以评促管、以评促改、以评促用"的目的，努力提高仪器设备的综合利用效率。下面以中国地质大学（武汉）为例，论述大型仪器设备绩效考核基本内容。

大型仪器设备考核实行分类考核办法，主要分为 4 种类型。①教学主导型：对主要用于教学活动的教学主导型大型仪器设备，重点考核其人才培养绩效；②科学研究型：对主要用于科研活动的科学研究型大型仪器设备，重点考核其开机时数、科研活动业绩、仪器设备新功能开发等；③对外服务型：对主要用于对外分析测试、协同创新的对外服务型大型仪器设备，重点考核其对外服务机时数、服务收入、协同创新成果、人员培训等；④杰出成果型：对主要用于重大科研活动的杰出成果型大型仪器设备，重点考核其获得的杰出创新成果、发表的具有重大影响力的论文，以及发明专利、科技奖励、成果转化等。

大型仪器设备考核内容包括机时利用（含教学机时、科研机时、社会服务机时）、人才培养（含学生数、教师数及其他操作人员数）、科研成果（含奖励、发明专利、论文等）、服务收入、功能利用与功能开发、测试样品数、实验项目数，以及上级主管部门和学校要求考核的其他内容。

学校每年对大型仪器设备使用效益进行综合考核。考核主要依据使用单位制订的学年度大型仪器设备工作计划进行，考核工作由归口管理部门实验室与设备管理处牵头组织，各单位大型仪器设备开放共享与考核工作小组负责具体实施，单位初评结束后，实验室与设备管理处组织专家对考核结果在全校排名后 30％的大型仪器进行集中考核。考核结果作为学校对各单位以后购置大型仪器设备经费投入的重要依据。

此外，学校建立了完善的大型仪器设备奖惩机制，根据考核结果采取了一定的奖惩措施：①对在大型仪器设备使用、管理、运行、维护、技术开发、协作共用、人员培训、社会服务等工作中做出突出贡献的单位、个人，学校给予表彰奖励，同时在下年度学校大型仪器设备购置经费中予以倾斜支持。②对在大型仪器设备管理工作中由于失职、弄虚作假、责任事故、私自使用等造成损失的，当事人年度考核按不合格处理，学校将追究当事人和管理人的责任，按有关规定给予经济或行政处罚；对触犯国家法律法规的，按国家相关法律法规进行严肃处理。③无论何种经费购置的大型仪器设备，无论何种原因，连续2年机时数低于教育部大型仪器设备规定机时数的，主管部门和管理单位有权将其调整到其他合适的实验室或责任人使用，同时扣减原使用单位下年度仪器设备购置经费的份额。

课后习题

1. 从实验室功能和主要承担任务的角度，高校实验室可大致分为几大类？
2. 为进一步促进实验室工作内涵式发展，国家行政主管部门发布了哪些有关规章制度？
3. 中国地质大学(武汉)有哪几个国家级实验教学示范中心？
4. 请简要叙述中国地质大学(武汉)实验室安全检查体系的内容。
5. 从高校实验室典型安全事故中，谈谈你的体会与感想。
6. 请简要叙述仪器设备全生命周期管理的内容。
7. 如何理解大型仪器设备的开放共享的重要性。

本章主要参考文献

[1]方东红，荆晶，张欣，等. 新时代一流高校实验室管理体系构建思考与探索[J]. 实验技术与管理，2019，36(2)：1-3+7.

[2]罗联社，王友明，李鑫，等. 浅析高等学校实验室管理机构的地位与作用[J]. 实验室研究与探索，2008(8)：18-20.

[3]胡征. 现代实验室建设与管理指南[M]. 天津：天津科技翻译出版有限公司，2014.

[4]本报评论员. 牢牢把握教育改革发展的“九个坚持”[N]. 人民日报，2018-09-14(2).

[5]张继霞，彭绍春，施瑞. 从高校实验室的变迁看我国高等教育的发展[J]. 实验技术与管理，2010，27(4)：169-171.

[6]李兴植，李瀛，王成涛. 新中国70周年高等学校实验室工作发展历程回顾(下)[J]. 实验技术与管理，2021，38(2)：1-7.

[7]陈晶. 高校实验室安全管理评价体系的研究[D]. 上海：华东理工大学，2013.

延伸阅读

马楠. 普通高等学校实验室建设与发展评估分析[M]. 北京：高等教育出版社，2019.

陈卫华. 实验室安全风险控制与管理[M]. 北京：化学工业出版社，2017.

雷敬炎. 实验室建设与管理研究[M]. 武汉：武汉大学出版社，2020.

第十章　高校信息化建设专题

学习目标

1. 掌握高校信息化建设的基本概念与基本理论。
2. 了解信息技术如何深度影响高校运行与发展的各个方面。
3. 了解国家教育信息化相关政策、规划。
4. 了解当前我国高校推进信息化建设的现状与存在的问题。
5. 思考探讨我国高校信息化建设的趋势和挑战。

高校信息化建设是高校利用计算机技术、网络技术、大数据技术、人工智能技术等一系列现代化、智能化技术，通过对信息资源的深度开发和广泛利用，促进教学模式与手段的变革、管理制度与流程的优化、科研设施与方法的提升，不断提高教育教学、科学研究、合作交流、管理服务、发展决策的效率和水平所开展的系统性工作，是高校主动适应信息化发展趋势、提高管理决策水平与办学水平的重要环节，是实现高校治理水平现代化的重要手段，是国家教育现代化的关键支撑和基本保障。高校信息化建设工作围绕信息资源汇聚、信息网络搭建、信息技术应用推广、信息化人才培养、信息化政策法规落实和标准规范制定等方面进行系统推进。信息技术对高等教育的作用，正如美国高等教育信息化协会主席戴安娜・亚伯林格博士所言，“信息技术在高等教育领域的创新应用不仅可以提高高等教育的效能，更为重要和深远的影响在于其对整个高等教育生态的重塑”[1]。随着中国教育信息化 2.0 时代的到来，高校信息化建设以其复杂的系统与重要的地位持续受到广泛关注。

第一节　高校信息化建设概述

一、信息与信息技术

1. 信息的本质与要素

“信息”一词在《现代汉语词典》中解释为：指用符号传送的报道，报道的内容是接收符号者预先不知道的[2]。从该定义中我们可以了解到信息一词的几个关键信息：信息的本质是报道，该报道是信息发出者知道，而信息接收者所不知道的，信息传递的目的正是让接收者从不知道转变为知道，从而与信息发出者达到认识上的统一。在信息传送过程中共有三大要素：发送者、传递过程与接收者。在自然界中，信息的产生、传递和接收无时无刻不在进行，物质始终以各种物理形式(如声、光、热、电、力等)主动或被动地向周围环境散发出信息,只要接收者具有接收对应信息的能力,就可以获取信息发出者所发出的信息。例如:斑马有接收声音的能力(听觉系统),就可以接收到小溪散发出来的水流声;老鹰有接收光线的能力(视觉系统),就可以发现猎物的栖身之所;人类缺乏对磁场的感知能力,就没有办法直接感受周围磁场的强弱。由此可知,信息能否成功传递的关键在于,能否通过信息发出者与接收者所能够共同使用的媒介来进行传递,若该媒介在信息发出者和接收者的认知中代表同样的意义,信息就可以传递成功。

2. 信息技术的发展历程

在人类的发展历程中,信息的记录与传递具有非常重要的意义。从绳结记事到仓颉造字,从击鼓进军到烽火告急,可以说,人类之所以能够区别于其他物种,关键原因之一就在于人类能够有意识、有目的地使用特定的符号对信息进行编辑和传递,并不断创造新的符号来代表和传递更加复杂的信息。正是因为人类创造的符号可以有效地传递复杂信息,人类才能够实现生活经验的有效记录与代际传递,从而形成独属于人类自身的文化与文明(这种主动运用特定符号进行经验传递的行为,正是教育最原始的表现)。

要实现信息的传递,就必须完成两部分工作:用特定的符号对想要表达的信息进行编码,然后通过一定的方式把已经编码好的符号传递出去。人类传递信息的技术(即信息技术)正是由于上述两个步骤的不断改进创新而不断提升。人类最初使用自然界中已经存在的事物进行信息的编码和传递,如肢体语言、绳结记事、石子计数等。随着需要表达的信息不断深化和复杂,人类发明了文字并广泛运用,使信息的描述更加精确。随着制造技术的发展,人类在文字的传播载体上进行了更新:从最初的石板、木板到后来的竹简、布匹、纸张,不断轻便的载体使得人类能够更好保存和更广传递的信息数量不断增长,从而使人类的经验可以广泛共享。19 世纪电磁学体系的完善使得信息的传递脱离了物体的束缚,人类开始使用电磁信号传递信息。1946 年电子计算机问世,人类通过电路的开关实现了信息编码,发明了计算机语言体系,开启了人类全面进入信息时代的序幕。1969 年互联网的出现,实现了信息的全球传递,为人类进入信息社会奠定了坚实基础。

信息技术(Information Technology,缩写为 IT),是主要用于管理和处理信息所采用的各种技术的总称,广义上用来表示人类传递信息的技术。但是在计算机技术与互联网技术等新兴的信息处理与传递形式出现后,由于颠覆性地出现了信息编码与传递的全新形式,“信息技术”一词往往也被人们习惯性地用作基于计算机和网络发展出来的新的技术的统称,主要包括传感技术、计算机与智能技术、通信技术与控制技术等。当前正在发展和广泛使用的云计算、大数据、物联网、移动应用、人工智能 AI 和 5G 技术等都属于信息技术之列。

信息技术的发展历程分 5 个阶段,通常称为信息技术的五次技术革命[3]。

第一次是语言的使用,语言成为人类进行思想交流和信息传播不可缺少的工具(时间:后巴别塔时代,距今 50 000～35 000 年)。第二次是文字的出现和使用,人类对信息的保存和传播取得重大突破,较大地超越了时间和地域的局限(时间:铁器时代,约公元前 14 世纪)。第三次是印刷术的发明和使用,书籍、报刊成为重要的信息储存和传播的媒体(时间:公元 6 世纪中国隋朝开始有刻板印刷,至 15 世纪才进入臻于完善的近代印刷术)。第四次是电话、广播、电视的使用，人类进入利用电磁波传播信息的时代(时间：19 世纪)。第五是计算机与互连网的使用，即网际网络的出现(时间：现代，以 1946 年电子计算机的问世为标志)。

3. 信息技术对教育的影响

想要了解信息技术对教育的影响，就必须先要了解清楚什么是教育。教育是一个十分复杂的概念，不同的人基于不同教育理念、不同视角会给出不同的界定。概括来说，教育是人类有目的地培养人的一种社会活动，是传承文化、传递生产与社会生活经验的一种途径[4]。从信息传递的角度来看，教育实质上是人类有目的地进行信息传递的过程。所以，信息技术的发展使得信息能够更快、更准确、更持久地进行传递，就必然会促进教育的发展。回顾人类信息技术发展史和教育发展史，上述观点不难得到印证。

1)文字的出现(信息的表达)

教育的本质是信息有目的地传递。在文字出现之前，人类虽然已经具备原始的信息传递技巧，但是传递的信息却十分简单有限，这个时候的教育仍处于初始阶段，经验的获得依靠亲身经历。但是一个人的时间精力毕竟有限，经历的事不同，获得的经验也会不同，便很难达成经验共享并形成共识。

文字的本质是符号，是人类用来表示各种报道的工具，人类在符号所表达的意义上形成共识，用同样的符号或符号组合来表达同一个意思，便可以将自身的经验传递出去，使其他人即使不亲身经历也可以获得与之相同的经验。文字的出现，使经验的传递具有了载体，不见面甚至不认识的人之间，只要对文字达成了共识，将想表达的信息留在石板或竹简等物品上，便可以通过媒介的传递实现经验的传递。所以文字的出现使教育可以突破时间和空间的限制，使人类的生活经验得以固定和积累。

2)造纸术、印刷术的发明(信息的表达)

文字的出现使人类的经验可以突破时间和空间的限制，借助媒介得以传递，但是用什么样的媒介来进行传递、如何高效准确地将文字留在媒介上，人们进行了很多探索，如竹简、木板、布匹等。用刀刻在木、竹上费时费力，效率很低；用颜料写在布匹上，成本又过于高昂。所以在造纸术与活字印刷术发明之前，获取知识是一项非常高成本的事情，使得教育仅停留在少数具备条件的人群中。直到造纸术与活字印刷术的出现，这一困扰才得以有效解决。造纸术提供了质量优越且成本低廉的信息媒介，而活字印刷术真正实现了信息的快速批量的传递，二者的出现使知识的传播速度大大增加，且获取知识的成本大大降低。

3)多媒体的普及

“多媒体”一词在《现代汉语词典》中的解释为：可用计算机处理的多种信息载体的统称，包括文本、声音、图形、动画、图像、视频等。不难看出，多媒体是基于计算机技术的多种形式的信息载体。电子计算机技术的出现和不断成熟，使人类可以借助计算机强大的运算能力，将各种形式的信息进行整合处理，通过多种形式进行信息的传递。各种形式的信息在传递时相互辅助配合，使信息的传递可以更加全面具体。20 世纪 90 年代以来，世界各国投入巨资建设信息化基础设备，多媒体设备也逐步进入教育领域。多媒体的普及使信息不再仅仅通过书本和文字进行传递，而是通过图形、声音、视频、文字之间的有机配合，使学习者可以生动地、全方位地接触到学习资料，而不是仅仅通过书本和教师的描述进行猜测和想象。

4)互联网的普及

如果说计算机技术实现了信息的虚拟化编码,那么互联网技术就是虚拟世界中信息传递的高速路。互联网技术实现了信息的远程高速传递,进而实现了信息的爆炸式存储和实时传递。互联网的出现从各个方面颠覆了人们对于教育的认知:

互联网使教育形式更加多样。互联网的推广创造了新的教育形式:远程教育。远程教育最大的优势在于其可以脱离时间空间的束缚,实现教育内容的传递。教师输出教育内容和学生接收教育内容可以不在同时进行或同地进行,这样便大大提升了教育过程的个性化,学生可以根据自身学习情况调整学习方案和学习进度,实现效率的最大化。

互联网使教学内容更加丰富。互联网实现了信息的大量存储和高速传递,这就意味着学生获取知识的途径将不再局限于课堂,内容也不再局限于书本。学生可以借助互联网方便快捷地获取其所需要的学习资料作为课堂学习的辅助和补充,在拓展知识内容的同时开阔眼界、博采众长,提升自主思考的能力。

互联网使教育对象实现扩展。在互联网出现之前直至今天,学校教育始终是教育的主要形式。学校教育的对象以学生为主,对于已经获得基本生产生活经验的人来说,主要任务是从事生产生活活动,不再具备参与学校教育的基本条件。而互联网的推广,使得所有人都可以随时随地地获取需要的知识。特别是近几年快速发展起来的慕课、翻转课堂、在线学习、虚拟教室、远程实验和虚拟实验室等,对传统的教学方法、教学模式、教学观念和学校的理解,发生了翻天覆地的变化。这些变化体现在以下4个方面。

一是信息技术改变了教育教学环境。信息技术的广泛应用,逐渐形成了一个网络化、多媒体化和智能化的教育教学环境。在这个环境中,所有的教育资源相互连通,构架了一个开放式的平台,实现了真正的资源共享。

二是信息技术改变了教师的教学观。传统教学过程中,教师按照相关参考书进行备课、准备教案,备课费时,参考的课程资源也有限,纸质资料传播慢,无法及时跟踪所授课程及学科的最新进展,教学内容陈旧、教学方法单一,根本谈不上“创新”二字。这种传统的以“教”为中心的教学形式,教师教什么,学生学什么,教师对教学内容的安排、掌握具有权威性,教师的教学水平一定程度上影响了学生的前途和命运。现代信息技术和网络技术已渗透到教育教学的各个方面,完全改变了传统的教学活动。以“学”为中心的教育教学模式正在形成,在课堂教学中,教师的角色随之发生了变化,教师不再是单一的知识的传播者,而是教学的组织者、学生学习的引导者与合作者。教师的主要职责应从“教”学生,转变为“导”学生,师生交往趋于平等化、多样化,学生的学习更主动和个性化。同时,信息资源的有效整合与共享,有力地缩短了教师的备课时间,使教师有更多的时间研究学生、研究教材、研究教学方法,从而全身心地投入到教育改革中去。

三是信息技术改变了学生的学习观。信息技术的普及,学生获取知识变得高效化,获取知识的途径变得多样化,学生由原来的“听”课的被动地位,转变成课堂小组合作学习和探究性学习的主体地位。学生的知识来源由原来的单一书本,扩展到了网络资源,学生可以自行上网查找学习资料,锻炼自主学习的能力,获取专业新知识,学科新进展变得更加快速和便捷。

四是信息技术改变了传统的人才观。传统的人才观是把知识拥有量的多少、运用知识能力的强弱作为人才的标志。信息技术的应用，使人才观发生了根本性的转变，由知识型人才观转变为素质型（或称创新型）人才观。所谓素质型人才观，除了包含传统的德智体的内容以外，还要特别突出信息能力和创新能力，以及相关的协作精神、适应能力。信息能力和创新能力体现了信息时代的人才的特点。

信息技术对教育教学的影响使得教育更具个性化、教育更加公平、教育资源更加丰富、教育环境更加广泛，“人人皆学、处处能学、时时可学”的学习型社会正在形成。未来的教育形态，所有教育要素都集中在网络平台上。教育实施将以个人选择为主，真正实现教育公平，真正实现个性化学习。未来的教育形态特点就是大规模、灵活性、个性化。学校不再是教育的唯一途径，教师可能成为自由职业者[5]。

二、信息化与教育信息化

1. 信息化与教育信息化的内涵

1）信息化的内涵

信息化概念最初于 20 世纪 60 年代起源于日本，被翻译成英文后传播到西方。关于信息化共有三种英文译法：Informatization，Informationalization 和 Informationization。从检索结果来看，Informatization 是比较公认的国际化译名。从构词来看，“化”有“变化”之意，可作为后缀加在名词或形容词之后构成动词，表示转变成某种性质或状态。“化”字加在“信息”之后，即是使“信息”这一名词所表征的内涵、作用与功能扩大，使之能在更大的范围、更广阔的领域或更多的部门得到体现。由于“信息技术”是关于“信息”如何获取、分析、存储、变换、加工、传输与利用的技术，也就是使“信息”所表征的内涵、作用与功能充分体现并进一步扩展，所以“信息化”在很多情况下也被看作是“信息技术化”，“信息技术化”的含义是使“信息技术”这一名词所表征的内涵、作用与功能扩大，也就是使信息技术能在更大的范围、更广阔的领域或更多的部门得到应用与推广[6]。信息化的内涵并非一成不变，1997 年召开的首届全国信息化工作会议上对信息化的定义为“信息化是指培养、发展以计算机为主的智能化工具为代表的新生产力，并使之造福于社会的历史过程”。大多数学者认为信息化的标准定义为：“信息化代表了一种信息技术被高度应用、信息资源被高度共享，从而使得人的智能潜力以及社会物质资源潜力被充分发挥，个人行为、组织决策和社会运行趋于合理化的理想状态。同时信息化也是 IT 产业发展与 IT 在社会经济各部门扩散的基础之上的，不断运用 IT 改造传统的经济、社会结构，从而通往如前所述的理想状态的一个持续的过程。”

结合上述信息化的定义我们不难发现，信息化实质上是将人们原本在现实世界中进行的信息生成、传递与处理等工作通过信息技术手段在计算机网络世界中实现的过程。由于计算机具备强大的数据处理能力和互联网具备的强大信息传递能力，利用云计算、人工智能、大数据等信息技术，对个人行为、组织决策与社会运行进行辅助，将在极大提高工作效率、降低人力成本的同时，还可以帮助人类拓宽工作思路、发掘潜能，提升工作上限，更好地实现工作领域的发展和创造。

2）教育信息化的内涵

教育信息化与信息化教育两个概念之间联系密切，常常在文献中同时出现，但它们的内涵稍有区别。教育信息化强调过程，而信息化教育是教育信息化充分发展之后产生的结果，是教育领域充分实现信息化之后呈现的新形态。新中国电化教育的开拓者和奠基人南国农先生指出，“所谓教育信息化，是指在教育中普遍运用现代信息技术，开发教育资源，优化教育过程，以培养和提高学生的信息素养，促进教育现代化的过程”“教育信息化是实现信息技术与教育整合的过程，信息化教育是信息技术与教育整合后的表现形态”“信息化教育是现代教育思想理论与现代信息技术相结合的产物”[7]。著名学者祝智庭教授指出：“教育信息化是指在教育领域全面深入地运用现代化信息技术来促进教育改革和教育发展的过程，其结果必然是形成一种全新的教育形态——信息化教育。”

教育信息化的目的可以概括为 4 个方面：一是促进信息技术在教育领域的广泛应用；二是推动教育的改革和发展；三是培养适应信息社会要求的创新人才；四是促进教育现代化。教育信息化包含信息资源、信息网络、信息技术应用、信息技术和产业、信息化人才、信息化政策法规与标准 6 个要素。从中国国情出发，这 6 个要素构成了一个有机的、完整的教育信息化体系：信息网络是基础，信息资源是核心，信息资源的利用与信息技术的应用是目的，而信息化人才、信息技术产业、信息化政策法规与标准是保障。

2. 我国教育信息化的发展

我国教育信息化的真正起步在“九五”时期，在“九五”期间决定启动在全国建立 750 门多媒体课件开发计划、1000 个校园网建设试点计划，100 个计算机教育示范区试点计划等；在“十五”和“十一五”期间推动“校校通计划”“班班通计划”“计算机教育普及计划”“金教工程”等；“十二五”期间推进“三通两平台”建设；“十三五”期间进一步加紧推进“互联网＋教育”“智慧校园”建设，发布的相关文件有：2018 年 4 月教育部印发《教育信息化 2.0 行动计划》，强调教育与教育技术的融合与创新；2019 年 2 月中共中央、中国国务院印发了《中国教育现代化 2035》，中共中央办公厅、国务院办公厅印发了《加快推进教育现代化实施方案（2018—2022 年）》，强调教育现代化的推进过程、持续发展和中国教育与世界接轨；教育部印发的《教育信息化中长期发展规划（2021—2035 年）》和《教育信息化“十四五”规划》强调教育的数字化转型、智能升级、融合创新和教育新型基础设施。

1)教育信息化 2.0

2012 年 3 月，教育部发布了《教育信息化十年发展规划（2011—2020 年）》，文件明确要求着力“建设覆盖城乡各级各类学校的教育信息化体系，促进优质教育资源普及共享，推进信息技术与教育教学深度融合，实现教育思想、理念、方法和手段的全方位创新”。2016 年 6 月，教育部出台《教育信息化“十三五”规划》，在指导思想中明确提出，以“构建网络化、数字化、个性化、终身化的教育体系，建设‘人人皆学、处处能学、时时可学’的学习型社会，培养大批创新人才”为发展方向，稳步推进教育信息化各项工作。2018 年 4 月，教育部出台《教育信息化2.0行动计划》（以下简称《行动计划》），这是我国继《教育信息化十年发展规划（2011—2020 年）》和《教育信息化“十三五”规划》之后的又一个在全国层面出台的综合性教育信息化规划文件，标志着我国正式踏上教育信息化 2.0 建设的新征程。

教育部副部长杜占元在 2018 年全国教育信息化工作会议上指出，教育信息化 2.0 就是要全面提升教育信息化发展水平，使中国教育信息化步入世界先进行列，发挥全球引领作用，以教育信息化全面推动教育现代化，开启智能时代教育的新征程。教育信息化 2.0 是相对于教育信息化 1.0 而言的，杜占元指出，“党的十九大之前我们可以称之为教育信息化 1.0，党的十九大之后我们要实现教育信息化发展的转段升级，教育信息化 2.0 就是要在教育信息化 1.0阶段‘三通两平台’的基础上，全面提升教育信息化发展水平”。全面提升教育信息化发展水平，具体来说就是实现“三个面向”：一是面向教育信息化本身，要开启智能教育的新征程；二是面向中国教育的发展，要以教育信息化全面推动教育现代化；三是面向国际，要使中国教育信息化步入世界先进行列，发挥全球引领作用。

2)教育信息化 2.0 与教育信息化 1.0 之间的关系

教育信息化 2.0 建立在教育信息化 1.0 的坚实基础之上，坚持教育化初心不变、核心理念不变、基本方针不变、历史成就不变的同时，继承并发展教育信息化 1.0。就教育信息化发展阶段而言，由融合应用走向创新发展，不仅普遍应用、深度融合，而且逐步构建出教育新生态；就教育现代化的作用而言，由全面推动到支撑引领，不仅担当发展引擎，提供发展动力，而且引领发展方向；就教育改革发展的作用而言，由外生变量到内生变量，从被动应对走向自我突破、自我颠覆、自我挑战。

教育信息化 2.0 的目的就是要在教育信息化 1.0 的基础上实现 5 个转变：一是要实现技术素养观转变，从技术应用能力转向信息素养能力，不仅要利用技术，更要利用信息素养和信息技术合作；二是要实现教育技术观转变，使教育技术不仅应用在学习环境，还要嵌入到学习系统中去；三是要实现发展动力观转变，不能仅强调教育系统的应用，还要充分体现创新驱动发展的动力；四是要实现教育治理水平的转变，过去的教育治理是补救型的，先出现问题、后治理问题，没有强调教育治理的现代化；五是要实现思维类型的转变，思维方式不能停留在工业时代，而是要继续从工具型思维转向人工智能思维。

3)《教育信息化 2.0 行动计划》的具体内容

(1)基本目标。《教育信息化 2.0 行动计划》是教育信息化 2.0 的先导性工程，时间周期为 2018 年至 2022 年。目标任务概括为“三全两高一大”：“三全”即教学应用覆盖全体教师、学习应用覆盖全体适龄学生、数字校园建设覆盖全体学校；“两高”即信息化应用水平普遍提高、师生信息素养普遍提高；“一大”即建成“互联网＋教育”大平台[8]。总体来说，该行动计划的实施需要实现从注重物向注重人转变、从注重数量增长向注重质量和效果提升、由三率(联通率、配备率、开通率)走向三效(效率、效果、效益)、老三用(课堂用、经常用、普遍用)走向新三用(校校用平台、班班用资源、人人用空间)。

从发展水平的进阶来看，该行动计划的实施目标体现在以下 3 个方面：一是在教育资源上，实现从教育专用资源的开发、应用和服务向大资源的开发、应用和服务转变；二是在师生能力上，实现从提升信息技术应用能力向提升信息素养转变；三是在发展方式上，实现教育信息化从融合发展向创新发展的转变[9]。

从发展模式的创新来看，该行动计划的实施目标体现在以下 3 个方面：一是构建信息化条件下的人才培养模式。探索基于信息技术的新型教学模式，加强对学习者和学习行为规律的研究，养成师生数字化教与学的习惯，实施因材施教、个性化学习的新型教学组织方式。二是发展基于互联网的教育服务模式。建立优质数字教育资源共建共享机制，完善利益分配和知识产权保护机制，搭建优质教育资源公共服务平台，将优质资源辐射到每个学习者，缩小数字教育鸿沟和差距。三是探索信息时代教育治理方式。科学布局建构教育业务管理信息系统,加快形成覆盖各级各类学校、学习者和教与学全过程的教育管理与检测体系。推进基于大数据的教育治理方式变革,建立完善教育公共信息资源开放目录[10]。

(2)主要内容。《教育信息化 2.0 行动计划》有 8 项主要内容,各司其职,共同促进。各个地区基于自身特色,其信息化建设侧重点各有不同,因地制宜成为教育信息化的普遍共识。第一是数字资源服务普及行动,旨在完善数字教育资源公共服务体系,优化“平台+教育”服务模式与能力,实施教育大资源共享计划;第二是网络学习空间覆盖行动,旨在引领推动网络学习空间建设与应用,持续推进“网络学习空间人人通”专项培训,开展网络学习空间应用普及活动,建设国家学分银行和终身电子学习档案;第三是网络扶智工程攻坚行动,旨在支持“三区三州”教育信息化发展,推进网络条件下的精准扶智;第四是教育治理能力优化行动,旨在提高教育管理信息化水平,推进教育政务信息系统整合共享,推进教育“互联网+政务服务”;第五是百区千校万课引领行动,旨在建立百个典型区域,培育千所标杆学校,遴选万堂示范课例,汇聚推广优秀案例;第六是数字校园规范建设行动,旨在推进宽带卫星联校试点行动,促进数字校园建设全面普及;第七是智慧教育创新发展行动,旨在开展智慧教育创新示范,构建智慧学习支持环境,加快面向下一代网络的高校智能学习体系建设,加强教育信息化学术共同体和学科建设;第八是信息素养全面提升行动,旨在制订信息素养评价指标体系,大力提升教师信息素养,加强学生信息素养培育[11]。

4)《中国教育现代化 2035》

《中国教育现代化 2035》是我国第一个以教育现代化为主题的中长期战略规划,是新时代推进教育现代化、建设教育强国的纲领性文件,定位于全局性、战略性、指导性,与以往的教育中长期规划相比,时间跨度更长,重在目标导向,对标新时代中国特色社会主义建设总体战略安排,从“两个一百年”奋斗目标和国家现代化全局出发,在总结改革开放以来特别是党的十八大以来教育改革发展成就和经验基础上,面向未来描绘教育发展图景,系统勾画了我国教育现代化的战略愿景,明确了教育现代化的战略目标、战略任务和实施路径[12]。

《中国教育现代化 2035》指导思想为:以习近平新时代中国特色社会主义思想为指导,全面贯彻党的十九大和十九届二中、三中全会精神,坚定实施科教兴国战略、人才强国战略,紧紧围绕统筹推进“五位一体”总体布局和协调推进“四个全面”战略布局,坚定“四个自信”。在党的坚强领导下,全面贯彻党的教育方针,坚持马克思主义指导地位,坚持中国特色社会主义教育发展道路,坚持社会主义办学方向,立足基本国情,遵循教育规律,坚持改革创新,以凝聚人心、完善人格、开发人力、培育人才、造福人民为工作目标,培养德智体美劳全面发展的社会主义建设者和接班人,加快推进教育现代化、建设教育强国、办好人民满意的教育。

《中国教育现代化 2035》基本原则为:坚持党的领导、坚持中国特色、坚持优先发展、坚持服务人民、坚持改革创新、坚持依法治教、坚持统筹推进。

《中国教育现代化 2035》总体目标为:一是建成服务全民终身学习的现代教育体系;二是普及有质量的学前教育;三是实现优质均衡的义务教育;四是全面普及高中阶段教育;五是职业教育服务能力显著提升;六是高等教育竞争力明显提升;七是残疾儿童少年享有适合的教育;八是形成全社会共同参与的教育治理新格局。涵盖体系结构、普及水平、教育质量、人才培养结构、服务贡献能力等教育现代化的发展目标要求。

《中国教育现代化 2035》包含十大战略任务：一是学习习近平新时代中国特色社会主义思想，这是推进教育现代化的根本遵循；二是发展中国特色世界先进水平的优质教育，全面落实立德树人根本任务，形成高水平人才培养体系，这是教育现代化的核心要求；三是推动各级教育高水平高质量普及，全面扩大人民群众受教育机会，这是实现教育现代化的重要基础；四是实现基本公共教育服务均等化，努力让全体人民享有更公平的教育，这是教育现代化的基本要求；五是构建服务全民的终身学习体系，加快建设学习型社会，这是服务终身学习、建设学习大国的迫切需要；六是提升一流人才培养与创新能力，优化教育体系结构和学校布局结构，努力提升高校创新服务水平；七是建设高素质专业化创新型教师队伍，坚持把教师队伍建设作为基础工作，为教育现代化提供人才支撑；八是加快信息化时代教育变革，推动教育组织形式和管理模式的变革创新，以信息化推进教育现代化；九是开创教育对外开放新格局，积极服务"一带一路"建设，全面加强与世界各国和国际组织的教育务实合作，提升我国教育国际影响力；十是推进教育治理体系和治理能力现代化，建立多元参与的协同治理新机制。其中，教育优质化、普及化、公平化、终身化和创新服务能力反映了教育现代化的主要内涵，教师队伍专业化与治理现代化、信息化、国际化是教育现代化的重要支撑。这些战略任务，既立足当前，聚焦教育发展的突出问题和薄弱环节，突出补齐短板、夯实基础，又着眼长远，反映了时代要求，顺应了未来发展趋势。

根据 2035 年教育远景战略任务，《加快推进教育现代化实施方案（2018—2022 年）》配套出台，聚焦当前，提出了未来五年推进教育现代化的十项重点任务：一是实施新时代立德树人工程；二是推进基础教育巩固提高；三是深化职业教育产教融合；四是推进高等教育内涵发展；五是全面加强新时代教师队伍建设；六是大力推进教育信息化；七是实施中西部教育振兴发展计划；八是推进教育现代化区域创新试验；九是推进共建"一带一路"教育行动；十是深化重点领域教育综合改革。

三、高校信息化建设的理论探讨

1. 高校信息化建设的必要性

习近平总书记曾在全国高校思想政治工作会议上强调："高等教育发展水平是一个国家发展水平和发展潜力的重要标志。"随着信息化社会的到来，人类逐步进入知识经济时代。在知识经济时代中，知识和信息是主要的要素，知识和信息的生产、分配和使用将成为世界经济发展新的经济增长点。因此，强化信息资源管理已日益成为国际经济竞争和社会发展的战略环节。加强信息化建设，加快构筑与学校发展相适应的信息化体系，是高校改革与发展的一项十分紧迫的战略任务[13]。

1)加强信息化建设是高校主动适应信息社会的需要

著名的普赖斯曲线向人们揭示了信息社会信息传播的总量按不断增长速率呈指数上涨的趋势，人类的知识正以前所未有的速度增长、集成、传播和转化。"教育即生活"是美国著名教育家杜威对教育的重要命题。在人类生活受信息技术影响而发生巨大变革的今天，作为集人才培养、科学研究、社会服务、文化传承与创新、国际交流与合作多项职能为一身的高等学校，其人才培养过程本身就是知识信息的传播和运动，科学研究活动是知识信息的创造与加工，社会服务则是知识信息的共享与应用。因此，高等学校要真正步入经济、社会发展的中心舞台,引领人类社会未来的发展方向,就必须要加快知识信息的创造、加工、传播和应用,为经济发展和社会进步服务。

2)加强信息化建设是高校提高管理决策水平的需要

20世纪50年代,美国学者西蒙就提出了管理依赖于信息和决策的概念。20世纪70年代末80年代初,美国学者迭波特、霍顿等又提出了信息资源管理理论。他们认为,管理思想的发展过程就是从科学管理到信息资源管理的思想演变过程,是管理重心从产品管理到人本管理再到信息资源管理的变化过程,如今的管理已从工业时代的旧范式发展为信息时代的新范式。在人类社会活动过程中,信息流调节着人流与物流的数量和方向,行使着组织、计划、指令、协调和控制等职能。有效的信息沟通已成为把组织中的成员联系起来,以实现共同目标的手段。可见,信息在管理活动中具有举足轻重的地位和作用。因此,作为知识创新和知识传播主体的高等学校,就必须要把信息管理作为促进学校发展的重要手段和战略环节,将信息发展目标与学校发展目标有机结合起来,借助信息技术,提高信息交流效率,充分调动广大教职工参与学校管理、决策的积极性。

3)加强信息化建设是高校提高办学水平的需要

"知识经济"时代实际上是现代科技与经济社会互动发展的时代。信息经济的发展和社会生活的信息化,迫切需要高等教育的信息化,要求高校培养出的学生,既要具有新技术需要的技能,又要具备获取知识和信息的能力,还要求学生能够通过开发和利用自己的智能,学会发展自己。信息技术的发展则为这一培养目标的实现提供了强有力的技术支撑。世界经济日趋一体化的今天,知识信息的共享和创新已成为一个国家赢得竞争优势的支柱。而创新系统的平衡运作又依赖于知识信息流的流动性。这就要求作为国家创新体系概念框架中关键要素的高等学校,必须将信息化建设作为一种迎合性措施,来确保学校知识信息流动渠道的畅通,以使信息技术所提供的强大的信息处理能力与人的发明创新能力得到有机结合,从而不断提升高校的人才培养质量和技术创新能力。

4)加强信息化建设是高校推动教育公平发展、服务社会的需要

教育公平已经成为构建和谐社会的重要因素之一,它包括教育机会公平、教育过程公平和教育结果公平。一是教育信息化推进了教育资源共享。高校间、高校和社会间教育资源共享,促进了教育资源价值最大化。利用网络技术打破时间和空间的界限,让学生在任何一个能连接网络的地方进行网络课堂学习,打破优质教学资源被少数学校垄断的局面,使所有受教育者能得到同等享受优质教育资源的机会。二是教育信息化促进教育渠道的多元化。教育信息化为学习者提供了多样化、多元化的教育渠道,为师生之间的交流提供了更加便捷的平台,教育信息化使师生教学形式在传统的人与人的基础上进行了拓展。通过教育信息化,学习者可以根据自身的兴趣爱好选择需要的内容,为学生提供更多的选择空间,有利于实现个性化学习和个性化教学。三是教育信息化加强师生之间的交流。传统的教学课堂时间有限,给学生发问和回答问题的时间也有限,而这一部分的时间通常会被个性活跃、学习基础好的学生"霸占"了,长此以往,在某种程度上会打击性格内向、学习基础差的学生的学习积极性。教育信息化加强了学生之间、师生之间的交往和联系,为学习基础较差的学生提供了与教师交流的平台,教师也可以借助信息化平台针对学生的薄弱环节进行针对性的指导,促进教学质量的提高。

目前更多的高校公开课、高校课程网站的成熟让教育的公平化成为可能。即便相隔千

里，我们也能看到哈佛大学的公开课，看到医学院老师精心绘制的心脏图谱。即便错过了课堂，还能通过网络课堂进行学习，摆脱了以往教育的时间和空间限制。

2. 高校信息化建设的基本理论

1)系统科学理论[14]

系统科学是伴随数学与计算机技术的发展而产生于20世纪的学科群，但系统观念和系统思想却由来已久。古代的系统观念主要表现为整体观、目的观和相互联系变化的观念。19世纪下半叶，马克思、恩格斯批判地继承了康德、黑格尔的辩证法和系统思想，创立了唯物辩证法，使系统思维有了哲学的表述形式。美国学者 Weaver 于1948年在其《科学与复杂性》一文中提出了系统的有组织复杂性问题。到了20世纪上半叶，数学和计算机技术的发展及 Weaver 对有组织复杂性的深入研究，大大促进了系统科学的发展。与大自然中天然形成的系统不同的是，系统工程和系统管理是具有目的性的，系统中的各个元素都是为了达到特定的目标而相互联系、相互作用的统一整体，这个复杂统一体中的各元素及元素之间通过与环境间的输入输出关系实现系统的整体特性。首先，对复杂系统进行研究时要从整体角度出发，系统各组成元素单独所具有的性质并不能代表系统各元素相互作用且与环境发生相互作用后整体表现出来的功能，也即亚里士多德曾说过的“整体不等于部分之和”。其次，系统的突现性被系统科学家认为是“系统整体具有其组成部分所不具有且不能根据部分的行为加以预测的性质”。再次，“复杂性的构造是分等级的，并且不同层次需要用不同的语言来描述”。复杂系统由一个或多个层级所构成，对任何系统来说，层级结构提供了最可行的形式。复杂系统由一个或多个层级所构成，对任何系统来说，层级结构提供了最可行的形式，实践证明，复杂系统的组织层级起着相当重要的作用，系统的控制能力越弱，越需要增加系统的层级结构以利于系统演化朝向正确的方向发展。最后，系统处在不断地与外界进行物质、能量与信息交换的变化中。因此，研究系统的动态演化机制是深入了解系统并对系统进行管理的必要手段性。

中国工程院王家耀院士在谈到建设智慧城市时提到，“智慧城市是一项长期的战略性工程，必须运用系统科学理论和系统工程方法、必须有战略思维”“城市是一个复杂巨系统，涉及到自然、社会、经济、人文、能源等各方面。智慧城市是城市这个复杂巨系统的数字化、网络化、智能化，是人的自然智能与计算机人工智能的深度融合，是一个更加复杂的巨系统，涉及到组织管理科学方法——系统工程”。[15]同样地，推进高校信息化建设、打造智慧校园、实现教育信息化的工作中，系统科学理论与系统工程方法必不可少。西方发达国家的一些高校借鉴政府与企业的信息化建设模式，引入 CIO(首席信息主管)制度，利用 CIO 对高校信息化建设进行顶层设计与系统指导。

2)学生发展理论

人才培养是高校最根本的职能，高校的一切工作都应以“育人”为中心展开。信息化建设是全方位提升高校治理能力和育人水平的重要举措，需要在学生发展的各个方面促进学校发挥育人职能。基于学生发展的高校信息化建设工作要以学生的个体成长和发展为原则，全面指导教育管理工作，营造育人环境。第一，信息化建设工作要充分指导和补充课堂教学，一方面运用信息技术强化学习体验、增强学习效果，另一方面提升学生信息素养，学会充分运用信息手段实现自我发展。第二，信息化建设工作要着力建设优质学科发展平台，不断拓宽学术资源获取渠道，搭建学科交流多方平台，提升学生专业素养、加强学生学科归属感与专业使命感。第三，信息化建设工作要促成完善管理体制，提升学校在各个方面的管理能力与治理水平。第四，信息化建设要促进生活服务与办事便捷，简化程序、提升速效、准确反馈，形成全校师生共同参与学校民主治理的良好局面。总之，高校应在教育管理与服务并重的“一切为了学生，为了学生的一切”的基础上，把信息化建设向更高层面的“一切为了学生发展，为了学生发展的一切”目标推进。

3. 高校信息化建设的维度划分与评价体系

联合国教科文组织制定的 ICT 教育应用指标项目(IITE)，从课程整合、课程教学、教师专业发展等维度对教育信息化绩效进行评价。欧盟于 2015 年发布的《欧洲数字化教育组织框架(DigCompOrg)》中，涵盖了包括领导力和治理实践、教学与学习实践等 7 个关键要素，并进一步对应为 15 个子要素和 74 个描述符网。此外，美国教育技术 CEO 论坛提出的 StaR 教育信息化评价工具，包括硬件和网络连通性、教师专业发展、数字化资源、学生成就和考核等多项具体指标。美国 NCREL 与 NCRTEC 合作开发的 enGauge 评价框架提出了涵盖目标愿景和有效的教学实践、系统及其领导力的信息化建设评价框架网。

国内方面，谢幼如和常亚洁将国外教育信息化评价指标归纳为相关政策、基础设施、数字化资源、信息技术教育应用、学生发展及教师发展等方面[16]；陈金华等在系统分析了国外典型测评指标体系后指出，国外基础教育信息化测评指数一般都包括了规划、环境、资源、应用、人才和保障六大维度的特征；党建宁等在归纳总结了国内外对教育信息化的评价体系后认为，现有的大部分评价体系均指向了信息化六大要素，即信息资源、信息网络、信息技术应用、信息技术和产业、信息化人才，以及信息化政策、法规和标准[17]。

第二节　我国高校信息化建设的现状与问题

一、我国高校信息化建设的现状

1997 年，国务院首次召开全国信息化工作会议；2000 年 10 月国家把信息化提到了国家战略的高度；2006 年 3 月中共中央办公厅、国务院办公厅印发《2006—2020 年国家信息化发展战略》，将加快教育科研信息化步伐作为推进社会信息化战略重点的一部分，要求提升基础教育、高等教育和职业教育信息化水平；2010 年 7 月国家中长期教育改革和发展规划纲要工作小组办公室发布《国家中长期教育改革和发展规划纲要(2010—2020 年)》，要求加快教育信息基础设施建设，加强优质教育资源开发与应用，构建国家教育管理信息系统；在 2012 年 3 月，教育部印发《教育信息化十年发展规划(2011—2020 年)》，对我国高校十年的发展规划了更具方向性的目标、思路、任务和措施。2013 年 9 月 23 日，北京大学首批大规模在线网络开放课程(慕课)在 edX 平台开课，面向全球免费开放，首批 4 门课程开课后即受到国内外学生的追捧。这是中国内地高校首次在全球网络公开课平台开课，也是在线课程在我国高校课堂的首次应用。随后，清华大学正式推出大规模开放在线课程平台“学堂在线”(www. xuetangx. com)，该平台成为全球首个中文版慕课平台。清华大学、北京大学、上海交大、复旦大学等国内顶尖高校也纷纷加入慕课在线课程平台;2016年6月,教育部印发《教育信息化“十三五”规划》,设定了教育信息化建设详细的发展目标及主要任务。尽管我国高校信息化建设起步较晚,但是近10多年在国家高度重视的情况下,取得了突飞猛进的成绩。截至2017年10月,中国大陆已有62所高等院校和20家科研机构加入eduroam联盟。2017年11月,教育部科技司司长雷朝滋在以“互联网+助力高校发展,信息化创一流大学”为主题的中国教育和科研计算机网CERNET第二十四届学术年会上总结:“‘三通两平台’建设与应用加快推进,各项指标基本实现了翻倍增长。一是‘宽带网络校校通’发展迅速,多媒体教室比例从不到40%增加到83%。二是‘优质资源班班通’不断普及深化。三是‘网络学习空间人人通’跨越式发展。四是‘教育资源公共服务平台’初具规模。五是‘教育管理公共服务平台’全面应用。六是教师信息技术应用能力不断提升。”2018年2月,全国高等教育处长会议提出,2018年高等教育改革发展要围绕“十落实”开展工作,其中,在2017年认定的490门国家级线上课程的基础上,到2020年计划认定1万门国家级和1万门省级一流线上线下精品课程,实施一流课程建设“双万计划”,推动优质课程资源的开发和有效利用[1]。

2018年6月国家标准化管理委员会发布《智慧校园总体框架》(GB/T 36342—2018)。文件中规定了如何部署智慧校园的总体架构、构建智慧教学资源、智慧教学环境、智慧教学管理系统及信息安全体系。

2021年3月教育部发布《教育部关于加强新时代教育管理信息化工作的通知》(教科信函〔2021〕13号)。文件要求以习近平新时代中国特色社会主义思想为指导,全面贯彻落实全国教育大会精神,深化教育领域“放管服”改革,以数据为驱动力,利用新一代信息技术提升教育管理数字化、网络化、智能化水平,推动教育决策由经验驱动向数据驱动转变、教育管理由单向管理向协同治理转变、教育服务由被动响应向主动服务转变,以信息化支撑教育治理体系和治理能力现代化。到2025年,高校一体化办学水平大幅提升,数据孤岛得以打通,数据效能充分发挥,“一网通办”深入普及,现代化的教育管理与监测体系基本形成,教育决策科学化、管理精准化、服务个性化水平全面提升。

2021年3月26日教育部印发《高等学校数字校园建设规范(试行)》(教科信函〔2021〕14号),目的是扎实推进教育信息化2.0行动计划,积极发展“互联网+教育”,推动信息技术与教育教学深度融合,提升高等学校信息化建设与应用水平,支撑教育高质量发展。该规范明确了高等学校数字校园建设的总体要求,提出要围绕立德树人的根本任务,结合业务需求,充分利用信息技术特别是智能技术,实现高等学校在信息化条件下育人方式的创新性探索、网络安全的体系化建设、信息资源的智能化联通、校园环境的数字化改造、用户信息素养的适应性发展及核心业务的数字化转型。

目前,绝大多数高校已经实现了办公自动化系统、学生信息管理系统、教学教务管理、科研管理、校园一卡通及数字化教学、数字图书馆等方面的信息化。从管理角度来讲,各职能部门的业务管理信息化第一轮建设已经完成,系统间的数据共享取得基本成效;从教育教学信息化来讲,绝大部分高校都在进行信息技术与教育教学的深度融合的探索,智慧教室环境基本普及,教学平台普遍建立,教学资源有一定积累,翻转课堂教学、线上线下结合教学等模式得到大力推广。“十四五”高校教育信息化的目标正在朝“推动教育决策由经验驱动向数据驱动转变、教育管理由单向管理向协同治理转变、教育服务由被动响应向主动服务转变,以信息化支撑教育治理体系和治理能力现代化”的方向努力,朝“坚持信息技术与教育教学深度融合，积极发展‘互联网＋教育’，构建网络化、数字化、智能化、个性化、终身化的教育体系”的方向前进。高校信息化已经经历了校园网和数字化校园两个时代，正在向智慧校园迈进。

【专栏 10-1】 推动信息技术与教育教学深度融合

为扎实推进教育信息化 2.0 行动计划，积极发展“互联网＋教育”，推动信息技术与教育教学深度融合，提升高等学校信息化建设与应用水平，支撑教育高质量发展，教育部发布了《高等学校数字校园建设规范（试行）》（以下简称《规范》）。

《规范》明确了高等学校数字校园建设的总体要求，提出要围绕立德树人根本任务，结合业务需求，充分利用信息技术特别是智能技术，实现高等学校在信息化条件下育人方式的创新性探索、网络安全的体系化建设、信息资源的智能化联通、校园环境的数字化改造、用户信息素养的适应性发展以及核心业务的数字化转型。

《规范》指出，高等学校数字校园建设应遵循整体规划、分步实施，总体设计、标准引领，应用导向、数据驱动，注重融合、体验优先，安全可靠、适度超前，积极探索、创新应用的建设原则，按照整体规划、总体设计、项目建设、运行维护、评价改进的建设流程推进。

《规范》对高等学校数字校园建设各方面的内容提出了通用要求。基础设施方面，应确定适度超前的基础设施建设性能和容量等指标，选择主流和相对成熟的技术路线及设备进行基础设施建设，重视基础设施安全等。信息资源方面，应对学校信息资源建设内容、标准规范、建设方案、技术平台等进行总体规划设计，参照信息资源已有的国家标准和行业标准制订各类信息资源的学校标准，将相关的标准规范落实到具体的工作流程、业务规范和技术平台中，推进和鼓励信息资源的共享和创新应用等。信息素养方面，应融合线上与线下教育方式，开展以学分课程为主、嵌入式教学和培训讲座为辅、形式多样的信息素养教育活动。应用服务方面，应遵循应用驱动、数据融合的原则进行建设，支撑高等学校人才培养、教学科研、管理服务、交流合作、文化传承等业务，为师生校园生活提供智能化服务。网络安全方面，应确保基础设施安全、信息系统安全、信息终端安全、数据安全和内容安全等。保障体系方面，应有明确的组织机构及运行机制、学校统一完备的规章制度、稳定专业的技术队伍、统一规范科学且具有强制性的技术标准、稳定的经费投入、规范的经费管理办法、持续稳定的运维服务和科学完善的评价标准与体系等。

（资料参考：教育部关于发布《高等学校数字校园建设规范（试行）》的通知）

二、我国高校信息化建设中存在的问题

吴英娟（2018）在将我国高校信息化建设与美、英、日三国进行比较研究之后，归纳总结出了目前我国高校信息化建设中仍然存在的 4 个突出问题[1]。

1. 整体氛围不够浓厚

我国高校信息化氛围不够浓厚，即对高校信息化普遍存在重视程度不够的情况，表现在思想观念上不重视和组织形式上不重视，没有起到宣传和感召的作用，满足不了落实国家信息化战略的要求。主要原因在于高等教育工作者信息化理念不够先进，且多数高校缺乏具有强劲执行力的信息化专业团队。信息技术对高等教育的作用不是在原有状态下的服务和管理，而是对高等教育具有颠覆式创新（disruptive innovation）作用，促进高等教育体制机制，包括人才培养方式等的改革和创新，从而促进高等教育事业发展。美国、英国和日本等高校信

息化先进国家，其高等教育工作者都是秉持“以信息技术推动高等教育改革和创新，甚至引领高等教育事业发展”的先进理念，我国高校在这一点上的认知普遍不足。国内高校信息化工作主要是由教学辅助的信息化中心负责。这一设置有很多弊端：信息化中心难以对同级别其他部门进行信息化改革指挥和统一部署，缺乏执行力。或者，部门之间缺乏协调导致改革的步伐迈得不够大。长此以往，负面影响会越来越大，导致全校范围普遍存在对信息化工作不够重视的情况，无法营造信息化氛围，阻碍信息化工作的落实。

2. 规划整体存在短板

无论是美国、英国还是日本的高校，都有与国家战略相配套的详细规划，且参与规划制订的有高等教育研究者与领导者、科研与教学教师代表，还有与之相关的营利与非营利组织等，规划既能够统筹全局，又适应高校自身的特点，还有利于高校、科研机构及企业的合作。而我国目前高校信息化重建设轻规划现象较为严重，在没有建立 CIO 建制下，就会导致缺乏顶层设计，一方面造成资源上的极大浪费和信息孤岛现象，如多数学校内，有教务管理信息系统、科研管理信息系统、人事管理信息系统和财务管理信息系统，这些信息系统归属于不同的业务部门，由于缺乏 CIO 统一领导及顶层设计，数据标准不统一，难以融合和共享；另一方面，每个信息系统单独设计进入门户和密码，导致重复工作、管理效率低下。

3. 忽视了信息化素养的培养

高校信息化建设工作能否按照既定的战略与规划顺利开展，与教职员工信息化素养有着密切关系。教职员工信息化素养包括信息化建设团队领导者及其成员的专业信息化素养和其他教职员工一般信息化素养。信息化建设团队领导者（首席信息官），必须是信息技术在高校创新应用的领导者。因此，首先，他必须具有精通的专业技术素养，具有解决问题的独特方法和思路；其次，他必须有与时俱进的高等教育信息化战略思想；再次，他必须是一位优秀的沟通者，能够向校长和教职员工展示信息技术带给高校未来共同的愿景，并能协调校内外各方之间的关系；最后，他必须具有领导力和凝聚力，能够把信息化建设团队紧密团结起来，并勇于迎接挑战。高校信息化建设团队成员的信息化素养，除了具备专业硬技能外，还要有软技能，即具备能够与不同专业领域需求者进行沟通、深入了解他们需求并能准确将需求“翻译”成为信息化专业语言的能力。其他教职员工应具备一般信息化素养，既能够应用信息化技能为本职工作服务，又能够不断激发自己的创新思维，并把自己的新需求向专业人员准确表述。我国与高校信息化先进国家相比，信息化素养培养机制不够健全，普遍存在不重视的情况。

4. 创新驱动态势不强

与先进国家比，我国高校信息化建设创新驱动态势不强主要体现在以下方面。

多数高校基础平台建设缺乏创新。在欧美国家教育信息化经费面临财政紧缩的状况下，我国教育信息化经费仍按照不低于教育经费的 8％拨付。尽管如此，由于我国高校信息化起步晚，有待继续建设和完善的基础设施所需经费仍较为紧张。2017 年有关调研数据显示，我国高校服务门户建设率为 92.2％，移动校园的建设率为 78.4％，数据治理平台建设率为

67.2%，自助服务终端建设率为63.3%，流程引擎建设率为58.8%，统一支付平台建设率为51.5%。但是，这些基础平台好评率普遍不高，分别为49.21%、36.84%、50%、51.39%、47.57%、41.32%。可见，在资金紧张的情况下，各项基础平台虽然完成了建设任务，但是，用户满意度却不高，只有流程引擎和统一支付平台满意度超过50%。信息化建设中存在严重的为信息化而信息化的现象，思想僵化、缺乏用户思维及创新驱动。

多数高校教学模式缺乏创新。目前，我国高校采用MOOC（慕课）及SPOC（小规模限制性在线课程）等新型教学方式普及率不高，已建设MOOC课程的高校不足50%，而已加入MOOC平台并进行SPOC教学的高校不足20%，有21.5%的高校无计划及尚不清楚。可见，一半以上高校还是坚守传统的教学模式，观念守旧，缺乏创新思想。当前，我国MOOC数量已经位居全球首位，比第二位的美国多了1000门，而在我国慕课资源越来越丰富的同时，50%以上的高校仍坚持传统教学，缺乏生动互动情节，满足不了学生的学习体验，很难引起学生的学习兴趣和爱好培养，这种传统守旧的思维不但造成了我国优质教育资源的浪费，而且影响着学校的发展。

第三节　我国高校信息化建设的趋势和挑战

一、智慧校园建设与信息安全挑战

2016年，教育部在《2016年教育信息化工作要点》中明确提出“智慧校园”建设，掀起了我国各教育阶段建设智慧校园的热潮。《2018年教育信息化和网络安全工作要点》进一步强调，要充分发挥地方、学校的积极性与主动性，引导各级各类学校结合实际特色发展，开展数字校园、智慧校园的建设与应用。教育部在《教育信息化“十四五”规划》征求意见稿中强调，加强党对教育信息化和网络安全工作的领导，坚持网信事业正确政治方向，以教育信息化支撑高质量教育体系建设，促进教育公平，提升教育质量，增强教育创新能力，加快推进教育现代化。

李易俞和陈金华在对CNKI和Webofscience两个数据库中近十年来所有关键词为“智慧校园”和“SmartCampus”的文献统计分析后，对国内外智慧校园建设的趋势做了汇总和阐述。他们认为国内智慧校园建设具有六大趋势：智慧校园的深层次理论建构与顶层设计，新技术在智慧校园建设中的应用，智慧校园环境下团队建设的研究，智慧资源和课程的开发，智慧校园的教学模式研究，智慧校园的具体应用、效果评估及推广。同时他们还总结出国内外智慧校园研究和建设的不同之处：第一，国外智慧校园传承智慧城市愿景，更多地融入了智慧城市建设的可持续发展、低碳环保等理念，而国内智慧校园的研究、建设略超前于智慧城市，更多是以教与学为核心，旨在取得更理想的教学成效。第二，国外智慧校园的发展路径更多是在智慧城市的框架下进行，而国内智慧校园的发展路径聚焦于如何培养时代化的创新人才，未能与智慧城市建设有机结合，整体规划视野较窄，建设广度不够。第三，国外对校园安全问题极为敏感，在建设智慧校园的过程中十分重视校园安全建设，将保障个人信息安全、师生生命安全纳入智慧校园的基本功能，而国内由于社会安定，大众信息安全意识不强，智慧校园建设对校园安全重视不够。[18]

信息化的推进必然会带来信息的共享，在大数据技术逐渐发展成熟的今天，人们将变得更加“透明”。智慧校园的本质是数据的智慧处理、分析与应用，这就意味着，越是智慧的校园，学生的个人信息透明程度就会越高，如何在推进智慧校园建设的同时划清数据界限，将个人隐私纳入“保险柜”，解决好信息共享与隐私保护之间的矛盾问题，或将成为智慧校园建设的重要挑战。

二、远程教育发展与知识霸权挑战

近年来，国际远程高等教育界对大数据(Big Data)、虚拟现实(VR)、增强现实(AR)、人工智能(AI)和区块链(Blockchain)等新技术开展了不同形式的应用和实证研究项目，形成了多种研究论文和报告。刘占荣等采用因素分析法，从国际教育组织、国际会议、期刊和专著等不同侧面入手，归纳总结出国际远程教育发展趋势：从学术国际化向办学国际化发展、模式创新推动技术与教育深度融合、远程高等教育质量保证不断加强、远程高等教育日趋开放与共享、认知网络神经和深度学习的研究将掀起对学习本质的再度探究[19]。

计算机技术与网络技术的成熟，使得信息突破时间与空间的限制，完全呈现在终端用户的面前。远程教育技术的逐渐成熟，传递高质量的教育内容的同时，也将引起难以忽略的挑战：教育内容实现了“货比三家”，使教师权威性受到巨大威胁。学生能够轻松接触到最优质的网络课程，基于现实的课堂教学的意义又有多大？科学的发展依靠水涨船高，知识霸权现象是否会大幅限制科学的发展？这样的现象究竟有何利弊？如何在制度和技术层面上做到趋利避害？这些问题或将成为远程教育发展的重要挑战。

三、教育数字化转型发展对高等教育的挑战

数字化时代，云计算、人工智能等技术的突破，使得计算能力和效率大幅提升，将人从重复性、机械性的记忆方式中解放出来。新型冠状病毒疫情加速了教育数字化进程，高校教学线上化转型让“互联网＋教育”和“智能＋教育”成为常态，也为高等教育带来前所未有的挑战和机遇。一是数字化转型迫使高等教育教学理念发生根本性转变。智能化工具逐渐替代了机械化的学习方式，学生从被动接受知识向理解知识、应用知识、创造价值和创新应用等方向转变，如何利用更先进的方法，培养学生从接受知识转变为运用知识，进而充分利用先进工具应用知识，形成主动探索能力、创新创造能力和构建能力，是高等教育要思考的本质问题。二是数字化转型迫使教学模式和教师职能发生根本性转变。互联网让知识变得高度共享，学生在网络上获取的知识也将远远超过教师所拥有的知识，教师对知识的“权威性”逐步弱化。传统的以“教师为中心”的教学模式将不再适用于数字化时代的高校教学，这就要求教师自身能够进行知识的数字化转型，从传统的授课模式向“导师”模式转型，从知识授予者向知识组织者转型，从传统的单向知识输出转向知识交流。三是数字化转型迫使高等教育知识资源体系发生根本性转变。相比于传统的实体知识载体，如图书馆、课本、讲义等，虚拟的数字化载体让知识更新更快，体系更完善且高度共享。而物联网和移动终端技术的飞速发展，也让学生成功突破了空间界限，随时随地能够获取新知识。物理化集中式的知识资源体系将快速被数字化分布式的知识资源体系取代[20]。

数字化转型的核心理念是“去中心化”和“高度个性化”，数字化变革为高校带来众多机遇已成为共识，如数字化让教学方法更丰富，让教学效果更极致，VR技术也让产教融合更深入等。教育的数字化转型背景下，人们需要重新思考：学校应该怎样重新定义？教学应该如何

开展？教师和学生将在教学过程中扮演怎样的角色？学生必须具备的核心素养和能力是什么？教育要给学生什么？

课后习题

1. 谈谈你对信息和信息技术的理解。
2. 信息技术发展经历了哪几个阶段？
3. 当今信息技术对教育的影响体现在哪几个方面？
4. 教育信息化和信息化教育内涵上的区别体现在哪里？
5. 谈谈高校开展信息化建设的必要性。
6. 谈谈高校信息化建设中存在的问题和面临的挑战。

本章主要参考文献

[1]吴英娟. 我国高校信息化建设问题探讨[J]. 东北师大学报(哲学社会科学版)，2018(4)：195-200.

[2]中国社会科学院语言研究所词典编辑室. 现代汉语词典[M]. 7版. 北京：商务印书馆，2016.

[3]方萍. 移动互联网时代高职院校图书馆的改革与创新[J]. 生物技术世界，2014(3)：178-179.

[4]江平. 从杜威的“教育信条”看学校教育的几个问题[J]. 教育视界，2015(21)：77-79.

[5]李志民. 信息技术发展与教育变革[J]. 教育与教学研究，2020，34(10)：1-2.

[6]何克抗. 我国教育信息化理论研究新进展[J]. 中国电化教育，2011，1：1-19.

[7]汪基德. 从教育信息化到信息化教育：学习《国家中长期教育改革和发展规划纲要(2010—2020年)》之体会[J]. 电化教育研究，2011，9：5-10+15.

[8]郑小军. 背景解析与文献梳理《教育信息化2.0行动计划》解读(上)：职业院校教育的视角[J]. 广西职业技术学院学报，2018，11(5)：51-61.

[9]雷朝滋. 教育信息化：从1.0走向2.0：新时代我国教育信息化发展的走向与思路[J]. 华东师范大学学报(教育科学版)，2018，36(1)：98-103+164.

[10]蔡继乐. 教育部副部长杜占元：以教育信息化全面推动教育现代化[J]. 吉林教育，2018(15)：111-112.

[11]郑小军. 背景解析与文献梳理《教育信息化2.0行动计划》解读(上)：职业院校教师的视角[J]. 广西职业技术学院学报，2018，11(5)：11.

[12]绘制新时代加快推进教育现代化建设教育强国的宏伟蓝图[N]. 人民日报，2019-02-24(07).

[13]尹志国. 加强高校信息化建设的研究[J]. 教育发展研究，1999(11)：51-54.

[14]张远惠，梁振辉. 系统科学视域下高校信息化标准的制定[J]. 广西广播电视大学学报，2019，30(6)：51-55.

[15]王家耀. 系统思维下的新型智慧城市建设[J]. 网信军民融合，2018(6)：10-13.

[16]谢幼如，常亚洁.绩效导向的教育信息化评价模型的构建[J].中国电化教育，2015(1)：56-61＋92.

[17]党建宁，杨晓宏，王馨晨.教育信息化 2.0 下的高校信息化绩效评价模型和指标体系研究[J].电化教育研究，2019，40(8)：45-52.

[18]李易俞，陈金华.国内外智慧校园研究热点、发展趋势与异同比较[J].现代教育技术，2020，30(3)：88-94.

[19]刘占荣，刘永权，武丽娜.国际远程高等教育研究与发展趋势[J].中国远程教育，2018(12)：31-42.

[20]数字化时代，高等教育的挑战和机遇[EB/OL].(2022-05-18).https://baijiahao.baidu.com/s?id=1733156850163391478&wfr=spider&for=pc.

延伸阅读

何克抗.我国教育信息化理论研究新进展[J].中国电化教育，2011(1)：1-19.

陈金华，傅钢善，唐静，等.国内外基础教育信息化测评指标体系研究综述[J].电化教育研究，2017，38(3)：29-34.

党建宁，杨晓宏，王馨晨.教育信息化 2.0 下的高校信息化绩效评价模型和指标体系研究[J].电化教育研究，2019，40(8)：45-52.

梁志星，冯兴杰，李佳，等.新信息技术对高等教育影响的演变及反思：基于 2004—2021年《地平线报告》内容分析[J].当代教育论坛，2021(5)：57-68.

李青仁，肖才远.新形势下高校教学信息化发展现状与对策建议[J].网络安全技术与应用，2021(7)：113-115.

吕宁.信息化 2.0 下教育技术在高校教学中的角色再定位：基于《美国国家教育技术计划2017》的分析[J].教育学术月刊，2021(4)：36-42.

金慧，王陈欣，罗纯源，等.后疫情时代的高等教育：宏观趋势、关键技术与发展思考：《2021 地平线报告(教与学版)》解读[J].远程教育杂志，2021，39(3)：3-10.

兰国帅，郭倩，张怡，等.影响未来高等教育教学的宏观趋势、技术实践和未来场景：《2020年 EDUCAUSE 地平线报告(教学版)》要点与思考[J].开放教育研究，2020，26(2)：27-39.

王星，李怀龙.教育信息化 2.0 背景下中美两国高等教育《地平线报告》的演进特征及比较研究[J].中国教育信息化，2021(8)：33-41.

陈新亚.我国高校教育信息化成熟度模型及其评价体系研究[D].武汉：华中师范大学，2018.

张海生.人工智能与教育深度融合发展：逻辑、困境与策略[J].当代教育论坛，2021(2)：57-65.

袁丽，张金华.数据驱动赋能新时代教师领导力的思考[J].当代教育论坛，2021(1)：82-88.

陈新亚，李艳.《2020 地平线报告：教与学版》的解读及思考：疫情之下高等教育面临的挑战与变革[J].远程教育杂志，2020(2)：3-16.

第十一章　高校国际化建设专题

学习目标

1. 理解高校国际化的理论依据。
2. 了解高校国际化的内涵。
3. 了解高校国际化演变史与发展动因。
4. 理解高校国际化的时代意义。
5. 掌握高校国际化的发展趋势。
6. 掌握高校国际化建设现状。
7. 掌握高校国际化建设路径。

全方位、高水平推进教育对外开放，提升高等教育国际化水平，直接关乎着一个国家或地区的国际地位和国际影响力，与国家外交战略息息相关。顺应经济全球化发展趋势，高校主动革新教育发展思路，积极推动中国高等教育国际化发展，为构建中国特色教育体系、中国教育全面提质增效开好局、起好步。

第一节　高校国际化建设概述

高校国际化建设是一个复杂的动态过程。国家、社会、学校等都在不同程度上以不同的方式承担着高校国际化的重要职能。无论是从事高等教育国际化方面的理论研究工作，还是践行国际化实践，都需要对研究对象或从事的工作有一个比较全面的认识，建立这种全面的认识需要从研究对象内涵、基础理论入手，为进一步研究论题提供理论支撑。本节在陈述高校国际化内涵和相关理论的基础上，梳理了高校国际化发展历程与驱动因素及高校国际化的发展趋势，这既是对一系列理论问题的纵深认识，又是对教育国际化实践的拓展延伸。

一、高校国际化的内涵和基础理论

1. 高校国际化的内涵

目前，世界学者对高校国际化的含义讨论激烈，观点各异。

Hastings 早在 20 世纪 30 年代提出高等学校国际化的含义，从意识视角强调国际化是大学的教学过程等培养环节与国际意识相结合的过程[1]。Butts 于 21 世纪 60 年代揭示高校国际化的内在规律，提出高校国际化结构体系，主要包含国际性的培训、国际性的课程设置、跨国合作、国际性的学术研究、师生的境外学习及国际层面的支持和保障[2]，强调人员跨境流动、政府提供教育援助（如奖学金或免收学费等）。可以看出，早期的国际化已经初具现代意义。

20 世纪 70 年代，石油危机引发全球性金融危机之后，各国开始采取缩紧政策，在教育国际化方面注重国家国际化人才培养的同时也注重教育贸易产生的经济效益，这也为后期高等教育国际化发展奠定基础。Knowles(1977)认为高等教育国际化是不同能力和爱好的人员跨国界的互动[3]。继美国学者 Butts 研究成果之后，日本学者 Kitamura 于 20 世纪 80 年代提出高校国际化三条准则：跨文化的可接受性，组织的合作开放性，跨国信息的可交流性[4]。Arum等(1992)进一步创新教育国际化的实施路径，认为国际化是指有关国际研究、国际交流，以及技术合作范畴的各种活动、项目和服务[5]。20 世纪 90 年代中期，学者延续 Harari 注重国际化精神气质诠释高等教育国际化内涵，进一步强调高校中形成国际化精神和国际化文化氛围的重要性，并总结出定义高等教育国际化内涵的三种类型：过程论，内容论，氛围论[6]。20 世纪 90 年代末，国际著名学者 Knight(1994)从组织视角定义国际化：一个需要在院校层面上整合并具有可持续性的过程[7]。后来，学者 Wende 和 Kalvermark 于 1997 年丰富了高等教育国际化的培养目标[8]。到了 2004 年，Knight 又进一步总结和定义[9]，将国家层面和院校层面融合诠释高校国际化。Knight 两次诠释高校国际化定义，提出应不断完善高等教育国际化内涵，考虑将基本价值观范畴纳入高等教育国际化发展之中。Hans 也认为更新和调整国际化内涵之时，应从世界教育秩序出发全方位考虑更多发展中国家的教育影响[10]。

在高校国际化实践中，ACE（美国教育理事会）①、NAFSA（国际教育工作者协会）②、IAU（国际大学协会）③和 EAIE（欧洲国际教育协会）④一直致力于高校国际化内涵的理论研究。比如 NAFSA（国际教育工作者协会）提出高校国际化进程是包括思想价值观及整个领导层、教职工和学生等所有内部体系。IAU（国际大学协会）强调高等教育国际化是把跨国界和跨文化的观点和氛围与大学的教学、科研和社会服务等主要功能相结合的过程[11]。

国内学者对高等教育国际化研究在 20 世纪 80 年代以后日益成为焦点。20 世纪 80 年代学者龚放第一次定义“大学国际化”，此后，国内学者从不同角度诠释了高校国际化内涵。总体而言，国内大部分学者认为，高等教育国际化是在学习借鉴世界主流的高等教育办学模式和办学理念，以及相应的文化特色、行为方式和价值观念的基础上，以多样化的高等教育国际交流合作为载体，提高人才培养质量，推动本国高等教育现代化进程。

---

① ACE（美国教育理事会）：英文名称为 American Council on Education，是全美最明显和最有影响力的高等教育协会，美国高等教育六大核心协会之一。

② NAFSA（国际教育工作者协会）：英文名称为 National Association of Foreign Student Affairs，成立于 1948 年，是全美外国留学生顾问协会的前身，主要致力于国际教育和交流的世界上最大的国际性非营利教育协会。

③ IAU（国际大学协会）：英文名称为 International Association of Universities，又名“国际大学局”，成立于 1950 年，隶属联合国教科文组织（UNESCO），是促进高等教育交流与合作的非政府国际组织。成员大多数来自世界各地的高校和研究机构，旨在成为最具代表性和影响力的多元化高等教育全球协会。

④ EAIE（欧洲国际教育协会）：英文名称为 European Association for International Education，主要致力于通过教育推动社会的发展，通过专业的执业知识体系和系统的认证标准为各国培养财务、金融、法律、管理、营销、市场等方面的行业高端人才，为这些人才提供终身的教育机会。

综上所述，高校国际化属于全球性的教育活动，是大学教学、学术科研、社会服务和人才培养等跨越国界的互动和文化的延伸，是一国高校与他国高校、科研机构、公私企业或社会组织共同在双方疆域内开展和实施的系列教育、科研合作的活动。

2. 高校国际化相关的基础理论

1）全球化理论

全球化理论源于15世纪西方国家的地理大发现，于20世纪60年代初具雏形，于20世纪80年代迅猛发展，逐渐成为日常生活中的流行词。20世纪90年代后，市场经济一统天下，以信息技术革命为中心的高新技术飞速发展，缩小了各国和各地区之间的差距，世界经济越来越融为一体，这种经济全球化态势催生了高等教育国际化。英国学者Sklair强调资本主义在全球范围内的扩张是经济、政治、文化过程的统一，更有学者认为全球化是资产阶级的国际化。美国著名学者Altbach指出，全球化是当今世界不可逆转的发展趋势，它推动了高等教育国际化进程。信息技术赋予全球化新的力量，转变了时空的概念，促使大学的发展跨越时间和空间边界，出现一个趋同的过程，特别是世界知识的系统化，在思想、人和资源方面的融合”，最终推动全球范围内高等教育的繁荣发展。

2）国际理解教育

国际理解教育（Education for International Understanding）概念诞生于1946年UNESCO（联合国教科文组织）首届会议，目的在于增进各国之间的交流与理解，从而促进世界的和平与发展。在20世纪90年代末，*Learning*：*The Treasure Withtin* 指出：“国际理解教育是世界各国在国际社会组织倡导下，来自不同国家和文化背景的人们以相互了解和尊重为目标，世界各国以国际理解为理念而开展的教育活动”。国内学者徐辉等（2003）试图将国际教育理解归类为国际教育体系，认为“国际理解教育是深化人们对不同文化、种族、宗教信仰、不同区域/国家的相互理解与宽容”。综上可见，国际理解教育可以从两个方面理解：一是自己能够理解他人，即世界不同国家、民族和地区的人们和平相处、平等待人，探讨人类共同的价值观念；二是自己能够被他人所理解，即自己所掌握的知识、拥有的能力能够被其他国家、民族和地区的人们所接纳与肯定，从而实现不同文化背景的人能够相互尊重、相互理解、共同发展。

3）高校国际化动因理论

动因是催生事物发展的核心力量，是反映国际化、跨文化和全球化等因素在高等教育体系中所起作用的核心概念。为了更加深刻理解高校国际化的各个方面，接下来将聚焦高等教育国际化动因理论的历史演变的探讨。

高校国际化动因理论发端于20世纪90年代初期，形成于20世纪90年代末Knight的动因理论，该理论在世界范围内得到广泛引用，普遍应用于高校国际化研究。早在20世纪90年代初，西方较多学者已经开始讨论高等教育国际化动因，内容主要包括经济竞争、国家安全和国际理解等。整体而言，开端时期的分析具有局部性、碎片化的特征。到20世纪90年代末，Knight及其研究团队进一步拓展高等教育国际化内涵，建立了类别清晰、系统完整的国际化动因理论体系，此时已进入高校国际化动因理论形成时期。此外，形成时期有代表性的学者如Altbach、Kreber、Akbar，也分别从不同方面对该理论进行了具体的分析与阐述。

2006 年,Altbach 认为高校国际化动因在于其追求利益;提供入学机会,满足高等教育需求;不断发展的跨国高等教育领域。2007 年,Kreber 认为高校国际化主要有政治、经济、学术和社会文化 4 个方面的主要原因。2009 年,Akbar 在阐述观点时较为认同 Kreber 政治、经济、学术和社会文化的动因分析,但 Akbar 更强调政治动因在国家和院校层面的重要性。

中国高校国际化研究相对较晚,在 20 世纪 80 年代,伴随着高等教育国际化的发展,相关研究逐渐成为国内学者关注的热点。例如,陈学飞、孟照海、赵哲、陶梅生、杨启光等学者提出了高等教育国际化动因体系,主要动因界说有二动因说、三动因说、五动因说、六动因说和八动因说。总体而言,国内学者讨论的动因内容有政治、经济、文化、学术、政策、教育能力建设、和平、国际组织、价值诉求、宗教、信息传播、欧洲一体化、私立大学等方面。其中,经济、政治、文化、学术和教育能力建设动力因素是国内学者普遍认同的。

二、高校国际化的发展历程与动因

高等教育的国际化始于欧洲,发展于美国,并由此扩展到全球。中国真正意义上的高等教育始于清末,经历了一个自近代、现代、当代和新时代的漫长、缓慢的向前发展过程。

1. 近代高校国际化的发展与动因

翻开中国的近代史,高等教育国际化是在西方列强的舰船利炮中被迫开展的。洋务运动开启了我国近代高等教育国际化进程,自此西方的工业、技术、教育等方面相继被传播、引进到中国来。甲午战争以后,中国日益进入了半殖民地半封建社会的深渊。当时的人们认识到,学习西方先进的科学技术才能改变现状。随后,采用或模仿西方先进技术和模式新建了大量的工厂、学校等机构,目的仍是为了复兴,具有极强烈的民族性和政治动机。

2. 现代高校国际化的发展与动因

20 世纪初,中国高等教育国际化程度相对不高,大学的课程、规章制度及教学模式等方面模仿日本的大学,高校积极派遣学生到日本留学。为满足中国高等教育发展需求,从 1922 年起,国际教育逐渐由留学日本转向留学西方国家,比如美国。通过多元交流与学习丰富了大学办学形式及社会服务等功能,成立了一些比较知名的教会大学(这一时期,教会大学对中国高等教育产生巨大影响,当时知名度较高大学有燕京大学、金陵大学、东吴大学等),还建立了第一所海外大学——李昂中法大学,当时这些学校聚集了一批研究水平较高名师,很多研究成果已经超过中国当时整体水平。因此,这种国际学术交流和师资互动,极大促进了中国高校国际化进程。在发展动因方面,主要以抗日战争为时间点,抗日战争之前国际化动机主要是社会文化与学术交流的需要;抗日战争爆发后,抗日救国成为高等教育的主旋律。此时,政治动机占据主导地位。

3. 当代高校国际化的发展与动因

新中国成立的初期,教育、经济、科技、社会管理等方面与社会主义其他国家相比差距甚大,我国采用全面向苏联学习的方针,在政治上向苏联靠拢,在办学理念、课程设置及管理体制等方面均照搬苏联模式,汲取苏联先进的科学技术与管理方法。可见,经济与学术交流是当时高等教育的国际化“苏化”的主要动机。1966 年到 1976 年，高校国际化尚未发展。1978 年以后，国家开始对以往“苏化”教育模式进行广泛的讨论，提出中国教育应“面向现代化、面向世界、面向未来”，采取了一系列发展中国教育事业的政策，比如改革教育旧体制，成立留学基金委，启动“211”“985”工程，积极起草和颁布留学相关法律，不断为中国教育开放提供制度保障。可以看出，社会文化、学术、经济以及政治考量成为此阶段高等教育国际化发展动因。

4. 新时代高校国际化的发展与动因

国际化是新时代现代化建设的五大趋势之一，为内外部推动力赋予了新内涵。新时代追求国际化成为高校发展的内部动力，营造高品质高校文化氛围，构建国际化校园，是高校发展的内在动力所在；此外，提高国际学术声誉，提升教学与科研水平，积极推进“双一流”建设，争创世界“双一流”学科和大学，促进自身发展是高校国际化的内部动因；社会经济发展与科技进步是推动中国高校发展的最重要因素；国际化能够促进科技创新、带动产业发展和经济创收成为中国高校可持续发展的外在推动力。图 11.1 显示，提高自身国际影响力，促进国际理解教育，积极响应国家“一带一路”倡议，服务国家外交，为共建人类命运共同体贡献力量，成为新时代高校不断追求国际化的重要原因。

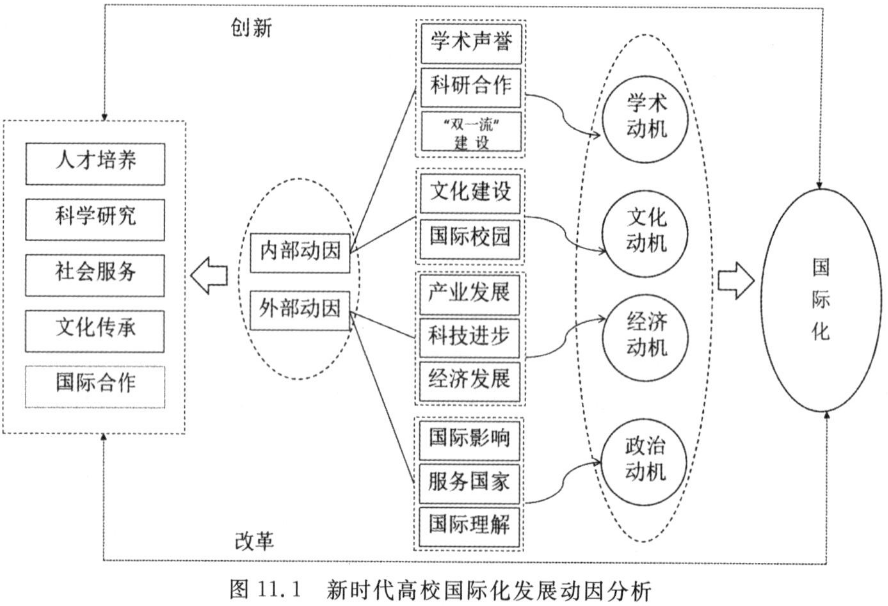

图 11.1　新时代高校国际化发展动因分析

新时代，国际化是高校自身改革的新方向，高校在原有四大功能基础上新增国际合作与交流的功能，这必然会带来国内外高校在更大范围内和更深程度上的交融与协作。在经济全球化、信息全球共享的背景下，高校进一步拓宽发展领域，延伸了大学发展动力因素的内涵，形成了国际融合的发展动力因素，推动了高校国际化向更高形态发展，从而改进和提升中国高等教育质量。

三、高校国际化的发展趋势

2020年初，新型冠状病毒肺炎疫情在全世界范围内暴发。习近平总书记要求我们“在危机中育新机，于变局中开新局”，相信人类终将战胜一切，疫情终将结束。在后疫情时空背景下，面对近年反全球化、中美经贸摩擦等复杂严峻的国际局势，我们站在新的历史起点上，以强烈的问题意识、实事求是的科学精神认知和把握世界经济政治格局的深度变化及国际秩序的深刻变迁，在对高等教育国际化全面客观的考量基础上，探测高校国际化的发展趋势。

1. 在地国际化与在线国际化促成国内大循环、国内国际双循环新格局

新型冠状病毒肺炎疫情加剧了逆全球化趋势，并不会随着新型冠状病毒肺炎疫情的结束而完全消失，使得国际高等教育交流与合作的障碍和不确定性激增，各国在签证、科研资助和国际学术活动等方面政策的调整和收缩致使高等教育国际化发展进入低谷，身居海外的留学生面临是否回国的两难选择，尚未出国的学生正重新评估出国留学的风险与收益，出国意愿趋弱。根据QS(Quacquarelli Symonds)对全球19 000余名学生的调查显示，有66%的中国学生、47%的欧盟学生、57%的印度学生和53%的北美学生认为新型冠状病毒肺炎疫情影响其出国留学。具体而言，分别有48%、40%、54%和51%的中国、欧盟、印度和北美学生计划延期一年出国留学，6%～9%的学生将改变出国留学目的国，4%～9%的学生放弃出国留学计划。在全球化问题上，国际合作及跨国公司的减少导致了跨国工作机会和对跨国人才需求的萎缩，在一定程度上也会影响人们跨国留学的愿望和动机。

在此背景下，留学规模及人员流动萎缩激发在线国际化和在地国际化蓬勃兴起。网络课程、线上线下混合教学、线上会议与讲座等教学和学术交流形式成为实现在线国际化的重要路径，成为各国跨国家/区域教育教学、国际间交流合作的主要实施方案。大规模的线上教育模式成为最优解的同时又带来了教育质量问题，比如网络课程缺乏有效互动，吸引力不足，留学生长期接受网课导致作息颠倒，产生身心危害和学业焦虑等不良状态。因此，除了教与学资源，学习环境的需求显得格外迫切，中国高校在地国际化迫在眉睫，将足以弥补在线跨国教育的场域需求。

2. 国际教育模式呈现新变化

一场危机可以改变或孕育出一个新的时代，丘吉尔曾经说：“不要浪费一场危机”，由于突发新型冠状病毒肺炎对世界各国传统教育模式提出了挑战，也提供了难得的历史机遇。由于周边国家的不确定性，越来越多的高校转向在线教育。美国加利福尼亚州立大学宣布其秋季学期将在23个校园和482 000名学生中进行虚拟授课。英国剑桥大学表示，所有讲座将在2020—2021学年的整个期间内在线提供。在美国国际教育协会(IIE)对234所美国高等学校进行的调查中，52%的高等学校表示，将为国际学生提供在线教育。这种线上交流方式倒逼了线上交换的空间扩展和多元场域需求，各高校开始逐渐意识到，在线教育模式不可能只是短期的临时解决方案，而是后疫情时代世界各国需要调适的新常态。各国在新型冠状病毒肺炎期间实施的线上课程、线上教学组织管理、教学评价、线上学生管理等教育模式日趋成熟，在线教育模式正在确立并作为高等教育国际化的关键要素地位而在疫情结束后继续保留下

来。远程授课会成为线下课程的一个辅助方式，成为未来国际学生的一个选项，线上线下混合为主的教学模式将成为新常态。

3. 全球留学格局转变："西方化"到"全球化"

新型冠状病毒肺炎疫情暴发对全球地域政治和全球治理产生的影响史无前例，成为21世纪以来最重大也是最根本性的全球化新境遇。在各种局势的跌宕交融中，西方国家逐渐关小人才流动"大门"，尤其欧美国家宣布限制留学生的措施，影响到国际学生对于留学目标国家的选择，而中国在此次抗疫中彰显的大国能力和文化魅力以及外部政治环境的变化，吸引了世界各国人才。高校的国际化不再仅仅依靠本土学生的跨境流动来为学生提供国际与跨文化知识，而是通过国际生来源的多元，让文化本身和文化思维方式在国内碰撞，实现本土生源与国际生源的交流和融合。虽然英国和美国仍是全球国际学生市场的中心，但全球留学市场重组，学生流向更趋多元化，将改变过去单一的"西方化"，实现真正意义上的"全球化"，进而导致高等教育国际化格局的洗牌。哈佛大学肯尼迪政府学院沃特(Walt)指出，新型冠状病毒肺炎将加速权力和影响力从西方转移到东方的过程。新加坡国立大学亚洲研究所马凯硕(Mahbubani)则进一步指出，从以美国为中心的全球化将转向以中国为中心的全球化。

4. 高校国际化发展模式出现多重转型

面对目前国内外形势，我们清醒认识到传统的依附式高校国际化发展模式已经不能满足国内外现实需要。在以往中国高校对外开放过程中多依赖西方国家的优质教育资源和学术标准，存在片面国际化问题，缺乏独立自主性。比如简单地以世界排名、量化标准等指标衡量中国高校发展，有"学术殖民"倾向。由于新型冠状病毒肺炎疫情暴发、世界政治局势多变等因素，中国的对外交流合作出现萎缩现象，因此我们应基于本土需要，扎根于中国本土文化、学术传统、本土实践，融合中外文化精髓，探索独立自主的学术发展之路，勾画出中国特色高校国际化自主创新发展新模式蓝图。同时在思维方式上，应从跟随角色转变为负责任的大国角色，从追赶型思维模式转变为自我创新型的思维模式。综上可见，中国高校转型发展势在必行，不能拘泥于表层且完全以自我发展为中心，或者仅限制于借助第二外国语叙述中国故事，抑或者仅局限于依靠国际期刊发表论文量的高校国际化。未来的中国高校，更应该努力汇集世界顶尖学者的智慧和力量，打造全球知名学者向往和集聚的中国高地，共同致力于解决全球面对的重要问题和挑战，积极塑造全球治理体系、为全人类未来的发展提供中国智慧，为世界和平与发展作出重大贡献。

【专栏 11-1】 "一带一路"倡议与高等教育国际化

2013 年 9 月习近平总书记提出构建"一带一路"倡议，共建"丝绸之路经济带""21 世纪海上丝绸之路"。2015 年 9 月由国家发展和改革委员会、外交部及商务部联合发文《推动共建丝绸之路经济带和 21 世纪海上丝绸之路的愿景与行动》，明确了"一带一路"倡议的具体内容与行动方略。"一带一路"沿线涉及 60 多个国家和地区。《"一带一路"大数据报告(2017)》显示，"一带一路"省(市)参与度，广东、福建、上海、浙江、山东分列前五。其中浙江省以《推动共建丝绸之路经济带和 21 世纪海上丝绸之路的愿景与行动》为指引，借势“中国制造2025”“义新欧铁路”等政策东风，在对外合作交流方面取得新一轮高水平发展。“一带一路”倡议的不断推进与发展，中国的国际角色在与世界的互动之中得以重新调整，这为中国高校国际化战略转型的发展提供了千载难逢的机遇。

党的十八大以来，中国开启全面深化改革开放新征程，特别是2013年中国正式提出“一带一路”倡议，为更多的高校特别是地方高校提供了广阔的舞台，也对高校的学科发展、人才培养、教育合作、智库建设等提出了新的发展思路和发展路径。该背景下，迫切需要能够实现不同国家间互通有无、文明对话的国际化人才的培养，“一带一路”倡议大大助推了高校国际化进程。“一带一路”国际平台成为中国走向世界、连接世界、构建人类命运共同体的重要载体，也是中国高等教育国际化范式从“学习—赶超”向“融合—创新”转型的标志。

【专栏11-2】 “双一流”建设与高等教育国际化

加快推进世界一流大学与一流学科建设是新时期我国在高等教育领域布局的重大国家战略。“双一流”建设是一项系统工程，需要统筹兼顾、内外兼修、合力推进。2017年印发的《统筹推进世界一流大学和一流学科建设实施办法(暂行)》，在人才培养、科学研究、社会服务、文化传承创新、师资队伍建设和国际交流合作6个方面规定了“双一流”建设的标准，对全国的高等教育作出了全面部署和战略规划，为高等教育国际化的各个方面指明了方向，为地方高校提供了一个跨越式发展的机会。国际化成效为判断中国高校何时具备世界一流水平提供了一个思路，也决定着大学在国际社会的影响力和话语权。

在“双一流”建设背景下，高等教育国际化被赋予了新使命、新内涵，成为高校走向一流的重要路径，也是整体提升高等教育国际化水平和国际竞争力的战略决策。“双一流”建设必将进一步激发高校在内涵和质量建设上下功夫，探寻更高的国际辨识度，以国际化的理念、国际化的资源及国际化的标准衡量自己、审视世界，促进高等教育国际化向更高质量、更有成效的方向发展。反之，高等教育国际化也会推动“双一流”建设快速发展，是“双一流”建设应有使命。

第二节　国外高校国际化建设现状

在全球范围内，高校国际化正迅速成为建设高等院校的重要趋势之一。2020年6月，《教育部等八部门关于加快和扩大新时代教育对外开放的意见》指出，教育对外开放是教育现代化的鲜明特征和重要推动力，重点强调在国内国际双循环体系下“加快”和“扩大”教育对外开放的基调，进一步丰富高等教育国际化的内涵，明确了中国高校国际化建设的任务目标和衡量指标。然而，中国高校在国际化这个大趋势的严峻挑战下，面临着诸多困境，如缺乏面向全球的政策性顶层设计、缺乏高质量的国际合作等问题。此时，位居世界前列的发达国家在高等教育国际化发展历程及实践方面为中国高校国际化建设和“双一流”建设提供了重要启示和有益借鉴。

一、美国

21世纪以来，随着高等教育国际化发展不断深入，世界主要发达国家为满足可持续发展需求以及解决发展中的新问题，提出了一系列新理念，如美国的“全面国际化”(comprehensive internationalization)，欧洲的“主流国际化”(mainstream internationalization)，澳大利亚的“深层国际化”(deep internationalization)等。

美国高校国际化的多维发展及规模范式转移等多重因素促使全面国际化的诞生。根据全面国际化主要代表人物 Hudzik 教授的研究理念及美国教育学会观点，全面国际化是将国际化和比较的元素融入高校教学、研究和服务的各项功能中且需要用具体行动来证明的一种承诺，对整个高等教育机构人员、政策及项目等产生广泛影响。美国高校国际化战略更聚焦于高等教育发展的全过程和整体，而非一项具体政策或国际化活动。它要求高校将国际化置于优先发展地位，把自身资源全面整合进国际化发展战略中，使国际化更好地服务于教学、科研和管理，促使高校国际化建设向更广层面、更深层次的整合型发展方式推进。

1. 麻省理工学院

麻省理工学院(Massachusetts Institute of Technology，MIT)是一所 1861 年创立于美国的世界著名私立研究型大学，学校为满足国防科技研发的需求而迅速崛起，早期发展比较侧重应用科学与工程学，后来专业门类不断拓宽，现已转型成为全球顶尖工科高校。MIT 采用全方位推进式的全球化发展范式。在过去 20 年，该校硕博留学生录取率增长了 75%，博士后人数增长 81%，近十年以美元为单位的国际资助增长 3 倍，校企合作研发项目中，美国以外的公司牵头项目超过 50%，其中科技项目占比 74%。2017 年，该校正式发布全球化战略举措，定义发展方向为“影响力驱动型”研究大学，在科研方面确立了一批面向人类未来的重点研究课题并积极寻找政府、高校、企业等跨国研究合作伙伴。在教育方面全方位开发数字教学技术，为全球学习者提供受教育的机会，同时进一步开拓一流声誉。在创新方面，以其引领性创新理念形成了以 MIT 为圆心的研发企业圈，同时在全球各地开设相关项目与课程。

麻省理工学院的国际化战略具有 6 项显著特征：全面服务国家核心利益；形成自上而下相互联动的管理策略；教学、科研与服务一体化；坚持学生为主体、教师主导的理念；信息化和网络化；明确风险边界，采取主动型国际化模式(主动型国际化模式在国际化过程中非政府主导、自然形成，大学处于主动地位。这种模式的大学学生结构和师资群体国际化特征明显)。MIT 设立了面向人才培养、科技前沿、人类未来的国际化发展目标，契合国家、高校与师生利益的发展原则与“让 MIT 走向世界”“让世界走进 MIT”的发展战略，注重“走出去”与“引进来”相结合，是一项在深厚国际化的基础上做出的极具前瞻性、系统性、引领性的国际化策略探索，对中国的世界一流大学建设高校突破原有发展桎梏，探索国际化建设新模式具有较强的参考借鉴意义。

2. 加州大学伯克利分校

加州大学伯克利分校(University of California，Berkeley，UCB)属于世界顶尖的公立研究型大学。自建校以来，UCB 不仅培养了大批国际化全球人才，而且为美国社会作出了杰出贡献，全球范围内名声大噪。“开放、平等、包容”的办学理念是 UCB 国际化办学实践的成功关键所在。首先，UCB 紧跟美国国家政策，具有很强的政治敏锐性及把握机会的能力。学校积极响应国家需求，对照自身发展实际、特色和优势，建成了完备的国际化发展组织体系及其实施机构。其次，UCB 对师生多样性秉持开放理念。从教师队伍的多元文化背景角度来看，

“未被充分代表群体(underrepresented groups)”在现有的1528名全职教师中占9%,在8821名教职工中则占24%。从学生多样性的角度来看,UCB多年来极力维持和不断扩大社会各类学生阶层的入学渠道,以实现大学的多样化并兼顾公平性。目前,学校本科生中的国际学生约占12%,研究生中的国际学生约占20%,均数倍高于美国高校平均水平。最后,UCB历来重视学科交叉融合和跨学科研究,并以此为学校的办学特色之一。学校几乎不为跨学科研究组织提供科研经费,而是鼓励其到校外寻找科研经费进行合作研究,同时在科研资源和人员配置开放程度方面给予支持。

在国际化办学实践方面,UCB以三个原则进行国际合作伙伴关系的寻求与维护:一是能够认可并共享伯克利追求卓越的核心价值观及其服务公共社会、发现和创新的大学精神;二是以一种或多种方式帮助伯克利师生获得本校缺少的世界级经验和资源;三是关系维持的最低标准是必须承诺教师参与、资金和办学空间的支持。同时,UCB高度重视国际学术与科研合作人员的流动性。其年均国际访问学者人数达3000人以上,2019年的国际学生人数达6833人,2017/2018学年进行学术交流的本科生达1945人,其实施的全美最大规模的暑期项目年均参与人数达16 000人,其中包含近3000名国际交流学生。UCB以熟悉掌握跨组织、国家和文化边界规则为目标,发挥国际教育合作伙伴在培养学生跨文化交际能力方面的作用,发挥国际科研合作伙伴在扩大学校发现和创新能力方面的作用,全方位促进实现学校在人才培养、科学研究和社会服务方面的办学理念及目标。

二、英国

英国高等教育国际化发展一直位居世界前列,呈现出起步早、规模大、质量高、吸引力强等特点。英国高等教育国际化可以追溯到12世纪,以牛津大学和剑桥大学为代表的高校吸收了来自欧洲各地的师生,教学科研的借鉴性与师资生源的跨国性使得英国高校的国际化建设初具雏形。20世纪90年代,英国政府将高等教育国际化正式列入国家发展战略,并通过积极出台一系列鼓励措施推进英国高校国际化发展。自2017年正式启动“脱欧”程序后,英国高等教育国际化发展势头急转直下,高等院校面临生源流失、教职员工缩减、经费支持力度下降等多维度挑战。在此背景下,英国主动加快高等教育国际化的步伐,积极开展双边交流与合作,加强与中国和东亚其他国家的科研合作力度。

英国高等教育是双向开放和系统实施国际化战略的典范。首先,英国高等教育系统性主要体现在政府的政策引导与支持。英国政府一直致力于推动英国高等教育走向全球化,通过出台一系列事关高等教育发展的规划、报告和法案,将高等教育国际化发展纳入其政策体系中,搭建文化交流平台,助推高等教育科技创新,积极开展教育合作、与世界教育市场进行联动。其次,双向开放性体现在人才流动与留学生教育、跨国教育与海外合作。为从世界各地吸引人才,政府专门成立英国国际学生事务委员会,配合学校的国际事务办公室共同制订和处理留学生教育事宜。此外,对已经就读于英国高校的留学生,英国政府和高校积极为在英留学生提供全面的公共服务、完备的奖学金体系和广阔的工作实习机会。同时,英国高校深入开展海外合作项目,形成了多元化的国际合作与层次化的分布格局。设立海外分校和开发海外商业关系,建立联合科研议题等海外国际化措施,建构起英国高等教育的海外协作网络。

牛津大学[①]早在1190年开始培养国际学生，具有“与生俱来”的国际化特征，被视为世界高等教育国际化的开端。因此，牛津大学的各项事业都带有国际化元素，比如在招生方面积极开拓海外学生市场，在课程建设方面主动推行国际化课程，在对外交流方面建立区域性或全球性的国际合作等。牛津大学国际化的特点为多年来规划与举措持续稳定，国际化水平持续领衔，缺乏创新改革的内生动力与相关举措。而中国高校国际化进程起步相对较晚，真正意义上的全方位开放不足20年，特别是国内优质高校的品牌影响力亟须开拓，全面国际化的新规划新策略亟须部署，因此牛津大学平稳推进式的国际化模式实际借鉴意义有所局限。

三、澳大利亚

澳大利亚的高等教育由于殖民地历史原因受到英国高等教育模式的影响，在走上独立自主的发展道路后，澳大利亚逐渐形成独具特色、具有全球竞争力的高等教育模式，成为仅次于美国和英国的第三大教育产业出口国，究其原因在于澳大利亚高校不断地实施一系列大学国际化策略。在国内外多重因素的推动下，澳大利亚高等教育国际化政策不断调整、日趋完善，主要从政府、高校和市场视角采取不同举措。首先，在国际化进程中始终坚持政府主导，发挥政策引领作用。其次，在保证留学生规模效应的同时主要内容注重提高教育质量，构建留学生专业化、个性化服务体系，推进留学生教育事业的可持续发展。最后，引入市场经济思维，推行教育产业化，拓展高校教育的外海市场。具体包括：一是加强教育服务管理与出台优惠签证政策吸引国际学生，增加人员流动性；二是广泛寻求合作，利用双联项目、特许项目、海外分校、海外教育服务机构、网络远程教育等方式推动跨境教育全面纵深发展；三是依托学科优势，提供有针对性的国际化课程；四是注重双向交流，培养国际化教师；五是进行市场化管理，评估国际教育市场。

墨尔本大学[②]国际化的迅速发展，得益于国际多样性、文化多元性的课程设计与国际化课程评价。墨尔本大学打破传统课程设计理念，坚持“全球化课程”的设计理念，在教材内容、教学设计、课堂教学、教学实践等具体环节都融入国际化元素，如案例教学国际化、拟创真实的国际化教学环境等。墨尔本大学将课程设计置于全球化时代背景，进行宏观把控，建立与时代接轨符合世界高等教育体系主流的国际化课程体系。此外，墨尔本大学平衡输入和输出。保留本国特色和优势的输出，又要吸收其他国家高校课程精华。同时，墨尔本大学课程实施与评价并重。注重课程反思，通过课程实施各个具体环节的评价提高教育教学质量和课程实施效果。

四、日本

一百多年的高等教育发展进程，日本高等教育从被迫学习接受到自主发展，逐步探索出独具特色的高等教育发展道路，属于“后发外生型”的教育现代化模式。20世纪70年代，日本跻身世界经济高度发达国家行列。伴随经济实力的增长与国际地位的提升，日本大国意识不

① 牛津大学(University of Oxford)，简称“牛津”(Oxford)，位于英国牛津，是世界顶尖的公立研究型大学，采用书院联邦制，与剑桥大学并称为牛剑。

② 墨尔本大学(The University of Melbourne)，1853年始建于澳大利亚墨尔本，是一所公立研究型大学。

断增强，高等教育需求急剧扩大。20世纪90年代，《教育白皮书》明确了增进国际理解、建立国际信赖关系、继续有计划扩大教育领域交流与合作的重要性，进一步充实研究生院和推进国际学术交流与发展等具体方针和政策。进入21世纪，日本高等教育领域国际化发展呈现加速趋势，日本政府探索出高等教育国际化的新路径，通过“留学生30万人计划”“英语授课的国家标准化支援事业”“全球顶级大学创建计划”等项目的陆续实施，有效推动了日本高等教育的发展，极大地提升了日本大学国际影响力与国际竞争力。

2014年，日本文部科学省出台了“全球顶级大学创建计划”，通过国家公共经费支持政策加速与世界一流大学的交流与合作，最终实现建设国际顶级大学的愿景。作为日本最高学府，东京大学的“全球顶级大学创建计划”方案必然成为社会所关注的重中之重。2014年，东京大学向文部科学省提交名为“全球校园模型构建”的项目方案，并在2019年的中期考核中获得“A”评价，可见该项目进展顺利且取得一定的成效。

东京大学“全球顶级大学创建计划”项目提出了许多国际化发展新举措，并为后期发展设定了共同指标，从实际运作和产生的成效来看，主要体现在以下几个方面。第一，加大项目支持，扩大留学生比例。东京大学通过扩充英语授课课程、增加长短期国外大学交流项目、加大面向国外留学生的宣传等手段有效增加留学生人数，加速国际化发展速度。第二，深化国际交流合作，构建全球性研究平台。在国际交流合作方面，东京大学加强与国外大学的交流协作，合作举办国际会议。为应对全球性挑战和危机，东京大学参加了研究型大学国际联盟(International Alliance of Research Universities)，与北京大学、剑桥大学等世界知名高校建立了战略合作伙伴关系，同时也参与多项地区性大学合作项目，包括环太平洋大学联盟(Association of Pacific Rim Universities)和东亚研究型大学协会(Association of East Asian Research Universities)等组织，针对亚太地区的重要议题进行教育研究合作。第三，创设国际卓越研究生院项目。东京大学为推进各领域及不同文化的积极对话和协作，培养能够应对全球性社会问题的高级人才，创设了国际卓越研究生院项目(World-leading Innovative Graduate Study，WINGS)，旨在通过各学术领域的合作，形成具有卓越性、多样性和独创性的研究领域，追求所有领域的教育研究均达到世界顶级水平。

【专栏11-3】 后疫情时代各国留学政策变化

后疫情时代的高等教育国际化深受各国留学政策影响。留学政策新规涉及签证居留、授课方式、学习学制等多个方面，对留学生的学习生活状态形成了直接影响，也在潜移默化中改变了高等教育国家化的发展趋势。

美国和加拿大是出台限制留学生政策新规的代表国家。美国移民和海关执法局于2020年7月发布了关于留学生学习网课的新政，规定在美留学生必须参加线下课程，否则不得留在美国。政策发布后，包括哈佛大学在内的多所高校发起抗议。随后，新规被撤销。7月24日调整后的政策重新发布，规定全程接受网络授课的留学生新生将不得进入美国。加拿大移民部出台了类似的政策，规定留学生入境豁免条件：第一，须在边境禁令生效之前获得学生签证；第二，其旅行目的须为“非随意的且没有其他选择”。

英国和澳大利亚是出台放宽留学生政策新规的代表国家。2020年，英国政府规定，从2021年夏天起，在英获得博士学位的留学生的居留和工作期限将由两年延长至三年。同年6月，澳大利亚政府出台了留学生返澳试点计划和减少留学生签证保证金的新政。澳大利亚多所高校也发布了各类帮助留学生完成学业的措施，如悉尼大学宣布对从中国入境的学生提供隔离期间的支持。

第三节　我国高校国际化建设路径

面对全球变幻莫测的形势，高校应当夯实本位功能，以新发展理念引领高校国际化全面发展。《国家中长期教育改革和发展规划纲要（2010—2020年）》对国际化人才培养规格提出要求，即要培养出懂国际规则、具有国际眼光和具有国际竞争力的人才。高校作为培养人才的高地，理应积极顺应全球化和国际化的时代发展趋势，以学科建设为突破口构建国际化课程体系，以内涵发展为目标，培养符合国家、社会需求的国际化人才。同时立足提质增效，坚持扩大教育对外开放，拓宽国际合作领域，创新国际交流形式。实施“引进来”“走出去”的国际化发展战略。一方面，持续加强高校国际化内涵建设促进提质增效以吸引各行业高端国际人才；另一方面，加快培养符合国际化人才规格的“本土”全球人才，以国内大循环为主体，走国内国际双循环相互促进的中国特色现代国际化道路。

二、以人才培养为核心，驱力全面国际化

舒尔茨人力资本理论认为人才是第一生产力，是第一资源。中国特色社会主义进入新时代要求作为人才培养主战场的高等教育院校，面向全球，面向现代化，培养符合社会经济发展需要的具有国际意识和能力新素养的时代新人。国际化人才培养的对象是人，人是复杂的，培养工作是一项系统性复杂的工程，也是一个各方主体战略性协调过程。借鉴美国全面国际化经验，我们试图构建以人才培养为核心抓手，以推动学校全面国际化为实施路径，以培养多维国际化人才为目标，高质量完成大学功能使命，助推“双一流”建设、世界一流大学建设，这是高校国际化内涵式发展的最优选择。

国际化人才培养的复杂性与动态性需要各方力量共同发挥作用，如国家与政府、高校管理层、教师与学生，以及社会支持单位等主体，从顶层设计上制定国际化发展战略与策略，以国际化人才培养为核心目标探索人才培养新模式，提高各方主体对国际化的认识与理解，建立专门的机构负责国际化事务，建立国际化管理系统框架（图11.2），优化资源配置，在各个培养环节上调整和整合能够使高校实现全球化和国际化发展的政策、项目以及创新举措，尤其是学术部门和负责国际化发展的部门，要积极为国际化发展提供稳定的服务支持与制度保障，推动高校全面国际化。全面国际化要贯穿整个高校人力资源管理之中，从领导管理层到各级各类行政人员，从教师到学生再到社会公民，从学术服务到校内外支持单位，强调学校、院系层面具体操作行动以及各类人员的参与和实践（图11.2），突出学校各部门、各级各类人员的协作与共同努力，并引导高校和社会公民以及支持单位衔接互动，通过显著的双向多元交流，深切融入高校教学、科研和社会服务等的人才培养环节中，助推高校人才培养质量内涵式发展，提升中国高校国际影响力和国际话语权。

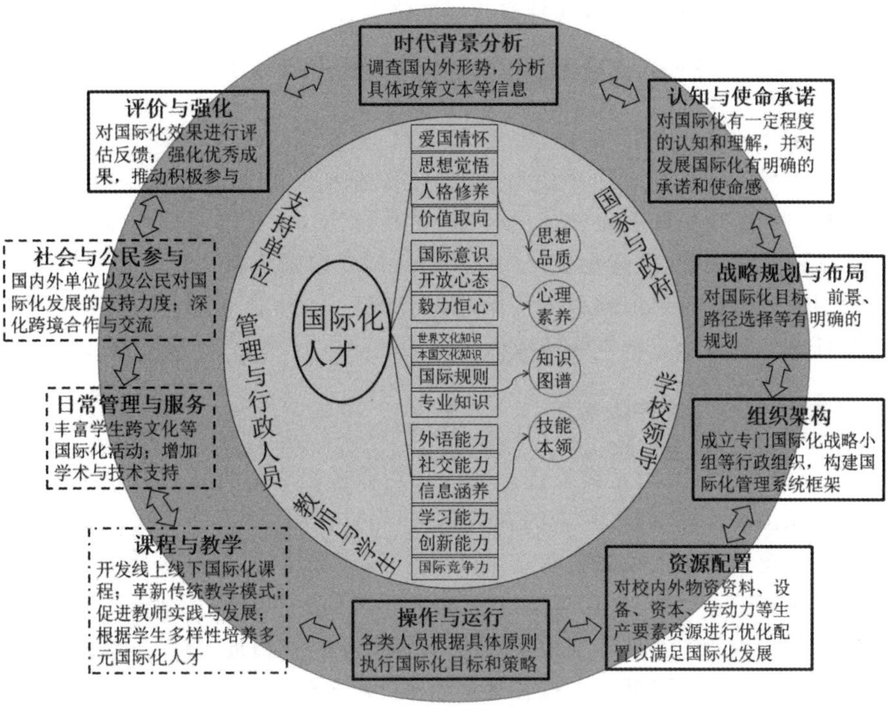

图 11.2　高校全面国际化循环路径

二、以学科建设为突破口，创建“五跨”国际化课程体系

高校人才培养依赖于学科发展水平，而培养人才的核心载体是课程，课程是拓展国际视野和跨国知识的主要阵地，课程体系国际化是高校国际化内涵式发展的重要保障。新时代背景下一些大学逐渐认识到，相对滞后的课程体系和相对封闭的校园环境必须进行转变，已经无法满足中外学生对全球语境、跨国文化、国际视野以及国际能力等方面的学习与成长需求。高校应着力以学科建设为突破口打破学科壁垒和专业框架，提倡跨国界、跨文化、跨院系、跨学科和跨专业融合构建，聚焦创新精神、国际视野、跨文化能力培养，促进全面发展的“五跨”课程教学体系，增加课程的内涵性和外延性。

1. 确立国际化课程设置原则

孔子的教育思想“有教无类”强调了教育应该面向全体学生。在教育国际化进程中，学生参与程度的高低直接影响大学国际化教育质量。因此，在明确国际化课程设置原则时，要进一步强化学生主体意识。一是面向全体学生。二是明确专业导向。根据国际化人才培养目标以及培养规格，在满足专业需求的基础上，楔入式融合国际化教育的理念和内容。三是坚持多元实施。为满足不同学生的个性化需求，根据文理大类的不同特点，有针对性地设计和实施大学生国际化项目，使得大学生获得多元化的国际化训练，扩大国际视野和提升国际竞争力。四是实践育人。在坚持“三全育人”的基础上，更加注重学生实践的重要性；并运用国际化教育理念，优化国际化人才培养方案，在教材管理、课堂教学、课程学习、教学管理、实习实践等多个育人环节处处体现国际化理念和国际化教育内容。

2. 强化文化在国际化课程设置中的引领作用

全球化、国际化发展应更加凸显本土化、民族性，新型冠状病毒肺炎疫情让我们深刻领悟到“民族的就是世界的”，只有文化才能超越时空、超越国界、超越冲突，化解分歧、达成共识、增进友谊，形成更深层次民族历史文化的传播、互融、交流，这对构建文化交融的命运共同体意义深刻、影响深远。因此，国际化教育的课程设置需要以国际教育理念为宗旨，强化文化价值观的引领作用，发展具有各地特色的国际化教育课程，逐步建立起特色鲜明、交融性强、影响力大、创新性高的具有本土特色的课程体系。

3. 建立“五跨”国际化课程体系群

课程设置和育人模式无疑是高校国际化人才培养过程中最为具体和复杂的环节。因此应遵循由面及点、由浅入深、循序渐进的发展思路，先“试点”再“推广”，比如结合通识课程具有涉及内容广泛、覆盖学生人数多的特点，可以先将通识课作为“试点”，让更多学生接触全球化问题、扩大国际视野、增加跨文化交流，然后逐步推进到专业课程。结合国际化人才培养标准，引导各个学院全力协作突破传统大学课程，打通专业类别相近学科，形成跨院系、跨学科、跨专业的新型基础课程体系；鼓励高校各学院和国外高校合作研发符合中国特色的学科基础课程，形成跨国界、跨文化的基础课程体系。在此基础上，做好国际化课程管理长期规划，挖掘专业基础课的深度，渐进式开拓国际通识课程、国际文化课程或者国际关系课程等，强化实践教学对国际化能力培养的实效性与针对性，建立特色鲜明的国际化实训平台，培养学生的国际意识、外语能力、跨文化理解等各方面素养，提升学生解决处理国际问题的能力。同时，科学定义课程性质，合理安排学期课程周时长以及学分分配，建设科学合理、衔接有序的国际化课程群。

在具体举措上，各高校可以在各专业学院增设英文授课课程，鼓励教师双语讲授国际课程；开发国内外名师联合国际课程，制订线上和线下开放课程的学习与认定制度，让学生自由选择上课；与国外知名大学建立合作关系，借助信息化方式和互联网手段共建一些互相认可的网络课程、交换课程，并互相承认学分，给更多学生提供出国交流的机会。高校还可以结合本校办学理念和教育特色，自主开发符合自身发展需要的国际化校本教材和校本课程，形成特色鲜明的国际化校本课程体系。在课程教学方面，高校应以国际化的高标准严格把控课堂教学质量，动态革新教育教学质量保障与评价体系。一方面，鼓励教师转变传统填鸭式教学方式，借助“雨课堂”“微助教”等信息化平台丰富课堂教学内容，建立课堂教学趣味氛围，提高专业化知识等教学内容的内化效率，从而提高教学质量；另一方面，鼓励参与学生培养的全体教师积极科研立项，探索国际化课程建设和国际化课堂教学，为建设高质量的“五跨”国际化课程体系群提供智库支持。

三、以内涵发展为导向，打造国际化师资人才队伍

国际化师资队伍建设是衡量高校国际化水平高低的一个重要决定因素，也是提升高校人才培养质量和人才竞争力的有效途径。师资队伍国际化是世界一流大学的重要特征，也是学

校走向国际化办学的重要途径之一。建设一支国际化人才队伍必须坚持“请进来”“走出去”并重的方式，具体措施如下。

1. 坚持本土国际化理念，提高本土国际化师资水平

本土国际化的理念源于1995年欧盟制定并组织实施的伊拉斯谟计划，旨在提高欧洲高等教育整体质量水平。中国高校国际化师资队伍建设也应坚持立足本土，在拓宽本土教师国际视野、优化国内师资队伍结构等方面努力突破，比如分层分类地加强师资人才培养与训练，增加国内高校教师出国培训、访学、参与国际会议及国际交流的机会，还可以发挥制度拉动效应，推动本土师资队伍流动的同时吸引国外高水平教师来国内指导、合作等，从而提升高校师资队伍的国际化眼界、国际学术交流能力、跨文化沟通能力及国际合作能力等。

2. 舶来生根，外引机制促国际化

在坚持本土师资国际化的基础上，高校也应坚持“舶来生根”，创新外引机制。一方面，高校专研海外人才喜好标准，提高海外人才引进政策的吸引力。鼓励有中国情怀的有学术能力的全球人才任教中国，也欢迎已经就职的有丰富国际教学经验的教师来中国任教，还可以进一步完善国内外高校“互借”机制，从而优化高校师资人才结构。另一方面，深度挖掘校友资源，组织管理好校友会活动，为全球汲取优秀国际化人才提供信息资源。同时拓宽全球招聘渠道，完善外籍教师引进办法及流程，从而广纳全球人才，为中国高校组建高水平国际化师资团队提供可能。

此外，高校多鼓励教师积极争取国际化大企业挂职锻炼机会，也鼓励教师参与国际业务培训，努力建设一支熟谙国内外教育历史与前沿、熟悉多国语言的高级骨干教师团队。

四、以提质增效为目标，开拓多维度国际化平台

全球健康危机影响了留学的成本和收益，导致出国留学和学术交流萎缩，加之反移民、逆全球化、民粹主义思潮负面影响，国际合作与交流的不确定性与停滞状态激增，因此高校应以更加开放的思想，充分利用国内外优势资源，发挥好高校的“第五项基本职能”①，形成以实现提质增效为目标的“多维度、宽领域、全方位”国际合作与交流平台的良好发展局面。

1. 开放思想，丰富合作办学形式

第一，利用本国地理优势，继续深化与港澳台地区的教育教学合作与交流。推进姊妹学校建设，共同建立教育合作关系，让学校管理、专业教学、师资培训、科研联动、学生发展等方面的学习与交流成为常态。第二，开放思想，增加对国际化创新形式的拓展。“联合培养”让国内高校学生既能接触本国教育又能对国外文化有所了解，是增强其国际交流和跨文化沟通能力的有效途径。通过国家层面或学校层面，联合建立以“全球人才培养大学联盟”为载体的国际化业务实践平台，协商合作互通有无，改变高校国际化形式单一走向多层次、多样化。第

① 2017年中共中央、国务院印发《关于加强和改进新形势下高校思想政治工作的意见》，强调高校肩负着人才培养、科学研究、社会服务、文化传承创新、国际交流合作的重要使命。

三，后疫情时代国际信息化成为常态，开展信息化国际教育交流与合作。更新教育观念，运用信息技术，提高合作交流层次，共享国际教育资源。通过教育国际化信息服务平台、网络等方式，以远程实时互动的形式，与国内外教育同行、姊妹学校开展教育教学交流。

2. 发挥高校自身资源优势，建立国际化综合实践平台

聚焦高校内部师资队伍，积极鼓励教师参与境外科研项目申报，以学术合作为抓手，拓宽与境内外高校的交流协作形式与领域。同时，高校充分发挥校内实验室、实训中心、实习基地等国际化业务实践平台，激励教师提高科研成果转化率，开展政策咨询、项目申报与开发、技能培训等多方面服务，建立国际化综合实践平台。面向校内师生对接国际化实训教学环节，为学生创新创业提供国际化平台。面向国际社会选聘企业家、资深专业人士，形成国际视野宽、领域涉及面广、业务精湛的创新创业指导团队，承接国际社会优秀国际化项目，扩大高校国际影响力。

此外，充分发挥学生主体作用，引导学生参加国际化实习实践活动，提升知识转化效益。通过建立政府、企业、学校等为主导的竞赛服务体系，以"以赛促学"的形式为学生提供"走出去"的国际平台，积极鼓励学生参加国内外高水平的比赛、学术会议和论坛、国际化业务实践项目等涉外实践类活动。

五、以服务学生为根本，提升管理与服务国际化治理水平

新时代为坚定不移地深化和加快建设教育国际化强国步伐，加速高校国际化进程，提升管理与服务质量，需要从国家、高校等层面增加制度供给，营造良好的教育对外开放环境，还需要创新高校国际化水平指标体系，推动中外学生趋同管理，提升高校国际化治理水平。

1. 管理与服务国际化制度保障

从战略部署和宏观导向上，国家应努力完善涉外法规制度，依法加快和扩大教育有序对外开放管理，推进高校对外开放管理和服务的便利化、快捷化，进一步落实"放管服"要求，坚持为高校国际化提供稳定的政策支持与制度保障，着力将政策、制度的红利不断转化为发展效能，如科学及时修订法律法规，加快配套政策的设计与实施。从国际经验看，政府在跨境教育交流合作中发挥着越来越重要的作用。一方面，通过法律法规和制度建设，营造良好的教育对外开放环境；另一方面，在合理引进与有效利用优质教育资源过程中发挥更大的宏观调控和引导作用，促进百花齐放局面的形成。从管理经费保障来看，设立国际化发展经费专项，多渠道筹措国际化发展资金。一方面，高校要积极创收，如科研服务的经济效应，并将学校教育国际化经费列入年度预算；另一方面，高校要与各级政府、国内外企业和事业单位积极沟通，畅通资金集资途径。从管理体系来看，良好的管理体系为高校优化资源配置提供重要保障。根据自身国际化发展阶段，构建校、院（系）两级国际化机构和办公室，并在学生培养各个环节配备一名或多名外事专员，协调校内外资源，切实落实教育国际化发展战略。

2. 管理与服务国际化评价体系保障

以往中国高校国际化水平指标体系在管理与服务方面的测度主要集中于专职管理机构

的设置，这种评价体系已经不能满足日益走向世界的中国以及中国高等教育国际化进程。因此，高校应完善与创新学校教育国际化指标体系，增设涵盖机构管理与服务支持两方面的指标体系。其中，国际化机构管理评价指标体系包括职能设计、组织架构、机构人员的素养水平等观测维度；国际化服务支持评价指标体系包括学生跨境适应性指导、信息供给服务等观测维度，比如高校是否为出境学生与留学生提供语言、跨文化、校园生活、学习、创新创业等方面的指导与服务，国际交流学生能否在高校的网站或管理人员处获得有关选课、学分转换、实习活动、学费资助的重要信息等。高校在加强国际评价体系建设中，应在完善机构人员素养指标上下功夫，为国际化发展提供人员保障，如提高管理行政人员的国际化思想站位、服务国际化的意识和国际化管理素养，尤其是高校领导层的科学决策力。

3. 中外学生趋同管理举措提升国际化治理水平

长期以来，来华留学生教育多秉持“特殊化”管理理念，在招生机制上出现“非国民待遇”，在住宿条件上出现“超国民待遇”，在教学、住宿管理上出现单独隔离对待，这种传统的双轨制管理模式带来了诸多问题。例如，从学校层面来说，来华留学生文化适应性差、中外学生友好交流存在不畅和民心相通受阻等方面的问题；从国家层面来说，影响中华文化认同、国家外交战略和对外开放格局；从个人层面来说，可能会带来不能预见的心理健康问题。这种传统的双轨制管理模式严重阻碍了高校教育资源的优化配置和利用率的提升，对高校文化软实力国际化、国际化教学管理以及国际化人才队伍管理等带来巨大挑战，已经不适应日益加深的全球化时代。因此，突破传统二元管理模式、推行中外学生趋同化管理，是高校提升国际化治理水平的必然要求，是提升来华留学教育质量的重要举措，符合当今世界国际化发展主流导向。

此外，高校国际化目标不仅导向在动态的国际化外显行为上，还应内化在文化、精神层面。在国际化发展的洪流中，高校应立足本土，树立文化自信，深度挖掘中华文化精髓和本校校史校训文化，融合国际化元素，努力在提升大学国际化的文化内涵上下功夫，建设具有民族特色的高校国际化文化软实力，从而全面助推国际化内涵式发展。

中国置身于全球化的时代，高等教育必然走国际化的道路。因此，高校要站在人类命运共同体的高度主动适应国际时代潮流，正确认识新型冠状病毒肺炎疫情等带来的负面影响，以培养具备国际视野、中国情怀、世界眼光的国际化高层次人才为抓手，积极采取从制度供给到各类资源保障，从人才培养延伸到科学研究、社会服务、课程教学、师资队伍建设、多维国际化平台、管理与服务治理、文化软实力等全面国际化举措，在平衡“本土国际化”“跨境国际化”与“在线国际化”关系的基础上，主动适应“国内大循环为主的国内国际双循环相得益彰”的国际化发展新格局，助力中国教育高质量发展和高水平对外开放，推动新时代高质量教育体系和高校现代化管理体系建设，加快建设高等教育强国步伐。

【专栏 11-4】 国内部分高校国际化建设成果

2005 年，宁波诺丁汉大学正式成立，这是中国第一所拥有独立法人资格的中外合作大学。截至 2018 年 6 月，我国中外合作办学机构和项目达 2342 个。比如西交利物浦大学、昆山杜克大学、厦门大学马来西亚分校、温州大学意大利佛罗伦萨大学分校等。其中，2016 年建立的厦门大学马来西亚分校成为第一所在海外设立的中国知名大学分校,温州大学意大利佛罗伦萨大学在"一带一路"倡议下孕育而生,成为中国地方高校海外办学的典范。

紧跟世界国际化步伐,坚持服务国家发展战略大局,积极推进"一带一路"倡议,北京第二外国语学院复建了中欧语学院,开设有多种非通用语种专业,比如塞尔维亚语、捷克语、拉脱维亚语、罗马尼亚语、匈牙利语、波兰语、爱沙尼亚语、立陶宛语等,力图培养具有国际视野和坚实语言基础的高层次非通用语国际化人才,在服务国家大局的基础上加强自身实力和本校国际化进程。

课后习题

1. 简述高校国际化的内涵和发展动因。
2. 讨论高校国际化的发展趋势。
3. 谈谈高校国际化建设的路径选择。

本章主要参考文献

[1]HASTINGS,EMDEN. The universities of Europe in the Middle Ages[M]. Oxford: oxford University Press,1936.

[2]BUTTS R F. Civilization as historical process: meeting ground for comparative and international education[J]. Comparative Education,1967,3(3):155-168.

[3]KNOWLES A S. The international encyclopedia of higher education[M]. San Francisco:Jossey-bass Publishers,1977.

[4]喜多村和之(Kitamura). 大学教育国际化[M]. 东京:玉川大学出版部,1984.

[5]ARUM S,VAN DE WATER J. The need for a definition of international education in US universities-Bridges to the future: Strategies for internationalizing higher education [M]. Carbondale: Association of International Education Administrators,1992.

[6]HANS D W. Internationalization of higher education in the United States of America and Europe: A historical, comparative, and conceptual analysis[M]. Westport: Greenwood Publishing Group,2001.

[7]KNIGHT J. Internationalization:Elements and checkpoints[J]. Canadian Bureau for International Education Research,1994,21(7):1-15.

[8]KAIVERMARK T,WENDE M V D. National policies for internationalization of higher education in Europe Stockholm[M]. Sweden:National Agency for Higher Education, 1997.

[9]KNIGHT J. Internationalization remodeled: Definitions, rationales and approaches [J]. Journal for Studies in International Education,2004,8(1):5-31.

[10]HANS D W. Globalisation and internationalisation of higher education[J]. International Journal of Educational Technology in Higher Education,2011,8(2):241-248.

[11]KNIGHT J. Concepts,rationales,and interpretive frameworks in the internationali-

zation of higher education: The sage handbook of international higher education[M]. London: sage, 2012.

延伸阅读

王焰新."一带一路"战略引领高等教育国际化[N].光明日报,2015-5-26(13).

席酉民,郭菊娥,李怀祖.中国大学国际化发展特色与策略研究[M].北京:中国人民大学出版社,2010.

于欣力.高校国际化探索与实践[M].青岛:中国海洋大学出版社,2018.

龚放,赵曙明.浅谈中国高等教育的"国际化"[J].高等教育研究,1988(1):6.

刘婷婷.高等教育国际化的内涵与外延[J].课程教育研究,2013(19):12.

SAULJOHN S. Development after globalization: Theory and practice for the embattled south in a new imperial age[M]. New York: Zed Books LTD, 2006.

MEYER J W. Globalization: Theory and trends[J]. International Journal of Comparative Sociology, 2007, 48(4): 261-273.

江小涓.服务全球化的发展趋势和理论分析[J].经济研究,2008,2:4-18.

SKLAIR L. Globalization: Capitalism and Its Alternatives: third ed. [M]. New York: Oxford University Press, 2002.

ALBO G. The world economy, market imperatives and alternatives [J]. Monthly Review, 1996, 48(7): 6-22.

菲利普,别敦荣,杨华伟,等.高等教育国际化的前景展望:动因与现实[J].高等教育研究,2006,27(1):12-21.

BROWN L. International education: a force for peace and cross-cultural understanding? [J]. Journal of peace education, 2009, 6(2): 209-224.

KREBER C. Different perspectives on internationalization in higher education[J]. New directions for teaching and learning, 2009, 2009(118): 1-14.

别敦荣,杨华伟,陈艺波.高等教育国际化的前景展望:动因与现实[J].高等教育研究,2006(1):12-21.

徐小洲,阚阅.跨入新全球化:新时期我国教育对外开放的挑战与对策[J].教育研究,2021,42(1):129-137.

后 记

理论是实践的先导，实践是理论的来源。自中国地质大学开始招收第一批高等教育学硕士生以来，始终坚持理论学习与实践锻炼相结合，坚持研究与高教改革和发展的实际相结合，坚持培养高层次学术后备人才与高等教育研究型实践者相结合。2004年，在储祖旺、李祖超、蒋洪池等教授的带领下，高等教育研究院开设了以厚基础、重实践为导向的“教育管理实务”课程。经过近20年来的打磨优化，“教育管理实务”课程形成了注重理论与政策分析、注重管理案例与经验分析、注重国内外校内外比较分析，系统地介绍高校教育管理实务经验的鲜明特点。一大批具有丰富高校教育管理经验的校内外专家学者登上讲台，并在教学实践中沉淀形成了较为清晰的讲授思路和较为成熟的讲义材料，这些鲜活生动的实践积累和坚实深厚的理论梳理最终化成了本书的主要内容。

在本书即将出版付梓之际，特别感谢中国地质大学（武汉）黄晓玫书记、王焰新校长、赖旭龙副校长等校领导对教育学学科建设和研究生教育的关心支持。感谢中国地质大学（武汉）研究生院提供的研究生精品教材建设项目支持，感谢研究生院王力哲院长、王甫部长的大力关心和持续推动。感谢中国地质大学（武汉）教育研究院柯佑祥院长、徐绍红书记等领导，储祖旺、李祖超、蒋洪池、陈翠荣等教授，彭湃、陈彪、余桂红、汪传艳、刘旭、张岚、刘隽颖等老师们的大力支持。

全书由11个专题章节组成。全书框架设定、统稿修改和第一章内容撰写由侯志军完成，其余各章节的撰写者分别是：储祖旺（第二章），刘彦博、孙博文（第三章），庞岚（第四章），张宏飞、林小艳（第五章），邬海峰、顾刚（第六章），罗林波、周文利（第七章），龙涛（第八章），徐四平、吴妍（第九章），吕国斌（第十章），甘义群、许峰、汤贵玲（第十一章）。感谢20年来参与授课研讨的校内外领导、老师和专家学者为本书撰写做出的扎实实践积累，感谢教育学与教育经济管理两个专业的研究生同学在课堂互动中迸发的思想火花给本书撰写带来的积极启示。

感谢刘苒漪、田家玮、韦福欣、丁钰峰、吴小凡、杨琳、杨馨梦、曹春苗、周紫葳、杨俊婷、马林童、王家乐等研究生在本书调研准备和后期统稿中付出的努力。感谢中国地质大学出版社编辑在本书编校中展现的敬业精神。另外，本书还借鉴参考了大量的文献资料，谨对文献作者致以最诚挚的谢意。

编著者

2022年6月